LIMPEZA DO FÍGADO E DA VESÍCULA

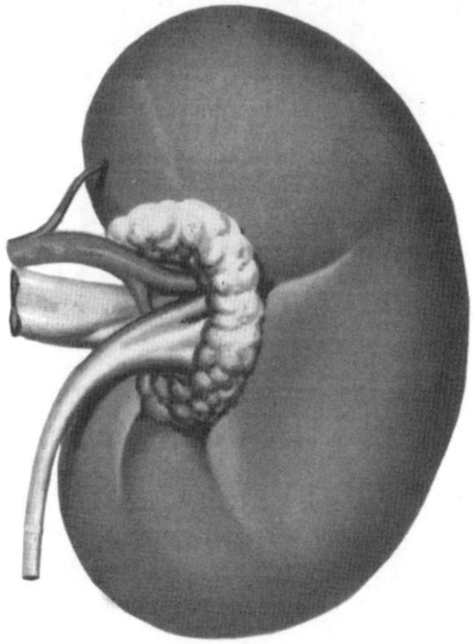

Uma Poderosa Ferramenta de Autoajuda para Aumentar sua Saúde e seu Bem-estar

Conforme Novo Acordo Ortográfico

Andreas Moritz

LIMPEZA DO FÍGADO E DA VESÍCULA

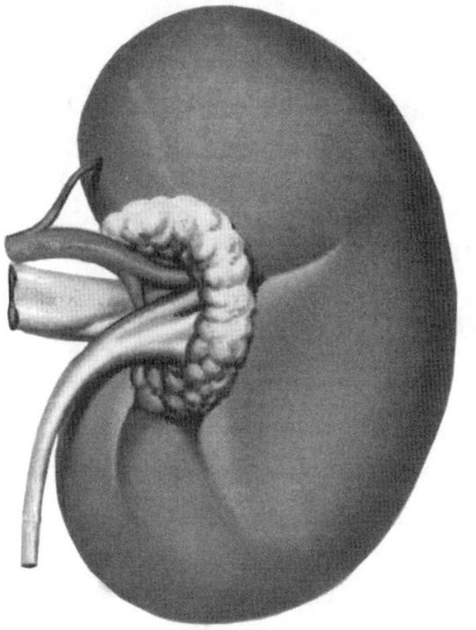

Uma Poderosa Ferramenta de Autoajuda para Aumentar sua Saúde e seu Bem-estar

Tradução:
Iná Lúcia Carvalho dos Santos

MADRAS®

Publicado originalmente em inglês sob o título *The Amazing Liver & Gallbladder Flush* por Ener-Chi Wellness Press.

Editor:
Wagner Veneziani Costa

Produção e Capa:
Equipe Técnica Madras

Tradução:
Iná Lúcia Carvalho dos Santos

Revisão da Tradução:
Aline Naomi Sassaki

Revisão:
Arlete Genari
Bárbara Eliza A. Martins

Dados Internacionais de Catalogação na Publicação (CIP)
(Câmara Brasileira do Livro, SP, Brasil)

Moritz, Andreas
Limpeza do fígado e da vesícula: uma poderosa ferramenta de autoajuda para aumentar sua saúde e seu bem-estar/Andreas Moritz; tradução Iná Lúcia Carvalho dos Santos.
– São Paulo: Madras, 2010.
Título original: The amazing liver & gallbladder flush.

ISBN 978-85-370-0530-9

1. Cálculos biliares – Prevenção – Obras de divulgação 2. Desintoxicação (Saúde) 3. Fígado – Doenças 4. Medicina alternativa 5. Medicina ayurvédica 6. Sistemas terapêuticos 7. Vesícula – Doenças I. Título.

CDD-613.7046
09-08499 NLM-Wl 100

Índices para catálogo sistemático:
1. Cálculos biliares: Fígado e vesícula:
Limpeza: Medicina ayurveda 613.7046

MADRAS EDITORA LTDA.
Rua Paulo Gonçalves, 88 — Santana
CEP: 02403-020 — São Paulo/SP
Caixa Postal: 12183 — CEP: 02013-970
Tel.: (11) 2281-5555 — Fax: (11) 2959-3090
www.madras.com.br

Dedicatória

Para todos aqueles que desejam se responsabilizar por sua própria saúde e que se importam com a saúde e o bem-estar de seus companheiros humanos.

Para efeitos legais

O autor deste livro, Andreas Moritz, não defende o uso de qualquer forma específica de cuidado com a saúde, mas acredita que os fatos, figuras e conhecimento apresentados aqui devem estar disponíveis para qualquer pessoa interessada em melhorar seu estado de saúde. Apesar de o autor ter procurado dar uma compreensão profunda dos tópicos discutidos e assegurar a precisão e integralidade das informações originadas de qualquer outra fonte diferente da sua própria, ele e o editor não assumem nenhuma responsabilidade por erros, equívocos, omissões ou inconsistências contidos na obra. Qualquer desconsideração por pessoas ou organizações não é intencional. Este livro não pretende substituir as recomendações e tratamento de um médico especialista no tratamento de doenças. O uso das informações propostas aqui fica inteiramente a critério do leitor. O autor e o editor não são responsáveis por efeitos adversos nem por consequencias resultantes do uso de preparos ou procedimentos descritos neste livro. As afirmações feitas aqui se destinam apenas a finalidades educacionais e teóricas e são, principalmente, baseadas na opinião e em teorias do próprio Andreas Moritz. Você deve sempre consultar um profissional de saúde antes de adotar qualquer suplemento dietético, nutricional, herbal ou homeopático ou antes de iniciar ou suspender qualquer terapia. O autor não pretende fornecer recomendações médicas nem um substituto para elas e não garante o que quer que esteja, explícita ou implicitamente, relacionado a qualquer produto, dispositivo ou terapia. Exceto quando mencionada, nenhuma afirmação neste livro foi revisada ou aprovada pela *United States Food and Drug Administration* [Agência de Controle de Alimentos e Medicamentos dos Estados Unidos] nem pela *Federal Trade Commission* [Comissão Federal do Comércio dos Estados Unidos]. Os leitores devem usar o próprio julgamento, consultar um especialista em medicina holística ou seus médicos em caso de tratamentos específicos para problemas individuais.

Índice

Capítulo 4

Capítulo 5

O sucesso clínico é o teste final

Este livro está transformando nosso modelo médico atual. Esteja preparado para estar BEM.

"Este é mais que um livro – é uma poderosa ferramenta de autocura. Em um momento em que desistimos da sabedoria inata de nosso próprio corpo, Andreas Moritz oferece uma solução simples e autodirecionada, possibilitando a cura autoinvocada. É simples, barato e fácil de realizar. A cura que ocorreu com meus pacientes e comigo mesmo tem modificado as nossas vidas."
Dr. Gene L. Pascucci (cirurgião-dentista, metafísico e místico, Reno, Nevada)

"Eu estava interessada em aprender sobre a limpeza do fígado com um amigo, mesmo tendo adiado isso por uns bons meses. Tendo sofrido de problemas graves de saúde por vários anos, finalmente decidi tentar, mas sem esperar grandes resultados. Para a minha grande surpresa, no dia seguinte, excretei cerca de 600 cálculos biliares de vários tamanhos e cores, e o alívio foi imediato. Fiquei mais calma, senti-me menos irritada e tive mais clareza de pensamentos. Já fiz cinco limpezas, e o funcionamento do meu corpo está quase normal. Embora eu tenha usado outras modalidades de tratamento além dessa técnica, considero que a limpeza de fígado teve um impacto maior em minha recuperação. Certamente vou acrescentá-la ao meu programa de manutenção da saúde pelo resto da minha vida."
Dra. Diane Phillips (Reino Unido)

Introdução

Muitas pessoas acreditam que os cálculos biliares só se encontram na vesícula. Essa suposição tão comum é equivocada. A maioria dos cálculos biliares se forma no fígado e, comparativamente, poucos ocorrem na vesícula. Essa afirmativa é facilmente comprovada se você se propuser a fazer uma limpeza do seu fígado. Não importa que seja leigo, médico, cientista ou que sua vesícula tenha sido removida e, consequentemente, esteja livre de cálculos. Os resultados da limpeza do fígado[1] falam por si mesmos, muito embora não disponhamos de provas científicas nem de explicações médicas que os tornem mais valiosos do que já são. Quando vir as centenas de cálculos biliares de cor verde, bege, marrom ou preta flutuando em seu vaso sanitário durante a sua primeira limpeza do fígado, você intuitivamente saberá que descobriu algo muito importante para sua vida. Para satisfazer a sua curiosidade, leve os cálculos a um laboratório, a fim de que sejam analisados quimicamente, ou pergunte a opinião do seu médico sobre o assunto, pois ele pode apoiá-lo em sua iniciativa de se curar, ou simplesmente dizer que isso é ridículo ou aconselhá-lo a não fazer isso. De qualquer modo, o mais importante dessa experiência é o fato de você assumir uma atitude responsável com relação à sua saúde, provavelmente pela primeira vez em sua vida.

Nem todos são tão afortunados quanto você. Aproximadamente 20% da população global desenvolverão cálculos biliares em sua *vesícula* em algum momento da vida; muitas pessoas optarão pela cirurgia de remoção desse importante órgão. No entanto, esse número estatístico não inclui a grande quantidade de indivíduos que desenvolverá cálculos biliares (ou que, inclusive, já os tenha) em seu *fígado*. Durante meus 30 anos de prática da medicina natural, tenho tratado milhares de pessoas que sofrem de todos os tipos de doenças crônicas.

1. Quando me refiro à *limpeza do fígado*, isso inclui limpar também a vesícula.

Posso atestar que cada uma delas, sem exceção, teve uma quantidade considerável de cálculos biliares no fígado. Surpreendentemente, somente poucos pacientes descreveram um histórico de cálculos biliares na vesícula. Os cálculos no fígado são, como se verá neste livro, o principal impedimento para se ter e se manter a boa saúde, a juventude e a vitalidade. Na realidade, essa é uma das principais razões pelas quais as pessoas adoecem e têm dificuldades de se recuperar.

Não querer reconhecer e aceitar a incidência da formação de cálculos biliares no fígado como um fenômeno extremamente comum pode ser o descuido mais infeliz que já ocorreu no campo da medicina, tanto ortodoxa como holística.

Confiar muito em exames de sangue para formar um diagnóstico, como faz a medicina convencional, pode realmente ser uma grande desvantagem ao se examinar a saúde hepática. A maioria das pessoas que sofrem algum tipo de problema físico tem níveis de enzimas hepáticas perfeitamente normais no sangue, apesar de sofrer congestão hepática. Esta se encontra entre os problemas médicos mais frequentes, embora a medicina convencional raramente faça referência a ela, e os médicos tenham um modo confiável para detectar e diagnosticar essa condição. Os níveis de enzimas hepáticas no sangue se elevam apenas quando há um nível avançado de destruição das células, como acontece, por exemplo, no caso de hepatite ou de inflamação do fígado. As células hepáticas contêm grande quantidade de enzimas. Quando um certo número delas é rompido, as enzimas começam a aparecer no sangue. Ao ser detectado por um exame de sangue, esse aumento na contagem de enzimas hepáticas indica a anormalidade das funções do fígado. Porém, nesse momento, talvez o problema já tenha se estabelecido. São necessários vários anos de congestão hepática crônica para que o dano ao fígado se torne aparente.

Os exames clínicos padrão quase nunca revelam a ocorrência de cálculos biliares no fígado. Na realidade, a maioria dos médicos nem mesmo sabe que eles se desenvolvem ali. Apenas algumas das universidades com pesquisas mais avançadas, como a prestigiosa Johns Hopkins University, descrevem e ilustram esses cálculos hepáticos em sua literatura ou em seus *sites*. Eles se referem a esse problema como *intrahepatic gallstones* ("cálculos biliares intra-hepáticos").[2]

2. Na Internet, procure pelo site [em inglês] das *Johns Hopkins Medical Institutions* [Instituições Médicas Johns Hopkins]. Depois, localize *Digestive Disease Library* [Biblioteca de Doenças Digestivas], clique em *Biliary Tract* [Trato Biliar], selecione *Cholangiocarcinoma* [Colangiocarcinoma], vá para o fim da página e clique em *Next Section* [Próxima Seção] algumas vezes; depois, role a tela para baixo a fim de visualizar a última ilustração nessa página.

Ao entender como os cálculos biliares no fígado contribuem para a aparição ou a piora de praticamente qualquer tipo de doença e ao tomar algumas medidas simples para eliminá-los, você estará assumindo o controle da restauração da sua saúde e vitalidade de maneira permanente. As implicações na aplicação da limpeza hepática – tanto em você como em seus pacientes, caso seja um profissional da saúde – serão realmente satisfatórias. Ter um fígado limpo é como ter uma nova oportunidade para viver.

O fígado tem controle direto sobre o crescimento e o funcionamento de cada célula do corpo. Qualquer tipo de disfunção, deficiência ou aparente crescimento anormal das células se deve, em grande parte, a uma insuficiência do desempenho hepático. Mesmo depois de ter perdido cerca de 60% de sua eficiência original, o extraordinário formato e a eficiência do fígado permitem que ele funcione de modo "adequado", conforme indicam taxas sanguíneas equilibradas. Apesar de parecer uma inverdade tanto para o paciente como para o médico, a causa da maioria das doenças pode ser facilmente rastreada até sua origem no fígado. O primeiro capítulo deste livro é dedicado a essa conexão de vital importância.

Todas as doenças ou os sintomas de má saúde são causados por algum tipo de obstrução. Por exemplo: se um vaso sanguíneo é bloqueado e, portanto, não pode prover adequadamente um grupo de células com oxigênio vital e com nutrientes, elas terão de tomar medidas específicas de emergência para sobreviver. Certamente, muitas células afetadas não sobreviverão ao "jejum" e, simplesmente, morrerão. Mas outras, mais resistentes, aprenderão a se adaptar à situação adversa (mutação celular) e a viver a partir de resíduos metabólicos não eliminados, como o ácido lático, para suprir suas necessidades energéticas. Essas células podem ser comparadas a um homem no deserto que, por falta de água, depende de beber sua própria urina para viver um pouco mais. A mutação celular que leva ao câncer é apenas a tentativa final de o corpo evitar sua morte imediata por meio do envenenamento séptico e de um órgão em falência. Apesar de prática comum, é antiquado chamar o acúmulo de material residual tóxico e material celular em decomposição de doença. Infelizmente, por ignorar a verdadeira natureza do corpo, muitos acreditam que esse mecanismo de sobrevivência é uma "doença autoimune". A palavra "autoimune" sugere que o corpo tenta atacar a si próprio e praticamente tenta cometer suicídio. Nada poderia estar mais longe da verdade. Tumores cancerígenos resultam de uma grande congestão nos tecidos conjuntivos, paredes de vasos sanguíneos e ductos linfáticos que evitam que células saudáveis recebam oxigênio e outros nutrientes vitais.[3]

Outras obstruções mais aparentes também podem atrapalhar o seu bem-estar. As constipações do intestino grosso impedem o corpo de eliminar os resíduos contidos nas fezes. A retenção de matéria fecal na parte baixa do trato intestinal leva a um cólon intoxicado e, se a situação não se resolver, a um corpo intoxicado.

A infecção renal e a falência dos rins podem ocorrer em resposta ao acúmulo de cálculos calcificados ou depósitos de gordura renal, dessa forma, obstruindo o fluxo de urina nos rins ou na bexiga. A formação desses depósitos minerais no sistema urinário pode provocar retenção de líquidos, aumento de peso e vários sintomas de doenças.

Se um resíduo ácido e tóxico se forma em nosso peito e em nossos pulmões, o corpo responde com secreções de muco para reter essas substâncias nocivas. Como resultado, as passagens de ar de seus pulmões se congestionam e você fica, literalmente, sem ar. Se seu corpo já está altamente intoxicado e congestionado, você pode até desenvolver uma infecção pulmonar. As infecções pulmonares ocorrem para auxiliar na destruição e na remoção de quaisquer células pulmonares danificadas e fracas que, de outra forma, começariam a se deteriorar ou já estariam decompostas (formação de pus). A congestão pulmonar impede a remoção natural de células danificadas ou fracas. Se a congestão não for curada por meios naturais ou se ela aumentar mais por hábitos alimentares deficientes, o pus será retido no tecido pulmonar. Naturalmente, a população de bactérias destrutivas aumentará, a fim de auxiliar o corpo em seu esforço desesperado de limpar essa área congestionada, que inclui células em decomposição e outros resíduos. Médicos chamam esse mecanismo de sobrevivência de "infecção por estafilococos" ou pneumonia.

A má audição e infecções no ouvido podem ocorrer, caso um muco aderente, contendo toxinas e/ou bactérias mortas ou vivas, entre nos ductos que unem a garganta aos ouvidos (tubos eustaquianos). Da mesma maneira, um engrossamento do sangue causado por comidas ou bebidas altamente ácidas pode restringir seu fluxo pelos vasos capilares e artérias, podendo resultar em numerosos problemas físicos,

3. Para uma compreensão completa do que o câncer realmente é e de quais são as suas causas, veja o livro do autor *Cancer Is Not a Disease – It's a Survival Mechanism* [Câncer não É uma Doença – É um Mecanismo de Sobrevivência].

desde uma simples irritação na pele até artrite, ataque cardíaco ou derrame cerebral.

Essas obstruções, ou similares, estão direta e indiretamente ligadas ao funcionamento hepático restrito – em particular, ao impasse causado pelos cálculos biliares no fígado e na vesícula. A presença de fragmentos da bile coagulada e outras substâncias orgânicas ou inorgânicas retidas nesses órgãos interfere sobremaneira em processos vitais como a digestão de alimentos, a eliminação de resíduos e a neutralização de substâncias prejudiciais ao sangue. Ao descongestionar os ductos biliares no fígado e na vesícula, os 60–100 trilhões de células do corpo podem "respirar" mais oxigênio, receber quantidade suficiente de nutrientes, eliminar seus produtos do resíduo metabólico de modo eficaz e manter uma comunicação perfeita com os sistemas nervoso e endócrino e com outras partes do corpo.

Quase todos os pacientes que sofrem de doenças crônicas têm quantidades excessivas de cálculos biliares no fígado. Um médico pode confirmar isso com facilidade, solicitando que seu paciente com doença crônica faça uma limpeza hepática. Mas, até que se determine uma doença específica no fígado, esse órgão vital raramente é considerado "culpado" por outras doenças. A maioria dos cálculos biliares no fígado é constituída pelos mesmos componentes "inofensivos" contidos na bile líquida, sendo o colesterol seu principal ingrediente. Vários cálculos são compostos de ácidos graxos e outros materiais orgânicos que terminaram nos ductos biliares. O fato de a maioria desses cálculos ser apenas massa compacta sólida de bile ou matéria orgânica os torna praticamente "invisíveis" a exames de raios-X, tecnologias de ultrassom e tomografia computadorizada (TC).

A situação é diferente no que se refere à vesícula, em que até 20% do total de pedras podem ser constituídos completamente por minerais, sobretudo sais de cálcio e pigmentos biliares. As modernas ferramentas de diagnóstico podem detectar facilmente essas pedras duras e relativamente grandes na bexiga, mas tendem a não captar as mais macias e não calcificadas no fígado. Somente quando há uma quantidade excessiva de pedras, cujo principal componente é o colesterol (85 a 95%) ou outras massas compactas de gordura, obstruindo os ductos biliares do fígado, o teste de ultrassom pode revelar o que se conhece como "fígado gordo". Em tais casos, esse órgão aparece nas imagens do ultrassom com uma coloração quase completamente branca (em vez de negra). Um fígado gordo pode armazenar até 20 mil pedras, antes de sucumbir à asfixia e parar de funcionar.

Se você tivesse um fígado gordo e consultasse o seu médico, ele diria que há excesso de tecido graxo em seu fígado. No entanto, é pouco provável que ele lhe dissesse que você também apresenta cálculos *intra-hepáticos* (pedras que obstruem os ductos biliares do fígado). Como mencionado anteriormente, a maioria das pedras intra-hepáticas não é detectada em exames de ultrassom nem de tomografia computadorizada. Entretanto, uma análise cuidadosa das imagens de ultrassom feita por especialistas pode mostrar se alguns dos pequenos ductos biliares no fígado se dilataram em decorrência de uma obstrução. Uma dilatação dos ductos biliares, causada por pedras maiores e mais densas ou por grupos de pedras, pode ser facilmente detectada por uma ressonância magnética. Porém, a menos que exista indício de um problema hepático sério, os médicos raramente buscam essas pedras intra-hepáticas. Infelizmente, mesmo o fígado sendo um dos órgãos mais importantes do corpo, suas desordens também são, com frequência, subdiagnosticadas.

Mesmo que o processo de um fígado gordo ou de formação de cálculos nos ductos biliares – que podem ser reconhecidos e diagnosticados com facilidade – ainda estiver em fase inicial, atualmente, os hospitais e as clínicas não oferecem tratamentos para aliviar esse órgão vital do pesado fardo que tem de suportar.

No mundo desenvolvido, a maioria das pessoas acumulou centenas e, em muitos casos, milhares de coágulos biliares e depósitos de gordura no fígado. Essas pedras obstruem continuamente os ductos biliares do fígado, o que sobrecarrega muito esse órgão vital e o resto do corpo. Face ao efeito adverso que elas causam no funcionamento hepático como um todo, sua composição é irrelevante. Ainda que seu médico ou você mesmo considere os cálculos biliares minerais convencionais, depósitos de gordura e coágulos de bile endurecida, o resultado é que eles evitam que a quantidade necessária de bile alcance o intestino. A pergunta principal é: como algo tão simples quanto a obstrução do fluxo da bile pode causar problemas complexos como a insuficiência cardíaca congestiva, o diabete ou o câncer?

A bile é um líquido amargo, alcalino, de cor amarela, marrom ou verde e tem múltiplas funções. Cada uma delas afeta de modo profundo a saúde de cada órgão e sistema do corpo humano. Além de auxiliar na digestão de gorduras, cálcio e alimentos proteicos, a bile é necessária para manter os níveis regulares de gordura no sangue, eliminar toxinas do fígado, ajudar a manter o equilíbrio ácido/alcalino do trato intestinal e auxiliar o cólon a não desenvolver micróbios nocivos. Para manter um sistema digestivo forte e saudável e alimentar as células do corpo com a quantidade correta de nutrientes, o fígado tem de produzir entre 1 e 1,5 litro de bile por dia. Uma quantidade menor acarretará problemas para a digestão, para a eliminação de resíduos e para o constante esforço do corpo em desintoxicar o sangue. Muita gente produz só o equivalente a um quarto de bile, ou menos da quantidade necessária por dia. Como veremos nesta obra, quase todos os problemas de saúde são uma consequência direta ou indireta de uma reduzida produção de bile.

Pessoas com doenças crônicas normalmente têm milhares de cálculos biliares congestionando os ductos biliares do fígado. Algumas dessas pedras podem ter se desenvolvido na vesícula. Ao expulsá-las desses órgãos, por meio de várias limpezas do fígado e mantendo dieta e hábitos de vida equilibrados, o fígado e a vesícula podem restaurar sua eficiência natural, e a maioria dos sintomas de incômodo ou da doença começa a ceder. As alergias diminuirão ou desaparecerão, as dores nas costas vão acabar, e a energia e o bem-estar melhorarão de forma espetacular. A limpeza dos cálculos dos ductos biliares é um dos procedimentos mais importantes e poderosos para recuperar ou melhorar sua saúde.

Neste livro, você aprenderá como expelir até centenas desses cálculos de uma só vez e sem nenhuma dor. O tamanho das pedras varia de uma cabeça de alfinete até o de uma pequena noz e, em alguns casos, de uma bola de golfe. A depuração do fígado em si leva um tempo inferior a 14 horas e pode ser feita convenientemente durante um fim de semana em casa. O Capítulo 1 explica em detalhes por que a presença de cálculos biliares dentro e fora do fígado pode ser considerada de grande risco e causa de quase todas as doenças maiores ou menores. No Capítulo 2, você pode identificar alguns dos sinais, indícios e sintomas que indicam a presença de cálculos no seu fígado ou na sua vesícula. Outros capítulos abordam as possíveis causas dos cálculos biliares e como prevenir que se desenvolvam novamente. No Capítulo 4, você aprenderá o verdadeiro procedimento para expelir os cálculos biliares do seu corpo. O Capítulo 6, "O que se pode esperar de uma limpeza hepática?", aborda alguns dos possíveis benefícios para a saúde deste extenso programa de autoajuda. No Capítulo 7, você encontrará depoimentos de algumas pessoas sobre suas experiências com a limpeza hepática. No Capítulo 8, é apresentado, em forma de perguntas e respostas, o esclarecimento de dúvidas sobre a limpeza.

Para obter o maior benefício possível com esse procedimento, recomendo muito que você leia o livro todo antes de iniciar sua limpeza.

Desejo-lhe grande êxito em seu caminho na busca de um contínuo bom estado de saúde, felicidade e vitalidade!

1

Cálculos Biliares no Fígado – Um Grave Risco para a Saúde

Pense no fígado como uma grande cidade, com milhares de casas e ruas. Há encanamentos subterrâneos para distribuir água, petróleo e gás. Sistemas de drenagem e caminhões de lixo encarregam-se de remover os resíduos. Linhas elétricas distribuem energia para casas e empresas. Fábricas, sistemas de transporte e comunicação e comércio cobrem as necessidades diárias dos seus habitantes. A cidade está organizada a fim de fornecer tudo o que é necessário para a existência continuada da população. Mas se, de repente, a vida na cidade paralisar em função de grandes greves, falha no fornecimento de energia elétrica, um devastador terremoto ou uma forte ação terrorista, como a que testemunhamos na cidade de Nova York, em 11 de setembro de 2001, a população começará a sofrer sérias necessidades em todos esses setores.

Como a infraestrutura de uma cidade, o fígado tem centenas de funções diferentes e está conectado a todas as partes do corpo. Durante todo o dia, ele se encarrega de criar, processar e prover grandes quantidades de nutrientes que alimentam de 60 a 100 trilhões de habitantes do corpo – as células. Cada célula é, em si mesma, uma cidade microscópica de imensa complexidade, com bilhões de reações químicas por segundo. Para sustentar, sem interrupção, as incríveis e diversas atividades de todas as células do corpo, o fígado deve supri-las com uma constante corrente de nutrientes, enzimas e hormônios. Com seu complexo labirinto de veias, canais e células especializadas, o fígado precisa estar livre de qualquer obstrução, para poder manter uma "linha de produção" sem problemas e um sistema de distribuição livre de atritos em todo o corpo.

O fígado é o principal órgão responsável por distribuir e manter as necessidades de "combustível" do corpo. Além disso, suas atividades incluem a quebra de compostos químicos complexos e a síntese de moléculas proteicas. Ele funciona como um dispositivo de limpeza e também inativa hormônios, álcool e medicamentos. Tem a função de modificar essas substâncias biologicamente ativas para que percam seus efeitos prejudiciais em potencial; esse processo é conhecido como desintoxicação. As células especializadas nos vasos sanguíneos do fígado (células de Kupffer) combatem os elementos prejudiciais e os microrganismos infecciosos do intestino que chegam ao fígado, o qual secreta os materiais residuais resultantes dessas ações por meio dos ductos biliares.

Para assegurar a eficiência desse processo, o fígado recebe e filtra 1,5 litro de sangue por minuto e produz 1,4 litro de bile diariamente. Os cálculos biliares obstrutores podem diminuir de modo considerável a sua capacidade de desintoxicar todas essas substâncias fornecidas externa ou internamente, geradas no sangue; também o impedem de distribuir a quantidade adequada de nutrientes e energia para onde o corpo necessita, no momento preciso. Isso pode afetar o delicado equilíbrio do corpo, chamado "homeostase", resultando no mau funcionamento dos seus órgãos e sistemas.

O exemplo perfeito desse desequilíbrio é o aumento dos hormônios endócrinos *estrógeno* e *aldosterona* na concentração do sangue. Esses hormônios, produzidos em homens e em mulheres, são responsáveis pelo grau correto de retenção de água e sal; quando não há desintoxicação, como ocorre na congestão da vesícula e nos ductos biliares, sua excessiva concentração no sangue produz a inflamação do tecido e a retenção de água. Os altos níveis de estrógeno são considerados por muitos oncologistas a principal causa do câncer de mama nas mulheres. Nos homens, os altos níveis desse hormônio podem causar o desenvolvimento excessivo de tecido no peito e o aumento de peso.

Quase 60% da população norte-americana tem sobrepeso ou obesidade. Homens, mulheres e crianças sofrem de retenção de líquidos (com relativo pouco acúmulo de gordura). A retenção de fluidos nos tecidos faz com que outros materiais residuais se alojem em várias partes do corpo, e o fígado não pode eliminá-los. Isso ajuda as pessoas com sobrepeso ou obesas a sobreviver a uma grande crise de toxicidade, possivelmente fatal, como um ataque cardíaco, um choque séptico ou uma infecção massiva. No entanto, o efeito adverso de retenção de fluidos em tecidos é o que faz com que essas toxinas e outras substâncias residuais nocivas (metabólitos e células mortas) se acumulem em várias partes do corpo e posteriormente congestionem as passagens de circulação e eliminação. Quando a capacidade de armazenamento de toxinas e resíduos se esgota, os sintomas da doença aparecem.

Limpar o fígado e a vesícula de todos os cálculos acumulados (veja as **figuras 1a e 1b**) ajuda a restaurar a homeostase, controlar o peso e preparar o corpo para ficar automaticamente curado; é também uma das melhores precauções que se pode tomar para a proteção contra futuras doenças, conhecidas e desconhecidas.

Figura 1a. *Cálculos biliares expelidos*

Figura 1b. *Cálculos biliares expelidos*

Se tiver alguns dos sintomas apresentados a seguir ou estiver em alguma condição similar, você provavelmente apresenta um grande número de cálculos biliares no fígado ou na vesícula:

- → Falta de apetite
- → Anseio por comida
- → Transtornos digestivos
- → Diarreia
- → Prisão de ventre
- → Fezes cor de argila
- → Hérnia
- → Flatulência
- → Hemorroidas
- → Dor do lado direito
- → Dificuldade para respirar
- → Cirrose hepática
- → Hepatite
- → Muitas infecções
- → Colesterol alto
- → Pancreatite
- → Doenças cardíacas
- → Transtornos cerebrais
- → Úlcera duodenal
- → Náuseas e vômitos
- → Personalidade difícil ou mau humor constante
- → Depressão
- → Impotência
- → Outros problemas sexuais
- → Doenças na próstata
- → Problemas urinários
- → Desequilíbrios hormonais
- → Transtornos menstruais ou na menopausa
- → Problemas de visão
- → Olhos inchados
- → Problemas de pele
- → Manchas de fígado, especialmente na parte anterior das mãos e do rosto

- → Tontura e desmaios
- → Perda do tônus muscular
- → Excesso ou perda de peso
- → Dor na parte superior da escápula e/ou entre as escápulas
- → Cor escura embaixo dos olhos (olheiras)
- → Caráter mórbido
- → Língua pastosa ou coberta por uma coloração branca ou amarela
- → Escoliose
- → Gota
- → Ombro rijo
- → Pescoço rijo
- → Asma
- → Dores de cabeça e enxaquecas
- → Problemas dentários ou gengivais
- → Olhos amarelados
- → Ciática
- → Adormecimento ou paralisia das pernas
- → Doenças nas juntas
- → Problemas nos joelhos
- → Osteoporose
- → Obesidade
- → Fadiga crônica
- → Doenças nos rins
- → Câncer
- → Esclerose múltipla e fibromialgia
- → Mal de Alzheimer
- → Extremidades frias
- → Calor excessivo e transpiração na parte superior do corpo
- → Excessiva oleosidade ou queda de cabelos
- → Cortes ou feridas que não param de sangrar ou não cicatrizam
- → Dificuldade para dormir, insônia
- → Pesadelos
- → Enrijecimento das articulações e dos músculos
- → Ondas de frio e calor

A importância da bile

Uma das funções mais importantes do fígado é a produção de bile: cerca de um litro a um litro e meio por dia, aproximadamente. A bile é um fluido viscoso e alcalino (oposto ao ácido), de coloração amarela, marrom ou verde, e tem um sabor muito amargo. Sem bile suficiente, a maior parte dos alimentos consumidos não são digeridos ou são parcialmente digeridos. Por exemplo, para permitir que o intestino delgado absorva gorduras e cálcio dos alimentos ingeridos, eles, primeiramente, devem se misturar com a bile. Quando as gorduras não são absorvidas corretamente, isso significa que a secreção da bile não é suficiente. A gordura não digerida continua no trato intestinal. Quando chega ao cólon, com outros resíduos, as bactérias reduzem-na a componentes de ácidos graxos ou ela é eliminada pelas fezes. Como a gordura é mais leve que a água, as fezes podem flutuar no vaso sanitário. Se não é absorvida, também não há absorção do cálcio, causando um *deficit* no sangue – que, posteriormente, toma o que restou de cálcio nos ossos. A maioria dos problemas de densidade óssea (osteoporose) é resultante da secreção insuficiente da bile e da digestão pobre de gorduras, e não de um consumo insuficiente de cálcio. Poucos médicos estão cientes desse fato e, portanto, simplesmente receitam suplementos de cálcio para os seus pacientes.

Além de processar as gorduras contidas nos alimentos, a bile elimina toxinas do fígado. Uma das suas funções menos conhecida, mas não menos importante, é a de desacidificar e limpar os intestinos.

Se os cálculos biliares no fígado ou na vesícula impedirem seriamente o fluxo da bile nos intestinos, as fezes terão uma coloração marrom, amarelo alaranjado ou pálida como a argila, em vez da sua cor normal marrom esverdeado.

Os cálculos biliares são um dos resultados de alimentação e hábitos de vida pouco saudáveis. Se, entretanto, eles continuarem no fígado, mesmo depois de o restante dos fatores causadores de doenças ter sido eliminado, continuarão sendo um considerável risco para a saúde e podem causar doenças ou envelhecimento precoce. Por essa razão, os cálculos biliares são tidos como severo fator de risco ou causa de doenças. Os tópicos seguintes descrevem algumas das principais consequências que os cálculos biliares no fígado produzem em diferentes órgãos e sistemas do corpo humano. Ao eliminá-los, o corpo inteiro pode retomar suas atividades normais e saudáveis.

Transtornos do sistema digestório

São quatro as principais atividades no trato alimentar do nosso sistema digestório: *ingestão*, *digestão*, *absorção* e *eliminação*. O canal alimentar começa na boca, passa pelo tórax, pelo abdômen e pela região pélvica, para terminar no ânus (ver **figura 2**). Quando o alimento é ingerido, uma série de processos digestivos começa a ocorrer. Esses processos podem ser divididos em: *processo mecânico* do bolo alimentar, por meio da mastigação, e *processo químico*, por intermédio das enzimas presentes nas secreções produzidas pelas glândulas do sistema digestório.

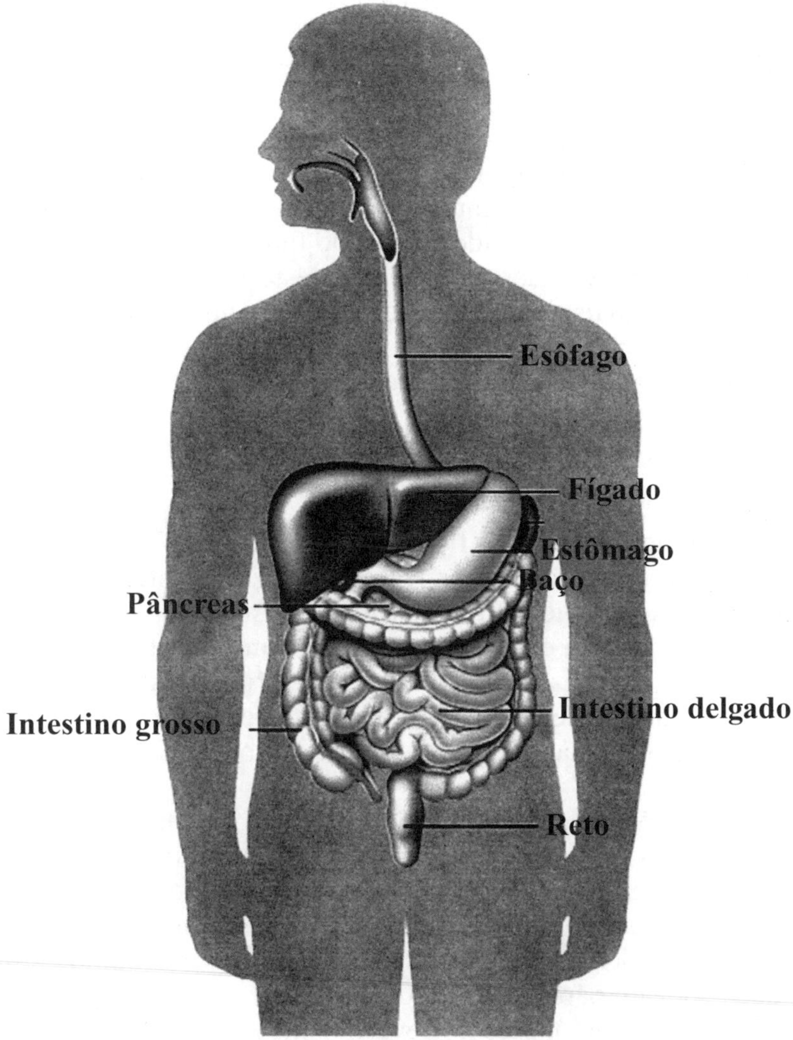

Figura 2. *O sistema digestório*

As enzimas são pequenas substâncias químicas que causam ou aceleram transformações químicas em outras substâncias, sem que se alterem. As enzimas digestivas estão contidas nas glândulas salivares da boca, nos sucos gástricos do estômago, no suco intestinal no intestino delgado, no suco pancreático do pâncreas e na bile do fígado.

A *absorção* é o processo durante o qual minúsculas partículas de nutrientes passam pelas paredes intestinais até chegarem ao sangue e aos vasos linfáticos, para serem distribuídas às células.

As vísceras *eliminam* em forma de fezes qualquer substância comestível que não pode ser digerida nem absorvida, como a *celulose*. As fezes também contêm bile, que leva os resíduos resultantes da desintegração (catabolismo) dos glóbulos vermelhos. Além disso, um terço do detrito excretado é composto por bactérias intestinais. O corpo pode funcionar com rapidez e eficiência se as vísceras eliminarem diariamente os resíduos acumulados.

A boa saúde é o resultado natural do funcionamento equilibrado de cada uma das atividades do sistema digestório. As doenças surgem quando uma ou mais dessas funções estão prejudicadas. A presença de cálculos biliares no fígado e na vesícula influi de maneira fortemente prejudicial na digestão e na absorção do bolo alimentar, assim como na eliminação dos dejetos.

Doenças da boca

Os cálculos biliares no fígado e na vesícula podem ser os responsáveis pela maioria das doenças da boca. Eles interferem na digestão e na absorção dos alimentos, que, por sua vez, faz com que os resíduos destinados à evacuação permaneçam no trato intestinal. O armazenamento de resíduos nos intestinos cria um ambiente tóxico e anaeróbico que sustenta a proliferação de germes destrutivos e parasitas e destrói gradativamente a preservação de tecidos saudáveis e resilientes.

As infecções bacteriana (**candidíase**) e viral (**herpes**) na boca ocorrem apenas quando os intestinos acumularam quantidades consideráveis de resíduos não digeridos. Bactérias destrutivas tentam decompor uma parte do resíduo, mas não sem produzir toxinas poderosas. Algumas delas são absorvidas no sangue e nos fluidos linfáticos, que os levam para o fígado. O restante das toxinas aglomeradas irrita constantemente partes do revestimento gastrintestinal (que começa na boca e termina no ânus), até que se dê a inflamação ou a ulceração. Os tecidos celulares danificados "atraem" mais micróbios à ferida para ajudar a destruir e a remover células fracas e danificadas. É o que chamamos de "infecção".

A infecção é um fenômeno normal, observado em qualquer parte da natureza, sempre que algo precisa ser decomposto. As bactérias nunca atacam, ou seja, nunca afetam algo que está limpo, ativo e saudável, como uma fruta pendurada e bem nutrida em um galho. Somente quando a fruta amadurece e cai ao solo é que as bactérias iniciam seu trabalho de limpeza. As toxinas são geradas no momento em que as bactérias começam a decompor um alimento ou um tecido. Essas toxinas podem ser reconhecidas por seu cheiro desagradável e ácido. Se forem geradas no corpo humano, é natural que apareçam sintomas de doenças.

A **candidíase** indica a presença de grandes quantidades de bactérias que se estenderam ao longo do trato intestinal, incluindo a área bucal. Aparece na boca porque o revestimento mucoso aí localizado não é resistente o bastante para manter as células em bom estado. Como a parte principal do sistema imunológico se encontra no revestimento mucoso do trato intestinal, a candidíase indica uma séria debilitação do corpo em geral em sua imunidade contra doenças.

A **herpes**, considerada uma doença viral, é parecida com a candidíase, exceto que, ao contrário das bactérias que "atacam" o exterior da célula, os componentes virais "atacam" o núcleo, o interior celular. Em ambos os casos, os "atacantes" focam as células debilitadas ou não saudáveis – que já estão danificadas ou apresentam disfunções e estão suscetíveis à mutação em células cancerígenas. Além disso, os cálculos biliares abrigam infinidades de bactérias e vírus, que escapam do fígado por meio da bile secretada e infectam as partes do corpo menos resistentes a eles ou já enfraquecidas. O que deve ser mantido em mente é que germes não infectam o corpo, a não ser que ele precise de sua ajuda. O trato intestinal precisa de bile para se manter limpo. A falta de bile nos intestinos evita que isso aconteça. Outra solução melhor para remover resíduos nocivos é empregar germes destrutivos.

Os cálculos biliares acarretam outros problemas para a boca: inibem a secreção apropriada da bile, o que reduz o apetite e a secreção da saliva nas glândulas salivares. A saliva é necessária para limpar a boca e manter seus tecidos macios e flexíveis. Quando é insuficiente, as bactérias destrutivas podem iniciar uma verdadeira invasão na cavidade bucal, resultando na **deterioração dentária**, **na destruição gengival** e em outros problemas relacionados à dentição. Mas, novamente, não são as bactérias que produzem essa deterioração dentária; os germes são atraídos somente até as áreas congestionadas, desnutridas e intoxicadas da boca.

Um **gosto amargo** é causado pela bile que foi regurgitada pelo estômago, até à boca. Essa situação é decorrência de uma grave congestão intestinal. Em vez de descer, algumas partes do conteúdo do intestino são devolvidas para cima, levando gases, toxinas e outras substâncias irritantes às partes superiores do trato gastrintestinal. A bile altera em muito o valor do pH (equilíbrio ácido/alcalino) da saliva, inibindo suas propriedades de limpeza e fazendo com que a boca fique vulnerável a germes infecciosos.

Uma **úlcera bucal** no lábio inferior indica um processo inflamatório no intestino grosso. A constante presença de úlceras nos dois cantos da boca indica a existência de **úlceras duodenais** (veja o tópico seguinte, *Doenças do estômago*). As **úlceras na língua**, dependendo de sua localização, indicam processos inflamatórios nas áreas correspondentes do canal alimentar, como o estômago, o intestino delgado, o apêndice ou o intestino grosso.

Doenças do estômago

Conforme foi mencionado, os cálculos biliares e seus subsequentes problemas digestivos podem produzir uma regurgitação da bile e dos sais biliares para o estômago. Essa ocorrência altera negativamente a composição de sucos gástricos e a quantidade de muco gerada no estômago. O muco está ali para proteger o revestimento estomacal dos efeitos destrutivos do ácido clorídrico. A condição em que esse "escudo" protetor se desintegra ou diminui é conhecido como **gastrite**.

A gastrite pode ocorrer de forma aguda ou crônica. Quando as células superficiais (epiteliais) do estômago são expostas ao ácido suco gástrico, absorvem íons de hidrogênio, aumentando sua acidez interna, desequilibrando seus processos metabólicos básicos e causando uma reação inflamatória. Nos casos mais graves, pode haver ulceração da *mucosa* (**úlcera gástrica** ou **péptica**), sangramento, perfuração da parede estomacal e **peritonite**, uma complicação que surge quando uma úlcera corrói totalmente o revestimento do estômago ou do duodeno e seu conteúdo entra na cavidade peritoneal.

As **úlceras do duodeno** desenvolvem-se quando o ácido que deixa o estômago corrói o revestimento duodenal. Em alguns casos, a produção de ácido é incomumente alta. Comer em excesso alimentos que requerem fortes secreções ácidas ou que formem combinações inadequadas (para mais detalhes, ver *Timeless Secrets of Health and Rejuvenation* [Segredos Eternos de Saúde e Rejuvenescimento]) frequentemente altera o equilíbrio da produção de ácidos. O **refluxo no esôfago**, comumente conhecido como "azia", é uma circunstância em que o ácido do estômago inunda o esôfago e causa irritação ou lesão dos frágeis tecidos que o revestem. Ao contrário da opinião comum, esta condição não se deve ao fato de o estômago produzir muito ácido clorídrico, mas, em vez disso, em razão do refluxo de resíduos, toxinas e bile dos intestinos no estômago. Em muitos casos, a azia ocorre quando o estômago produz pouquíssimo ácido clorídrico e, consequentemente, força o alimento a permanecer lá por um longo tempo e a fermentar. Tomar antiácidos pode, posteriormente, prejudicar a digestão de alimento e provocar um dano maior ao estômago e ao resto do trato gastrintestinal.

Há outras numerosas causas de gastrite e acidez estomacal: comer em demasia, consumo de frituras, consumo excessivo de bebidas alcoólicas, fumar demais, tomar café diariamente, comer grandes quantidades de proteínas e gorduras animais, exposição aos raios-X, medicamentos citotóxicos, aspirina e outros anti-inflamatórios. Intoxicação alimentar, alimentos muito picantes, bebidas geladas, desidratação e estresse emocional também podem provocar dores gástricas. Além disso, esses fatores também provocam cálculos no fígado e na vesícula e iniciam um círculo vicioso que trará maiores complicações para todo o trato gastrintestinal. O resultado final pode ser a formação de **tumores estomacais** malignos.

Atualmente, a maioria dos médicos pensa que as úlceras estomacais são causadas por uma bactéria (H. pylori). Combatê-la com antibióticos frequentemente traz alívio e detém a úlcera. Embora esses medicamentos não previnam o reaparecimento da úlcera depois de sua suspensão, há uma alta taxa de "recuperação" – ainda que eles possam provocar reações colaterais geralmente sérias.

A infecção bacteriana provocada pela H. pylori só é possível porque fatores diferentes de um germe normalmente inofensivo já enfraqueceram as células estomacais, além de ter provocado danos a elas. Em um estômago saudável, ela é inofensiva. A maioria de nós conviveu com essa bactéria sem nunca ter tido problemas com ela. Isso nos coloca uma questão importante: por que a mesma bactéria provoca uma úlcera em algumas pessoas e não em outras? Como foi dito anteriormente, os cálculos no fígado e na vesícula podem provocar congestão intestinal e, então, levar a um refluxo frequente da bile e das toxinas ao estômago, o que pode danificar um número crescente de células estomacais. Os antibióticos destroem a flora estomacal natural, incluindo as bactérias que normalmente ajudam a eliminar as células danificadas. Assim, apesar de o tratamento antibiótico produzir um rápido alívio dos sintomas, também diminui permanentemente a eficiência do estômago e debilita o corpo, deixando-o enfraquecido no momento de enfrentar desafios mais sérios que o de simplesmente tratar uma úlcera.[4] Paliativos para o alívio raramente funcionam. Por outro lado, a maioria dos distúrbios estomacais desaparece espontaneamente, quando todos os cálculos biliares são eliminados e se adota uma dieta saudável e um modo de vida equilibrado.

Doenças do pâncreas

O pâncreas é uma pequena glândula cuja cabeça descansa na curva do duodeno. Seu ducto principal se une ao ducto biliar comum para formar o que se conhece como a **ampola de Vater**. Essa ampola entra no duodeno em seu ponto médio. Além de secretar os hormônios – *insulina e glucagon* –, o pâncreas produz *sucos pancreáticos*, os quais contêm enzimas que digerem os carboidratos, as proteínas e as gorduras. Quando o conteúdo ácido do estômago chega ao duodeno, mistura-se com o suco pancreático alcalino e com a bile, criando o equilíbrio ácido/alcalino (valor pH) adequado com o qual as enzimas pancreáticas são mais eficientes.

Os cálculos biliares no fígado ou na vesícula reduzem as secreções biliares da quantidade normal de um litro ou mais por dia para uma quantidade tão pequena como um quarto de litro. Isso interrompe seriamente o processo digestivo, especialmente se forem consumidos alimentos ricos em gordura. Consequentemente, o pH mantém seu valor reduzido, o que inibe a ação das enzimas pancreáticas e daquelas secretadas no intestino delgado. O resultado final é que o alimento é apenas parcialmente digerido. A comida mal digerida, ao se saturar com o ácido clorídrico do estômago, pode causar um efeito cáustico em todo o trato intestinal.

Se um cálculo biliar passar da vesícula para a ampola, onde se unem o ducto biliar comum e os canais pancreáticos (ver **figura 3**), o fluxo do suco pancreático é obstruído e a bile chega ao pâncreas. Isso faz com que algumas enzimas pancreáticas, que quebram as proteínas, sejam ativadas ainda no pâncreas e não no duodeno, como ocorreria normalmente. Isso torna essas enzimas altamente destrutivas. Elas começam a digerir partes do tecido pancreático, o que pode resultar

4. Veja, para mais informações sobre os tratamentos das úlceras estomacais e suas consequências, também do autor deste livro, em *Timeless Secrets of Health and Rejuvenation* [Segredos Eternos da Saúde e do Rejuvenescimento].

em infecção, supuração e trombose local. Essa situação é conhecida como **pancreatite**.

Os cálculos biliares que obstruem a ampola liberam bactérias, vírus e toxinas para o pâncreas, o que pode causar maior dano às células pancreáticas e levar a **tumores malignos**. Os tumores aparecem, na maioria das vezes, na cabeça do pâncreas, de onde inibem o fluxo da bile e do suco pancreático. Essa situação costuma estar acompanhada de **icterícia** (para mais detalhes, ver a seguir *Doenças do fígado*).

Os cálculos biliares no fígado, na vesícula e na ampola também podem ser responsáveis por dois tipos de **diabete**: dependente de insulina e não dependente. Todos os meus pacientes diagnosticados com diabete, incluindo as crianças, têm grandes quantidades de pedras no fígado. Cada limpeza hepática ajudou a melhorar suas condições, quando e sempre que seguiram um regime saudável e uma dieta livre de produtos de origem animal.[5]

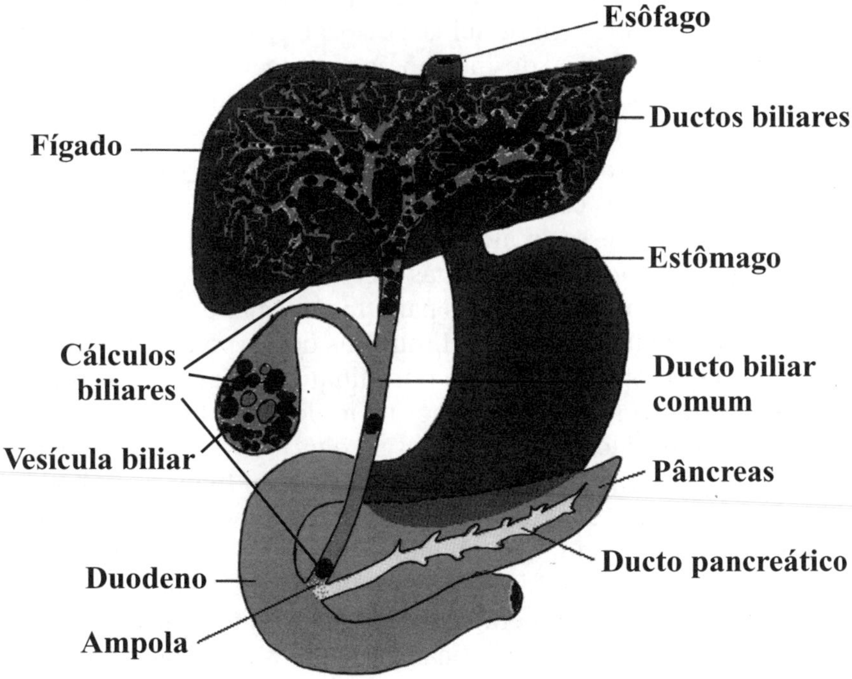

Figura 3. *Cálculos biliares no fígado e na vesícula*

5. Ver também "Consumo excessivo de proteínas", no capítulo 3, e o capítulo sobre diabete no livro do autor, *Timeless Secrets of Health and Rejuvenation*, ou em *Diabete – No More!* [Livre-se do Diabete!].

Doenças do fígado

O fígado é a maior glândula do corpo. Pesa até 1,4 quilo, está suspenso na parte posterior das costelas, no lado direito e superior do abdômen e se estende por quase toda a largura do corpo. Responsável por centenas de funções diferentes, é também o órgão mais complexo e ativo de todos.

Como o fígado se encarrega de processar, converter, distribuir e manter a administração do "combustível" vital do corpo (nutrientes e energia), quaisquer interferências nessas funções causarão sério impacto em detrimento da saúde desse órgão e do corpo inteiro. A principal delas é a presença de cálculos biliares.

Além de produzir colesterol – matéria-prima essencial na construção das células, dos hormônios e da bile – , o fígado também produz hormônios e proteínas que afetam o funcionamento do corpo, seu crescimento e sua cura. Também produz novos aminoácidos[6] e transforma os já existentes em proteínas, que são o material principal para a construção das células, dos hormônios, dos neurotransmissores, dos genes, etc. Outras funções essenciais do fígado incluem o processamento das células velhas e gastas, a "reciclagem" de proteínas e ferro e o armazenamento de vitaminas e nutrientes. Os cálculos biliares põem em risco todas essas tarefas vitais.

Além de processar o álcool no sangue, o fígado processa substâncias nocivas, bactérias, parasitas e certos componentes de medicamentos. Usa enzimas específicas para transformar dejetos ou venenos em substâncias que podem ser eliminadas do corpo com segurança, e filtra mais de um litro de sangue por minuto. A maioria dos produtos residuais filtrados sai do fígado por meio do fluxo biliar. Os cálculos que obstruem os ductos biliares causam elevados níveis de toxicidade no fígado e, em última instância, **doenças hepáticas**. Seu desenvolvimento se acelera com a ingestão de medicamentos, normalmente processados no fígado. Os cálculos impedem sua desintoxicação, provocando "superdose" e devastadores efeitos colaterais, mesmo com doses normais. Também significa que o fígado está em risco ao processar produtos desses medicamentos. O álcool que não é desintoxicado corretamente pode causar problemas similares, inclusive a destruição de células.

6. Logo após a primeira respiração do bebê, o corpo produz aminoácidos e proteínas a partir de nitrogênio, oxigênio e moléculas de hidrogênio contidos no ar.

Todas as doenças hepáticas são precedidas de uma ampla obstrução dos ductos biliares por cálculos. Eles distorcem o ponto de referência estrutural dos *lóbulos hepáticos* (ver **figuras 3** e **4**), que são as principais unidades compreendidas pelo fígado (há nesse órgão mais de 50 mil dessas unidades). Consequentemente, a circulação sanguínea entre os lóbulos e as células que os compõem se torna mais difícil. Além disso, as células hepáticas já terão limitado sua produção biliar. As fibras nervosas danificam-se. A prolongada asfixia, por fim, danifica ou destrói as células hepáticas e seus lóbulos. Há também uma substituição gradual das células danificadas por tecido fibroso, causando maior obstrução e um aumento na pressão dos vasos sanguíneos no fígado. Se a regeneração das células hepáticas não se mantiver paralela ao dano, a **cirrose hepática** será iminente – e ela, geralmente, conduz à morte.

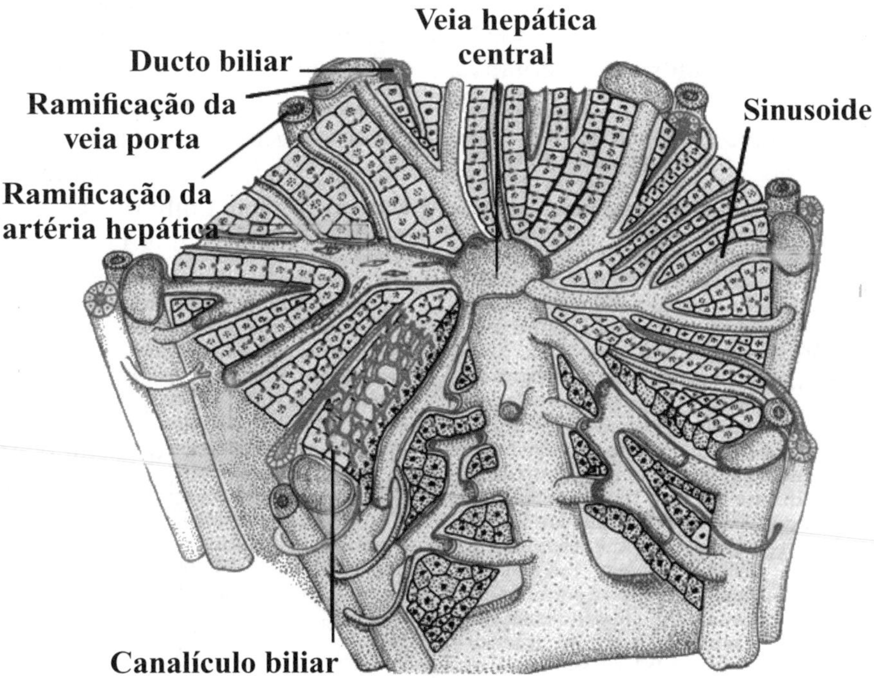

Figura 4. *Um lóbulo hepático*

A **deterioração hepática** ocorre quando as células hepáticas destruídas são tantas que só resta um número insuficiente para processar as funções importantes e vitais dos órgãos. As consequências da deterioração hepática incluem enjoos, confusão mental, tremor nas mãos, queda do açúcar no sangue, infecções, insuficiência renal e retenção de líquidos, sangramento intermitente, coma e morte. Mas o poder de recuperação do fígado é surpreendente. Se os cálculos biliares forem eliminados e o consumo de álcool e drogas cessar, não haverá consequências a longo prazo, mesmo que a maioria das células hepáticas tenha sido destruída durante o período da doença. Quando elas voltam a crescer, elas o fazem de maneira ordenada, garantindo a normalidade das suas funções. Isso é possível porque, na deterioração hepática (diferentemente da cirrose hepática), a estrutura básica do fígado não é alterada de modo substancial.

A **hepatite** aguda surge quando grupos inteiros de células hepáticas começam a morrer. Os cálculos biliares abrigam grandes quantidades de matéria viral, que pode invadir e infectar as células hepáticas, causando-lhes mudanças degenerativas. À medida que eles aumentam de tamanho e número, mais células ficam infectadas e morrem, lóbulos inteiros entram em colapso, e os vasos sanguíneos começam a desenvolver deficiências, afetando a circulação sanguínea para as células restantes. A extensão do malefício que essas mudanças causam no fígado, bem como suas consequências, depende principalmente do grau de obstrução causado pelos cálculos nos ductos biliares. O câncer hepático aparece somente depois de muitos anos de uma oclusão progressiva desses canais do fígado. Isso também se aplica aos tumores surgidos nesse órgão, que procedem de tumores primários no trato gastrintestinal, nos pulmões ou nas mamas.

A maioria das **infecções hepáticas** (tipo A, tipo B, bem como tipos A e B negativos) aparece quando certo número de lóbulos hepáticos está congestionado por cálculos biliares, o que pode acontecer prematuramente em um indivíduo. A prática comum atual de cortar ou prender o cordão umbilical que conecta o recém-nascido à mãe deixa o bebê com apenas dois terços do volume de sangue necessário, muitas toxinas normalmente filtradas pela placenta durante a primeira hora após o nascimento e quase nenhum anticorpo para protegê-lo contra doenças. Geralmente leva pelo menos de 40 a 60 minutos para que o cordão umbilical pare de pulsar completamente. Cortar o cordão cedo demais constitui um ato de negligência médica que pode afetar o fígado do bebê desde o início e predispô-lo à formação de cálculos mesmo durante a infância. Consequentemente, isso pode levar a infecções no fígado.

Um fígado e um sistema imunológico saudáveis podem destruir por completo a matéria viral, não importando se o vírus tenha sido adquirido do ambiente externo ou tenha entrado na corrente sanguínea de alguma maneira. A maioria das pessoas expostas a esses vírus nunca adoece. Na verdade, todos temos a maioria dos vírus que existem externamente dentro de nosso corpo nesse momento. Mas é certo que, quando existe uma grande quantidade de cálculos biliares, o fígado se intoxica e não pode se defender da ação viral. Vírus são parasitas intracelulares que entram em uma célula hospedeira e tomam conta do maquinário celular do hospedeiro para produzir novas partículas virais (também foi provado que vírus podem ser criados a partir de bactérias dentro das células). Mas os vírus não se desenvolvem e atacam as células aleatoriamente. Ao contrário da crença comum, os vírus tendem a "sequestrar" os núcleos das células mais fracas e danificadas para evitar que elas sofram mutação. No entanto, nem todos os vírus são bem-sucedidos, podendo resultar em câncer no fígado. Sua presença em células cancerígenas não deveria ser mal interpretada por ter efeitos originadores de câncer.

Os cálculos biliares podem abrigar grande variedade de vírus vivos. Alguns deles se libertam e entram no sangue, o que é conhecido como hepatite crônica. As infecções não virais do fígado podem ser desencadeadas (não causadas) por bactérias que se espalharam por quaisquer dos ductos biliares obstruídos por cálculos biliares.

A presença desses cálculos nos ductos biliares também inibe a habilidade que as células hepáticas têm de transformar substâncias tóxicas como o clorofórmio, substâncias citotóxicas, esteroides anabólicos, álcool, aspirinas, cogumelos, condimentos alimentares, etc. Quando isso ocorre, o corpo desenvolve hipersensibilidade a essas substâncias conhecidas, assim como a outras não conhecidas, encontradas em diversos medicamentos. Muitas **alergias** têm sua origem nessa hipersensibilidade.* Pela mesma razão, a ingestão de medicamentos pode gerar um aumento nos efeitos colaterais tóxicos que a *Federal Drug Administration* (FDA) ou as companhias farmacêuticas sequer conhecem.

O tipo mais comum de **icterícia** é o resultado de cálculos biliares alojados no ducto biliar que leva ao duodeno e/ou de cálculos biliares e tecido fibroso que distorcem a estrutura dos glóbulos hepáticos. O movimento da bile pelos ductos biliares (canalículos) é bloqueado, e as células hepáticas não podem ser conjugadas[7] nem secretar o pigmento

*N.E.: Sugerimos a leitura de *Manual da Alergia*, de Henning Müller-Burzler, Madras Editora.

7. Conjugação é um processo bioquímico para ligar uma substância a um ácido e, assim, desativar sua atividade biológica, tornando-a solúvel em água e facilitando sua excreção.

biliar conhecido como *bilirrubina*. Consequentemente, há um acúmulo de bile e de substâncias que a compõem na corrente sanguínea. À medida que a bilirrubina começa a acumular, a pele adquire manchas. A concentração desse pigmento no sangue pode ser três vezes maior que a normal, antes que se note a **coloração amarelada** da pele e da conjuntiva dos olhos. A bilirrubina não conjugada tem um efeito tóxico nas células do cérebro. Um tumor na cabeça do pâncreas, causado pela congestão do ducto biliar, também pode causar icterícia.

Doenças da vesícula e dos ductos biliares

O fígado secreta a bile, que passa pelos dois ductos hepáticos e segue para um ducto hepático comum, o qual se estende por cerca de quatro centímetros até se unir ao ducto cístico que o conecta à vesícula. Antes de a bile continuar seu caminho pelo ducto biliar comum, rumo ao trato intestinal, deve entrar na vesícula, uma bolsa em forma de pera, que sobressai do ducto biliar. Está unida à parte posterior do fígado (veja **figura 5**.)

Uma vesícula normal retém, em média, 56 gramas de bile. Porém, quando chega à vesícula, a bile não conserva a forma que tinha no fígado. Há uma grande reabsorção de sal e água na vesícula, que reduz o volume da bile à décima parte da sua quantidade original. Os sais biliares não são absorvidos, o que significa que sua concentração aumenta dez vezes. Por outro lado, a vesícula biliar acrescenta muco à bile, que as transforma em um material mucoso. Sua alta concentração faz com que a bile seja um fluido digestivo muito potente.

As paredes musculares da vesícula comprimem-se e liberam bile quando o duodeno recebe alimentos ácidos e produtos proteicos procedentes do estômago. Uma atividade mais marcada da vesícula é notada quando a comida que entra no duodeno contém uma alta proporção de gordura. Os sais biliares são usados para criar uma emulsão que facilite a digestão da gordura. Depois que eles a deixam pronta para sua absorção intestinal, continuam sua viagem pelo intestino e são, em sua maioria, absorvidos no trecho final do intestino delgado, retornando para o fígado. Uma vez no fígado, os sais biliares são coletados novamente na bile e secretados no duodeno. A congestão intestinal reduz em grande parte a quantidade desses sais, necessária para a correta produção de bile e para a digestão de gorduras. A diminuição da concentração de sais biliares na bile causa cálculos biliares e deixa grandes quantidades de gorduras não digeridas, e isso é perigoso para o ambiente intestinal.

Os cálculos biliares na vesícula podem estar plenos de colesterol, cálcio ou pigmentos como a bilirrubina, principalmente. O colesterol é o elemento mais frequente, mas algumas dessas pedras podem ter uma composição mista. Além desses elementos, os cálculos podem conter sais biliares, água e muco, assim como toxinas, bactérias e, algumas vezes, parasitas mortos.

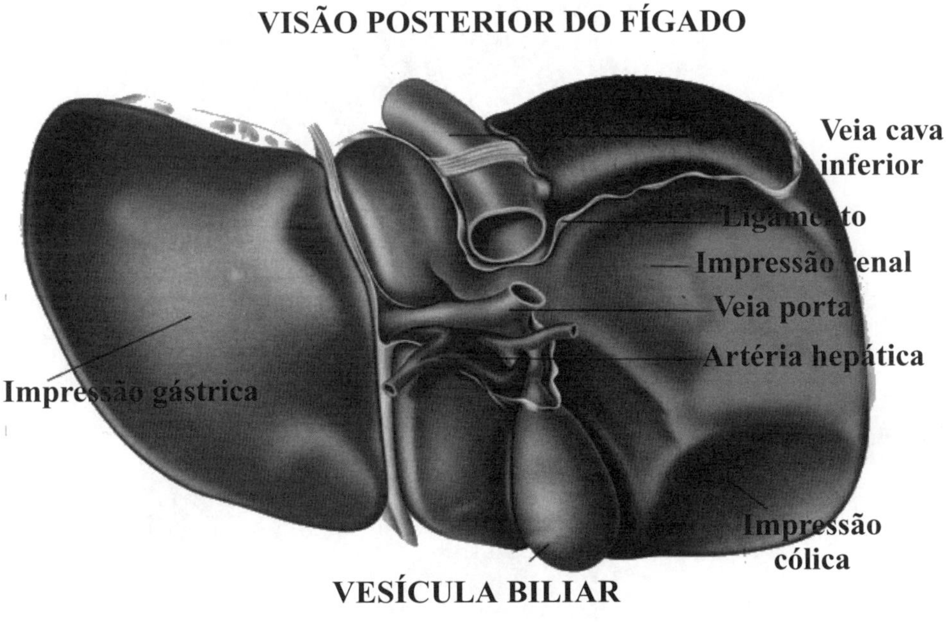

Figura 5. *Localização da vesícula*

Em geral, as pedras na vesícula aumentam de tamanho por oito anos, antes que os sintomas comecem a aparecer. As pedras maiores normalmente são calcificadas e podem ser facilmente detectadas por meio de processos radiológicos ou de ultrassom. Em média, 85% dos cálculos biliares da vesícula medem aproximadamente dois centímetros de diâmetro (veja **figura 6a**), embora alguns possam medir até seis centímetros (veja **figura 6b**) de um cálculo biliar calcificado que foi examinado e fotografado momentos depois de expelido por um paciente em sua nona limpeza hepática; a pedra exalou um odor extremamente desagradável). Os cálculos são formados quando, por razões explicadas no Capítulo 3, a bile na vesícula se torna demasiadamente saturada e seus componentes não absorvidos começam a endurecer.

Figura 6a. *Cálculos biliares em uma vesícula dissecada*

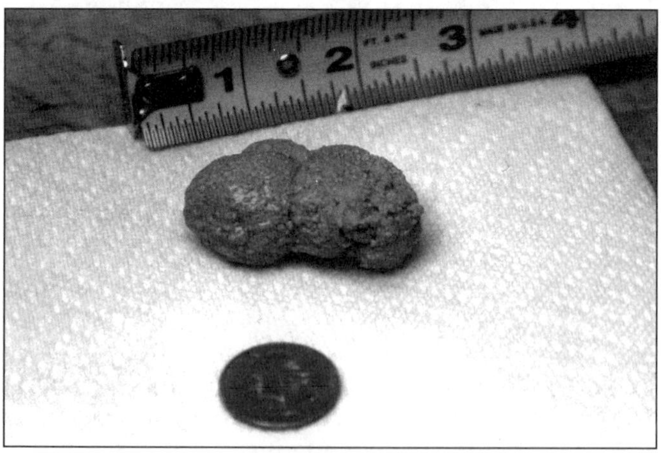

Figura 6b. *Um cálculo biliar muito grande, calcificado e expelido sem dor, durante uma limpeza hepática*

Se um cálculo biliar sai da vesícula e se aloja no *ducto biliar cístico* ou no *ducto biliar comum*, há um forte espasmo na parede do ducto (ver **figura 3**). Essa contração ajuda a pedra a avançar, causando intensa dor, conhecida como **cólica biliar**, acompanhada de uma considerável distensão da vesícula. Se o número de cálculos biliares for bastante grande, contrações musculares muito dolorosas começarão a aparecer.

Os cálculos biliares podem causar irritação e inflamação nas paredes internas da vesícula, assim como nos ductos cístico e biliar comum. Essa ocorrência recebe o nome de **colecistite**. Também pode haver uma infecção microbiana. É comum encontrar ulceração nos tecidos entre a vesícula e o duodeno ou o cólon, com **formação de fístulas** e **adesões fibrosas**.

As doenças da vesícula normalmente têm origem no fígado. Quando os lóbulos hepáticos ficam estruturalmente distorcidos, em razão da presença de cálculos biliares, a pressão sanguínea começa a se elevar na veia porta, causando o aumento da pressão sanguínea na veia que drena o sangue venoso da vesícula para a veia porta. Essa eliminação incompleta de dejetos pelo canal cístico causa um acúmulo de resíduos ácidos nos tecidos da vesícula, o que, gradualmente, reduz o nível de estamina e o seu funcionamento. A formação de cálculos biliares é apenas uma questão de tempo.

Doenças intestinais

O intestino delgado une-se com o estômago no *esfíncter pilórico* e mede de cinco a seis metros. É conduzido ao intestino grosso, que mede entre um metro e um metro e meio. O intestino delgado secreta sucos intestinais para completar a digestão de carboidratos, proteínas e gorduras. Também absorve os nutrientes necessários para alimentar e manter o corpo, protegendo-o de infecções causadas por micróbios que tenham sobrevivido ao ácido clorídrico do estômago.

Quando os alimentos ácidos saem do estômago (*quimo*) e chegam ao duodeno, primeiro se misturam com a bile e sucos pancreáticos e, depois, com os sucos intestinais. Os cálculos biliares no fígado e na vesícula reduzem em grande parte a secreção da bile, enfraquecendo a capacidade das *enzimas pancreáticas* de digerir os carboidratos, as proteínas e as gorduras e, consequentemente, impedindo o intestino delgado de absorver corretamente os componentes nutricionais desses alimentos (os *monossacarídeos* dos carboidratos, os *aminoácidos* das proteínas e os *ácidos graxos* e o *glicerol* das gorduras). Essa absorção incompleta pode levar à má nutrição e à ansiedade por alimentos.

Sendo a presença da bile nos intestinos essencial para a absorção de gorduras, cálcio e vitamina K, os cálculos biliares podem se converter em doenças mortais, como as **cardíacas**, a **osteoporose** e o **câncer**. O fígado utiliza a vitamina K dissolvida em gorduras para produzir os compostos responsáveis pela coagulação do sangue. No caso de uma absorção deficiente dessa vitamina, o resultado pode ser uma série de **doenças hemorrágicas**. A vitamina K não pode ser corretamente absorvida se houver algum problema com a digestão de gorduras, em função da falta de bile, lipase pancreática e certa quantidade de gordura pancreática. Por essa razão, manter uma dieta com baixo índice de gorduras pode colocar nossa vida em perigo.

O cálcio é essencial para o fortalecimento dos ossos e dos dentes, para a coagulação sanguínea e para o mecanismo das contrações musculares. Uma secreção biliar deficiente pode, portanto, enfraquecer a força do cálcio, mineral do qual o corpo necessita para a maioria das suas atividades vitais.

O que aqui foi dito sobre a vitamina K é aplicável às outras vitaminas solúveis em gorduras, incluindo as vitaminas A, E e D. A vitamina A e o caroteno são absorvidos em quantidade suficiente no intestino delgado, se a absorção de gorduras for normal. Se for ineficaz, as *células epiteliais* estarão em risco. A vitamina A também é essencial para se manter uma visão saudável e como prevenção ou redução de infecções microbianas. A vitamina D é de suma importância para a calcificação dos ossos e dos dentes.[8] Neste ponto, devo mencionar que tomar suplementos vitamínicos não resolve o problema da deficiência.[9]

Em suma, na falta de secreções biliares normais, esses suplementos não são digeridos nem absorvidos de modo correto e, portanto, podem causar grandes danos aos sistemas linfático e urinário.

Os alimentos não digeridos corretamente tendem a fermentar e a se decompor nos intestinos delgado e grosso, atraindo grande quantidade de bactérias que ajudam no processo de decomposição. Os produtos resultantes das bactérias e os compostos químicos produzidos por elas geralmente são muito tóxicos, o que irrita as mucosas, principais

8. O único modo seguro de obter vitamina D suficiente é expor-se à luz solar e ingerir determinados alimentos. Ver mais detalhes no capítulo "Sunlight – Medicine of Nature" [Luz solar – Medicina da Natureza] do livro *Timeless Secrets of Health and Rejuvenation*.

9. Ver detalhes sobre a questão da vitamina em *Timeless Secrets of Health and Rejuvenation*.

defensoras do corpo contra os agentes causadores de enfermidades. A constante exposição a essas toxinas inibe o sistema imunológico do corpo – 60% deste se encontra nos intestinos. Como consequência da constante sobrecarga de toxinas, os intestinos delgado e grosso podem enfrentar grande número de doenças, tais como: **diarreia, prisão de ventre, gases, doença de Crohn, colite ulcerosa, diverticulites, hérnias, pólipos, disenteria, apendicite, vólvulos, intussuscepções,** assim como **tumores benignos e malignos**.

O fluxo adequado de bile garante a boa digestão e a absorção dos alimentos, além da forte ação de limpeza ao longo do trato intestinal. Cada parte do corpo depende dos nutrientes básicos disponíveis por intermédio do sistema digestivo, assim como a eficiente eliminação de seus resíduos. Os cálculos biliares no fígado e na vesícula interrompem esses dois processos vitais, podendo ser considerados os causadores de muitos dos diferentes tipos de doenças, se não de todos. A eliminação dos cálculos biliares ajuda a normalizar as funções digestivas, melhora o metabolismo celular e mantém o equilíbrio em todo o corpo.

Transtornos do sistema circulatório

Para melhor descrevê-lo, dividi o *sistema circulatório* em duas partes: *sistema sanguíneo* e *sistema linfático*. O sistema circulatório sanguíneo é formado pelo coração, que atua como uma bomba, e pelos vasos sanguíneos, por meio dos quais circula o sangue.

O sistema linfático é composto pelos linfonodos e pelos vasos linfáticos, por meio dos quais flui a linfa incolor. Há três vezes mais fluidos linfáticos que sangue no corpo. A linfa retira os resíduos das células e os expele do corpo.

O sistema linfático é o sistema circulatório primário, utilizado por todas as células imunológicas: os macrófagos, as células T, as células B, os linfócitos, etc. É necessário um sistema linfático livre de obstruções para manter forte imunidade e homeostase.

Doenças cardíacas

Os ataques cardíacos são a maior causa de morte em muitos países desenvolvidos. Embora apareça repentinamente, um ataque cardíaco é, na realidade, a etapa final de um insidioso transtorno que levou anos se desenvolvendo. Como essa doença só aparece em países mais prósperos e em raras ocasiões foi causa de morte antes de 1900, temos de atribuir os males cardíacos que afetam a sociedade moderna ao nosso estilo de vida, alimentos pouco naturais e hábitos alimentares desequilibrados.* Mas, muito antes de o coração começar a se decompor, o fígado perdeu grande parte da sua vitalidade e da sua eficiência.

O fígado tem influência sobre todo o sistema circulatório, incluindo o coração. Na verdade, ele é o maior protetor do coração. Em circunstâncias normais, desintoxica e purifica o sangue venoso, que circula por meio da veia porta desde a parte abdominal do sistema digestório até o baço e o pâncreas. Além de processar o álcool, o fígado desintoxica substâncias nocivas, como as toxinas produzidas por micróbios. Também mata bactérias e parasitas, e neutraliza certos compostos médicos com a ajuda de enzimas específicas. Uma de suas façanhas mais engenhosas é eliminar a porção de nitrogênio dos aminoácidos, uma vez que o nitrogênio não é necessário para a formação de novas proteínas. A *ureia* é formada a partir desse resíduo; termina na corrente sanguínea e é secretada na urina. O fígado também decompõe a nucleoproteína (núcleo) das células desgastadas do corpo. O produto resultante desse processo é o *ácido úrico*, também secretado com a urina.

O fígado filtra mais de um litro de sangue por minuto, deixando somente o dióxido de carbono para ser eliminado pelos pulmões (ver **figura** 7).

Depois de ser purificado no fígado, o sangue vai da *veia hepática* à *veia cava inferior*, para logo chegar à parte direita do coração. Daí, o sangue venoso chega aos pulmões, onde se dá o intercâmbio de gases: o dióxido de carbono é secretado e o oxigênio, absorvido. Depois de deixar os pulmões, o sangue oxigenado passa para o lado esquerdo do coração, de onde é bombeado até a *aorta*, artéria que fornece sangue oxigenado a todos os tecidos do corpo.

Os cálculos biliares nos ductos biliares do fígado distorcem a estrutura básica dos lóbulos. Consequentemente, os vasos sanguíneos provedores dessas unidades hepáticas desenvolvem problemas, reduzindo o suprimento interno de sangue. As células hepáticas ficam danificadas e resíduos celulares maléficos começam a entrar na corrente sanguínea, dificultando a capacidade hepática de depurar o sangue. O resultado é que mais substâncias são retidas no fígado e no sangue. Um fígado congestionado pode obstruir o fluxo do sangue venoso para o coração, provocando arritmias ou, inclusive, ataques cardíacos.

* N.E.: Sugerimos a leitura de *Sua Saúde na Nova Era*, de dr. Camillo Marassi Leijoto, Madras Editora.

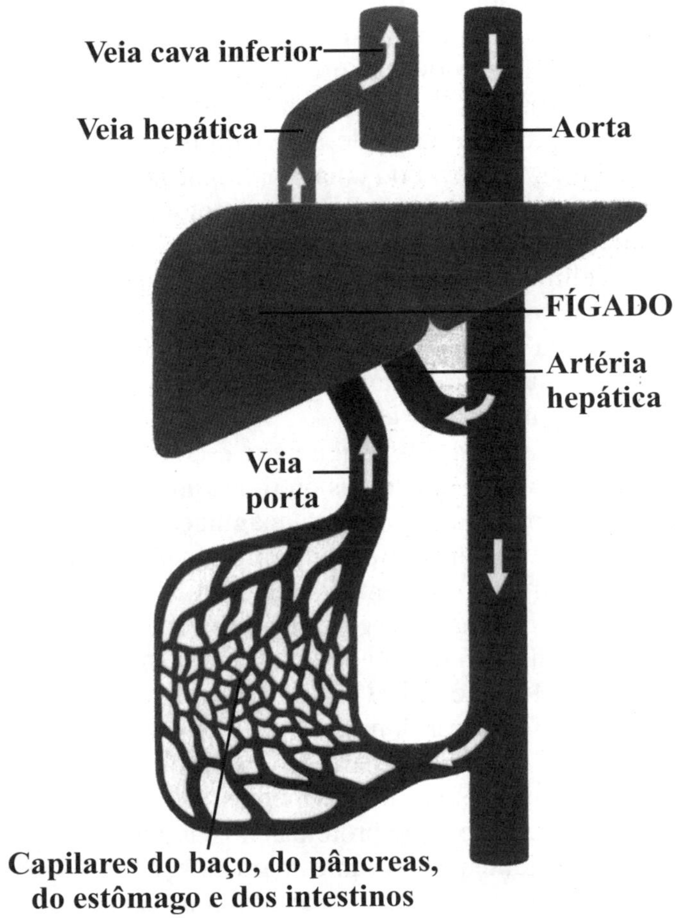

Figura 7. *Modo como o fígado filtra o sangue*

É óbvio que as toxinas não neutralizadas pelo fígado acabam danificando o coração e toda a rede de vasos sanguíneos.

Outra consequência do desenvolvimento de cálculos biliares é que as proteínas das células mortas (aproximadamente 30 bilhões por dia) e as proteínas não utilizadas dos alimentos não são suficientemente metabolizadas, provocando o aumento da concentração de proteínas no sangue. O corpo tenta armazená-las nas membranas basais das paredes dos vasos sanguíneos (isso será explicado melhor adiante).

No caso de a capacidade de armazenamento de proteínas do corpo se esgotar, as proteínas restantes são obrigadas a permanecer na corrente sanguínea, o que pode provocar o aumento de glóbulos vermelhos e elevar o hematócrito (ou o volume de células) no sangue para um nível anormal. A concentração de *hemoglobina* no sangue também começa a aumentar, provocando uma tonalidade avermelhada na pele, particularmente no rosto e no peito. (A hemoglobina é uma proteína complexa, que se combina com o oxigênio nos pulmões e o transporta para todas as células do corpo.) Como resultado, os glóbulos vermelhos crescem e se tornam demasiadamente grandes para passar pelos pequenos canais da rede capilar. Isso faz com que o sangue se torne muito grosso e lento, aumentando sua tendência para a coagulação (plaquetas que se juntam).

A formação de coágulos sanguíneos é considerada o principal fator de risco de **ataques cardíacos** ou **derrames cerebrais**. Como a gordura não apresenta habilidade para coagulação, esse risco procede principalmente da alta concentração de proteínas no sangue. Pesquisadores descobriram que é a homocisteína (HC), um aminoácido que contém enxofre, a responsável pelos coágulos que iniciam o dano arterial causador da maioria dos ataques cardíacos e dos derrames (Ann Clin & Lab Sci 1991; Lancet, 1981). Vale ressaltar que a HC é 40 vezes mais perigosa que o colesterol, na avaliação do risco de enfermidades cardiovasculares. A HC surge a partir do metabolismo do aminoácido *metionina*, abundante nas carnes vermelhas, no leite e nos produtos lácteos. A alta concentração de proteínas no sangue inibe a constante distribuição de nutrientes importantes para as células, especialmente a água, a glicose e o oxigênio, e pode desidratá-las, causando o engrossamento do sangue, uma das principais causas da pressão alta e das doenças cardíacas. As proteínas também afetam a completa eliminação dos produtos básicos de dejetos metabólicos (veja mais adiante o tópico *Circulação deficiente...*). Todos esses fatores combinados obrigam o corpo a elevar sua pressão sanguínea. Essa circunstância, conhecida comumente como **hipertensão**, até certo ponto, reduz o efeito maléfico do engrossamento do sangue. Isso também permite que o sangue rico em nutrientes circule pelo corpo congestionado. Porém, essa resposta a uma situação não natural estressa e prejudica os vasos sanguíneos, mas pode, ainda, ser um cenário melhor do que quando a pressão sanguínea é baixada por meio de medicação. Os principais especialistas em saúde reconhecem que medicamentos hipertensivos são a maior causa de falha cardíaca e outras doenças debilitantes. A falha cardíaca congestiva é uma condição progressiva de "morrer muito lentamente", em que a cada pequeno movimento, a cada respiração e a cada palavra expressa, o corpo se torna incapaz de realizar até as tarefas mais simples.

Uma das primeiras e mais eficientes técnicas do corpo para evitar o perigo de um iminente ataque cardíaco é retirar as proteínas da corrente sanguínea e armazená-las em outro lugar, ao menos momentaneamente (veja **figura 8**).

Engrossamento da Parede do Capilar Sanguíneo

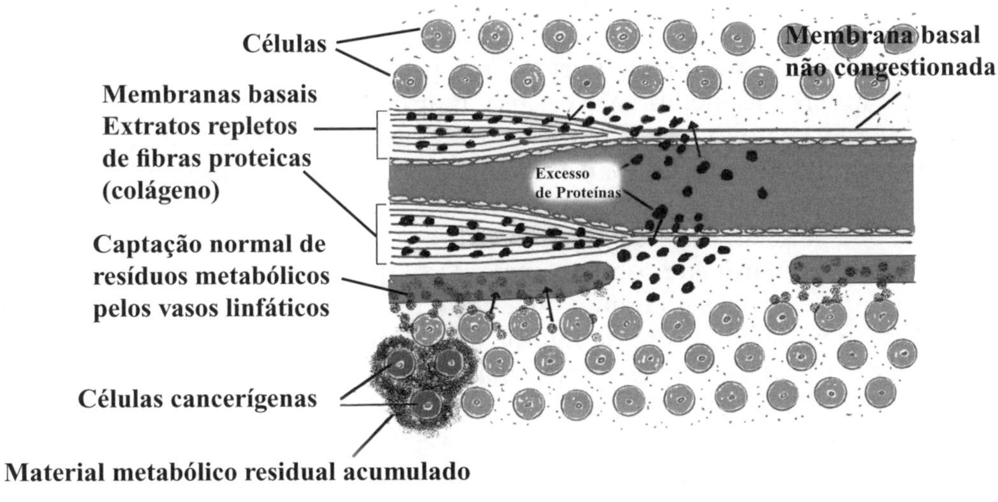

Engrossamento da Artéria

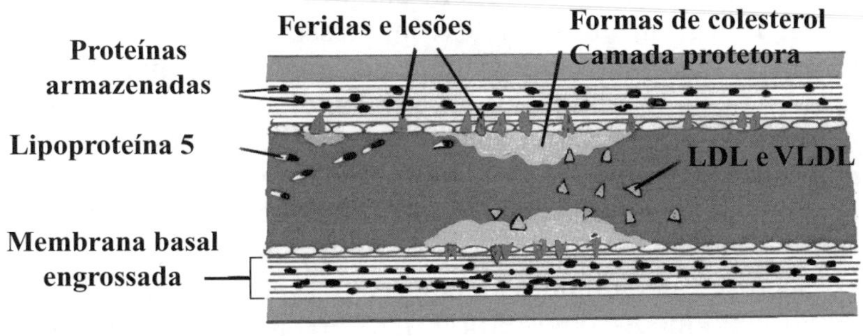

O único lugar onde a proteína pode ser armazenada em grande quantidade é na rede de vasos sanguíneos. As paredes capilares podem absorver a maior parte das proteínas restantes. É lá que elas se reconstroem, transformando-se em *fibra de colágeno* – a proteína pura –, sendo armazenada nas *membranas basais*, as quais aumentam sua estrutura dez vezes, antes que sua capacidade de armazenar proteínas se esgote. Mas isso também significa que as células não receberão as quantidades adequadas de oxigênio, glicose e outros nutrientes básicos. Entre as células afetadas por esse "processo de inanição", podem ser incluídas as formadoras dos músculos do coração. O resultado é a **fraqueza cardíaca**, o funcionamento reduzido do coração e, seguramente, qualquer tipo de enfermidade degenerativa, como diabete, artrite, fibromialgia e câncer. Sempre que o coração é afetado, o corpo inteiro sofre.

Quando já não é possível armazenar proteínas em excesso nas paredes capilares, as membranas basais das artérias também começam a absorvê-las. O efeito benéfico dessa ação é que o sangue permanece suficientemente fino, evitando o risco de ataque cardíaco, ao menos por certo tempo. Mas, ao final, a mesma tática que evita a ameaça à morte súbita também danifica as paredes dos vasos. (*Nota*: somente os mecanismos primários de sobrevivência do corpo, como a reação de lutar ou fugir, o resfriado comum ou a diarreia, não acarretam efeitos colaterais importantes.) A parte interna das paredes arteriais torna-se grossa e áspera, como ferrugem em uma tubulação de água. Fissuras, feridas e lesões começam a surgir em diferentes pontos.

O dano aos vasos sanguíneos menores é reparado pelas *plaquetas sanguíneas*. Elas liberam o hormônio *serotonina*, que ajuda a comprimir os vasos sanguíneos e a reduzir o sangramento. Mas as lesões maiores, como as que se encontram tipicamente nas artérias coronárias danificadas, não podem simplesmente ser fechadas com plaquetas; requerem um complexo processo de coagulação sanguínea no corpo. Porém, se um coágulo de sangue se solta, pode entrar no coração e causar um **infarto do miocárdio**, comumente chamado ataque cardíaco. Um coágulo que chega ao cérebro pode originar um derrame. Um coágulo que tape a abertura para as artérias pulmonares, que levam o sangue usado aos pulmões, pode ser fatal.

Para se precaver contra o perigo, o corpo usa um arsenal de primeiros socorros, incluindo a liberação da *lipoproteína 5* (LP5), um composto sanguíneo, e colesterol. Em razão da sua natureza aderente, a LP5 funciona como um "Band-Aid" e cria um selo mais firme ao redor das feridas e lesões no interior das artérias.

Como secundária, mas igualmente importante operação de resgate, o corpo envia certo tipo de colesterol aos locais danificados de uma artéria (mais detalhes no tópico *Colesterol alto*), que age como uma atadura mais confiável que a LP5. Mas, como os depósitos de colesterol não são uma proteção suficiente, também é iniciada a construção de um tecido conector e de células musculares macias dentro do vaso capilar.

Esses depósitos, também chamados de placas arterioscleróticas, podem, com o tempo, obstruir completamente as artérias, impedindo o fluxo de sangue para o coração. Em resposta a essa grave situação – a menos que intervinda com uma cirurgia de *bypass*, angioplastia ou inserção de *stent* – o corpo produz seus próprios *bypass* transformando os capilares existentes ou novos em artérias pequenas que fornecem sangue. Ainda que esta opção seja melhor que a cirurgia, ela não reduz significativamente o perigo de ataque cardíaco.

Diferentemente do que muitos podem supor, o ataque cardíaco não ocorre como resultado da obstrução de um vaso sanguíneo, mas devido aos coágulos de sangue e/ou fragmentos macios de depósitos ateroscleróticos que seguem até o coração. Os coágulos sanguíneos e os fragmentos macios de colesterol envolvidos no desencadeamento de ataques cardíacos quase nunca são liberados de estruturas muito rígidas das seções mais obstruídas de uma artéria, mas tendem a ser liberados de lesões recém-criadas e suas placas protetoras de colesterol. Por essa razão, cirurgias de *stent* ou *bypass* não reduziram a incidência de ataques cardíacos nem baixaram a taxa de mortalidde desses ataques.

Apesar de a destruição gradual dos vasos capilares, conhecida como **arteriosclerose**, inicialmente proteger a vida de uma pessoa de um ataque cardíaco produzido por coágulos sanguíneos, com o tempo também se torna responsável por causá-lo. A maioria das formas de doenças coronárias cardíacas podem ser revertidas com a limpeza do fígado e a remoção de qualquer depósito de proteína existente nos capilares e nas artérias. (Ver terceiro capítulo.)

Colesterol alto

O *colesterol* é um material de construção celular essencial no corpo, útil para todos os processos metabólicos. É particularmente importante na produção de tecido nervoso, bile e certos hormônios. Nosso corpo produz, em média, de meio a um grama de colesterol, diariamente, dependendo da quantidade que necessite em determinado momento. O corpo humano adulto é capaz de produzir 400 vezes mais colesterol por dia do que obteríamos comendo cem gramas de manteiga. Os principais produtores de colesterol são o fígado e o intestino delgado, nessa ordem. O colesterol é liberado diretamente na corrente sanguínea, onde é capturado de imediato pelas proteínas sanguíneas, as *lipoproteínas*, encarregadas de transportá-lo a seus vários destinos. Existem três tipos de lipoproteínas que executam essa função: a *lipoproteína de baixa densidade,* (LDL), a de *muito baixa densidade* (VLDL) e a de *alta densidade* (HDL).

Em comparação à HDL, que foi privilegiada com o nome de colesterol "bom", a LDL e a VLDL são moléculas relativamente grandes; na verdade, são as mais ricas em colesterol. Há uma boa razão para o seu tamanho: contrariamente ao seu análogo menor, que facilmente atravessa as paredes dos vasos capilares, os tipos de colesterol LDL e VLDL estão destinados a tomar outro caminho e a abandonar a corrente sanguínea no fígado.

Os vasos capilares que alimentam o fígado têm uma estrutura diferente daquela dos que alimentam outras partes do corpo. São conhecidos como *sinusoides*. Sua estrutura quadricular, única no corpo, permite que as células hepáticas recebam o conteúdo sanguíneo em sua totalidade, incluindo as moléculas grandes de colesterol. As células hepáticas reconstroem o colesterol e o secretam com a bile, para os intestinos. Quando o colesterol entra neles, combina-se com as gorduras e é absorvido pela linfa para entrar no sangue, nessa ordem. Os cálculos biliares nos ductos biliares do fígado inibem a secreção da bile e, em parte ou totalmente, bloqueiam o caminho de saída do colesterol. Em razão da pressão criada nas células hepáticas, a produção de bile diminui. O normal é que um fígado saudável produza mais de 800 mililitros de bile por dia. Quando os principais ductos biliares estão bloqueados, só haverá uma quarta parte dessa quantidade de bile, ou talvez menos, indo para os intestinos a fim de impedir que muito do colesterol VLDL e LDL seja secretado com a bile.

Os cálculos nos ductos biliares hepáticos desestruturam os lóbulos do fígado, danificando e congestionando os sinusoides. Os depósitos excessivos de proteínas também fecham as grades dos vasos sanguíneos (ver tópico anterior ou o livro *Timeless Secrets of Health and Rejuvenation*). Enquanto o colesterol "bom" ou HDL tem moléculas suficientemente pequenas para deixar a corrente sanguínea pelos capilares ordinários, as moléculas maiores de LDL e VLDL são mais ou menos capturadas no sangue. O resultado é que as concentrações de ambos começam a se elevar no sangue em níveis que podem ser potencialmente maléficos para o corpo. Porém, essa é apenas uma parte dos meios de sobrevivência do corpo. Ele necessita do colesterol extra para reparar o crescente número de fissuras e lesões formadas pelo acúmulo de proteínas nas paredes dos vasos sanguíneos. Finalmente, mesmo o "mau" colesterol, que é impelido para todos os locais feridos ou lesionados do corpo, não pode evitar completamente a formação de coágulos sanguíneos na artéria coronária e, nesse momento, os coágulos podem entrar no coração e cortar seu suprimento de oxigênio.

Somada a essa complicação, a reduzida secreção de bile inibe a digestão dos alimentos, particularmente das gorduras, não havendo, portanto, colesterol suficientemente disponível para o metabolismo básico das células. Como as células hepáticas já não recebem quantidade necessária de moléculas LDL e VLDL, entendem que o sangue tem deficiências desses tipos de colesterol, o que as estimula a produzi-lo em maior quantidade, aumentando ainda mais os níveis de LDL e VLDL no sangue. Esse "mau" colesterol é captado pelo sistema circulatório porque seus caminhos de escape, os ductos biliares e os sinusoides hepáticos, estão bloqueados ou danificados. As artérias capturam a maior quantidade possível desse colesterol em suas paredes. Consequentemente, as artérias tornam-se rígidas e endurecidas, o que, no entanto, ainda é melhor que ter todas as suas feridas e lesões expostas ao grande fluxo de sangue emergente.

As doenças coronárias – independentemente de serem o resultado de fumo, consumo excessivo de álcool, alimentação hiperproteica, estresse ou qualquer outro fator – em geral não aparecem, a menos que cálculos biliares tenham danificado os ductos biliares do fígado. A expulsão dessas pedras do fígado e da vesícula não só previne um ataque cardíaco, como também reverte as doenças coronarianas e os danos ao coração. A resposta do corpo a situações de estresse torna-se menos maléfica, e os níveis de colesterol começam a normalizar, à medida que os lóbulos hepáticos danificados e desestruturados se regeneram.

Os medicamentos para reduzir o colesterol (estatinas) não podem fazer com que o corpo restabeleça uma condição sadia em que o fígado pode normalizar o colesterol sanguíneo. Em vez disso, as estatinas reduzem o colesterol no sangue de maneira artificial, bloqueando a enzima no fígado que é responsável por produzir o colesterol.

Porém, criando uma "fome de colesterol" artificial no fígado, a bile não é formada adequadamente, o que aumenta o risco de cálculos e dificulta a digestão apropriada do alimento. Os efeitos colaterais das estatinas são inúmeros e incluem falência renal, doenças hepáticas e cardíacas.

O colesterol é essencial para o bom funcionamento do sistema imunológico, particularmente para as respostas do corpo aos milhões de células cancerígenas produzidas diariamente em todas as pessoas (o sistema imune acompanha essas células e as elimina por meio de um sofisticado arsenal de armas, incluindo a perfuração das paredes celulares e o bombeamento de um fluido para o interior da célula, fazendo com que ela se rompa e morra; para informações mais detalhadas sobre o que provoca o câncer e como o curar, veja *Cancer Is Not A Disease – It's A Survival Mechanism.*

Apesar de todos os problemas associados aos altos níveis de colesterol, essa importante substância *não* deve ser eliminada do nosso corpo. Ela é muito mais benéfica que prejudicial, e qualquer incômodo é geralmente sintoma de outros problemas. Quero insistir, mais uma vez, que o "mau" colesterol somente adere às paredes das artérias para impedir um problema cardíaco imediato, não para criá-lo. O corpo não tem a intenção de cometer suicídio, mesmo quando os médicos sugerem isso pelo uso de tratamentos supressivos e intervencionistas.

Essa afirmação se confirma com o fato de que o colesterol nunca adere às paredes das veias. Quando um médico determina seu nível de colesterol, simplesmente toma uma amostra de sangue de uma veia, não de uma artéria. Como o fluxo sanguíneo é muito mais lento nas veias que nas artérias, o colesterol deveria obstruir as veias mais rapidamente que as artérias, mas nunca o faz. Simplesmente, não há essa necessidade. Por quê? Porque no revestimento das veias não há abrasões nem rompimentos que necessitem de cuidados. O colesterol só adere às artérias para cobrir abrasões e proteger o tecido subjacente como uma atadura resistente à água. As veias não absorvem proteínas em suas membranas basais, ao contrário dos vasos capilares e das artérias e, portanto, não estão sujeitas a esse tipo de lesão.

O "mau" colesterol *salva* vidas, *não* as tira. O LDL permite que o sangue flua por meio dos vasos sanguíneos danificados, sem causar situações que ponham a vida em risco. A teoria de que o LDL alto é a principal causa de doenças coronárias ainda não está comprovada e é pouco científica. Estaremos confundindo a opinião pública se fizermos crer que o colesterol é um inimigo a combater e a destruir a qualquer preço. As pesquisas em seres humanos não demonstraram a relação causa/efeito entre colesterol e doenças cardíacas. As centenas de estudos realizados a esse respeito, até hoje, somente demonstraram uma correlação estatística entre ambos. E ela deve existir, pois, do contrário, não haveria moléculas de "mau" colesterol aderindo às artérias lesionadas e haveria muito mais mortes provocadas por ataques cardíacos que as existentes. Por outro lado, dezenas de estudos irrefutáveis demonstraram que o risco de doenças cardíacas aumenta significativamente em pessoas cujos níveis de HDL diminuem. Seria melhor descobrir o que torna os níveis de HDL normais do que inibir a produção de colesterol no fígado, destruindo, assim, esse precioso órgão. Um colesterol LDL elevado não é uma *causa* de doenças cardíacas; pelo contrário, é a *consequência* de um fígado desequilibrado e de um sistema circulatório desidratado e congestionado, além de uma dieta deficiente e um estilo de vida inadequado.

Se um médico lhe disser que reduzir seu nível de colesterol com medicamentos o protegerá contra ataques cardíacos, você terá recebido uma informação equivocada. O medicamento número um para reduzir o colesterol é o Lipitor. Sugiro a você que leia as indicações de advertência seguintes, apresentadas no *site* oficial do Lipitor, na internet.

> "LIPITOR® (atorvastatina) é um medicamento utilizado em associação a uma dieta para reduzir o colesterol. LIPITOR® não pode ser usado por qualquer pessoa, incluindo as que têm doenças hepáticas ou possíveis problemas no fígado e mulheres que estiverem amamentando, grávidas ou com suspeita de gravidez. Não há comprovações de que LIPITOR possa impedir doenças do coração ou ataques cardíacos."

De acordo com um estudo publicado no *Journal of the American Medical Association*, intitulado *Cholesterol and Mortality* [Colesterol e Mortalidade], após os 50 anos de idade, não há um aumento na taxa de mortes associadas ao alto índice de colesterol. O mesmo estudo mostrou que para cada dose de 1 mg/dl de colesterol no corpo, seu risco de morte aumenta para 14%. Em outras palavras, tomar estatinas pode matá-lo.

Minha pergunta é: por que arriscar a saúde ou a vida de uma pessoa, prescrevendo-lhe um medicamento que não tem nenhum efeito na prevenção do problema para o qual foi prescrito? A redução dos níveis de colesterol não pode *prevenir* as doenças cardíacas porque ele simplesmente *não as causa*. Em um estudo recente sobre doença cardíaca, a redução dos níveis de colesterol não fazia mais parte das recomendações – mas tente dizer isso aos médicos que prescrevem estatina ou aos fabricantes desse medicamento!

O xis da questão é determinar como uma pessoa pode usar o colesterol e as demais gorduras de maneira eficiente. A habilidade do corpo para digerir, processar e utilizá-las depende de que os ductos biliares do fígado estejam limpos e livres de obstruções. Quando o fluxo biliar não apresenta restrições e está equilibrado, os níveis de LDL e HDL também o estarão. Portanto, manter os ductos biliares abertos é a melhor prevenção contra as doenças cardíacas.

Circulação deficiente, crescimento do coração e do baço, veias varicosas, congestão linfática, desequilíbrios hormonais

Os cálculos biliares no fígado podem ocasionar uma circulação sanguínea deficiente, crescimento do baço e do coração, varizes, vasos linfáticos congestionados e desequilíbrios hormonais. Quando os cálculos biliares crescem o suficiente para desestruturar seriamente os lóbulos (unidades) do fígado, o fluxo sanguíneo por meio dele se torna difícil. Esse fato não só aumenta a pressão do sangue venoso nesse órgão, como também em todos os outros e nas áreas do corpo que drenam o sangue utilizado pelas suas respectivas veias em direção à veia porta, no fígado. O fluxo restrito do sangue nessa veia causa congestão, principalmente no baço, no estômago, no esôfago, no pâncreas, na vesícula e nos intestinos grosso e delgado, podendo provocar o crescimento desses órgãos, reduzir sua capacidade de eliminar os resíduos celulares e entupir suas respectivas veias.

Uma veia é **varicosa** quando está tão dilatada que suas válvulas não fecham o suficiente, impedindo que o sangue flua na direção contrária. A pressão feita nas veias da intersecção do reto e do ânus no intestino grosso leva ao aparecimento de **hemorroidas**. Outros lugares comuns para as veias varicosas são as pernas, o esôfago e o escroto. A dilatação das veias e das vênulas (pequenas veias) pode ocorrer em qualquer parte do corpo e sempre é indicação de fluxo sanguíneo obstruído.[10]

---

10. O remédio fitoterápico de castanha-da-índia, prescrito por médicos alemães como uma alternativa muito eficaz ante a possibilidade de uma cirurgia das varizes, é muito eficaz no tratamento de "pernas pesadas", hemorroidas e câimbras. Aliado à limpeza do fígado, do cólon e dos rins, essas castanhas podem levar as pessoas à recuperação total.

A circulação deficiente do sangue pelo fígado também afeta o coração. Quando os órgãos do sistema digestório enfraquecem, em decorrência do desenvolvimento da pressão venosa, eles se congestionam e começam a acumular resíduos tóxicos, incluindo os fragmentos das células destruídas. O baço cresce, em decorrência da carga de trabalho extra, somada à eliminação das células sanguíneas desgastadas ou danificadas. Isso reduz a circulação do sangue dos órgãos – e para eles – do sistema digestório, o que **estressa o coração, eleva a pressão sanguínea e prejudica os vasos sanguíneos**. A parte direita do coração, que recebe o sangue venoso por meio da *veia cava inferior* do fígado e de outros pontos abaixo dos pulmões, sobrecarrega-se de material tóxico, que algumas vezes é infeccioso. Isso pode causar o seu aumento e, possivelmente, infecção do lado direito do coração.

Quase todos os tipos de doenças cardíacas têm uma coisa em comum: a obstrução do fluxo sanguíneo. Mas a circulação do sangue não se interrompe facilmente. Precisa estar precedida por uma grave congestão dos ductos biliares no fígado. Os cálculos biliares que obstruem os ductos biliares reduzem dramaticamente ou cortam o suprimento sanguíneo para as células hepáticas. Um fluxo sanguíneo reduzido no fígado afeta o fluxo sanguíneo do corpo todo, gerando efeitos que prejudicarão o sistema linfático.

Por estar inteiramente ligado ao sistema imunológico, o sistema linfático ajuda a limpar o corpo dos produtos residuais metabólicos prejudiciais, dos corpos estranhos e dos resíduos celulares. Todas as células liberam detritos metabólicos para uma solução que as circunda, chamada *fluido extracelular* ou *tecido conjuntivo*, do qual absorvem nutrientes. O grau de alimentação e eficiência das células depende da eficácia e rapidez com que o material residual do fluido extracelular é eliminado. Como quase todos os produtos e detritos não chegam diretamente ao sangue para serem excretados, acumulam-se no fluido extracelular até que sejam eliminados ou neutralizados pelo sistema linfático. Esse material potencialmente prejudicial é filtrado e neutralizado pelos linfonodos, que estão estrategicamente localizados em todo o corpo. Uma das principais funções do sistema linfático é manter o fluido extracelular livre de substâncias tóxicas, o que faz com que esse sistema seja de suma importância.

A circulação deficiente de sangue no corpo causa uma sobrecarga de material residual, prejudicial e estranho nos tecidos extracelulares e, consequentemente, nos vasos e nos linfonodos. Quando a drenagem linfática diminui ou é obstruída, a glândula do timo, as amídalas e o baço começam a se deteriorar rapidamente. Esses órgãos compõem parte importante do sistema de purificação e imunidade do corpo. Além disso, os micróbios que habitam os cálculos biliares podem ser uma fonte constante de infecções no corpo, fazendo com que os sistemas linfático e imunológico se tornem ineficazes frente a infecções mais sérias, como a **mononucleose infecciosa**, o **sarampo**, a **febre tifoide**, a **tuberculose**, a **sífilis** e outras.

Em razão do reduzido fluxo biliar no fígado e na vesícula, o intestino delgado também restringe sua capacidade de digerir corretamente os alimentos, permitindo que uma quantidade considerável de resíduos e substâncias venenosas, como a cadaverina e a putrescina (produtos desintegrados de alimentos pútridos), comecem a se fixar nos canais linfáticos. Essas toxinas, juntamente com as gorduras e proteínas, entram no maior vaso linfático do corpo, chamado *ducto torácico*, localizado na altura da *cisterna do quilo* – uma dilatação linfática (em forma de sacos), localizada em frente às duas primeiras vértebras lombares (ver **figura 9**), na altura do umbigo.

As toxinas, os antígenos e as proteínas de fontes animais não digeridas, incluindo peixes, carnes, ovos e laticínios, além de proteínas extravasadas do plasma, fazem com que esses sacos linfáticos se dilatem e inflamem. Quando as células de um animal se danificam ou morrem, ocorre que, segundos depois, suas estruturas proteicas são desintegradas por enzimas celulares. Essas proteínas, chamadas "degeneradas", são inúteis para o corpo e se tornam prejudiciais, a menos que sejam adequadamente eliminadas pelo sistema linfático. Geralmente, sua presença provoca o aumento da atividade microbiana. Os vírus, os fungos e as bactérias alimentam-se nessas aglomerações de dejetos. Em alguns casos, aparecem reações alérgicas.

Quando há uma congestão dos sacos linfáticos, as proteínas celulares degeneradas do próprio corpo já não podem ser eliminadas adequadamente. O resultado é um **edema linfático**. Deitados de costas, podemos sentir os edemas linfáticos rígidos, como nós algumas vezes tão grandes quanto um punho, na área do umbigo. Essas "pedras" são uma causa importante de dores nas **partes baixa e média das costas**, do **inchaço abdominal** e, com efeito, de muitos dos sintomas relacionados a uma saúde ruim. Muitas pessoas que adquiriram uma "barriguinha" acreditam que essa extensão abdominal é um incômodo sem consequências ou que faz parte do envelhecimento. O que não sabem é que estão alimentando uma "bomba-relógio" viva, que pode detonar a qualquer momento e danificar partes vitais do corpo.

Qualquer pessoa com um abdômen inchado sofre de uma congestão linfática considerável.

Cerca de 80% do sistema linfático está associado aos intestinos, fazendo dessa área o maior centro de atividade imunológica. Isso não é uma coincidência. A parte do corpo em que são combatidos ou gerados os agentes causadores das maiores enfermidades é, na verdade, o trato intestinal. Todo edema linfático ou outro tipo de obstrução nessa importante parte do sistema linfático leva a complicações potencialmente sérias em qualquer ponto do corpo.

Sempre que um ducto linfático é obstruído, também aparece um acúmulo de linfa a certa distância da obstrução. Consequentemente, os linfonodos localizados nessas áreas já não podem neutralizar nem desintoxicar de modo adequado os seguintes elementos: fagócitos vivos e mortos e os micróbios que ingeriram, células teciduais desgastadas, células danificadas por doenças, produtos de fermentação, pesticidas ou agrotóxicos contidos em alimentos, partículas químicas inaladas ou ingeridas, células de tumores malignos e os milhões de células cancerígenas que cada pessoa saudável gera diariamente. A destruição incompleta desses elementos pode fazer com que os linfonodos inflamem, cresçam e se congestionem com sangue. O material infectado pode entrar na corrente sanguínea e causar envenenamento séptico e enfermidades agudas. Na maioria dos casos, porém, o bloqueio linfático ocorre lentamente, sem nenhum sintoma, a não ser inchaço do abdômen, mãos, braços ou tornozelos, ou ainda inchaço no rosto e nos olhos. Isso é comumente conhecido como "retenção de água", um precursor de doenças crônicas.

Uma contínua obstrução linfática geralmente leva a problemas crônicos. Quase todas as doenças crônicas provêm de uma congestão na cisterna do quilo. O ducto torácico, que drena a cisterna do quilo, fica sobrecarregado com o constante fluxo de material tóxico e também se fecha. Ele está ligado a outros numerosos canais linfáticos (veja **figuras 9 e 10**), que lançam seus detritos à "drenagem" torácica.

Como o ducto torácico tem de eliminar 85% dos detritos celulares e outros materiais tóxicos gerados diariamente pelo corpo, qualquer bloqueio nessa área causa um refluxo de resíduos para outras partes do corpo.

Quando os resíduos metabólicos e celulares gerados diariamente não são eliminados durante certo tempo, sintomas de doenças começam a se manifestar. Os exemplos seguintes são alguns indicadores

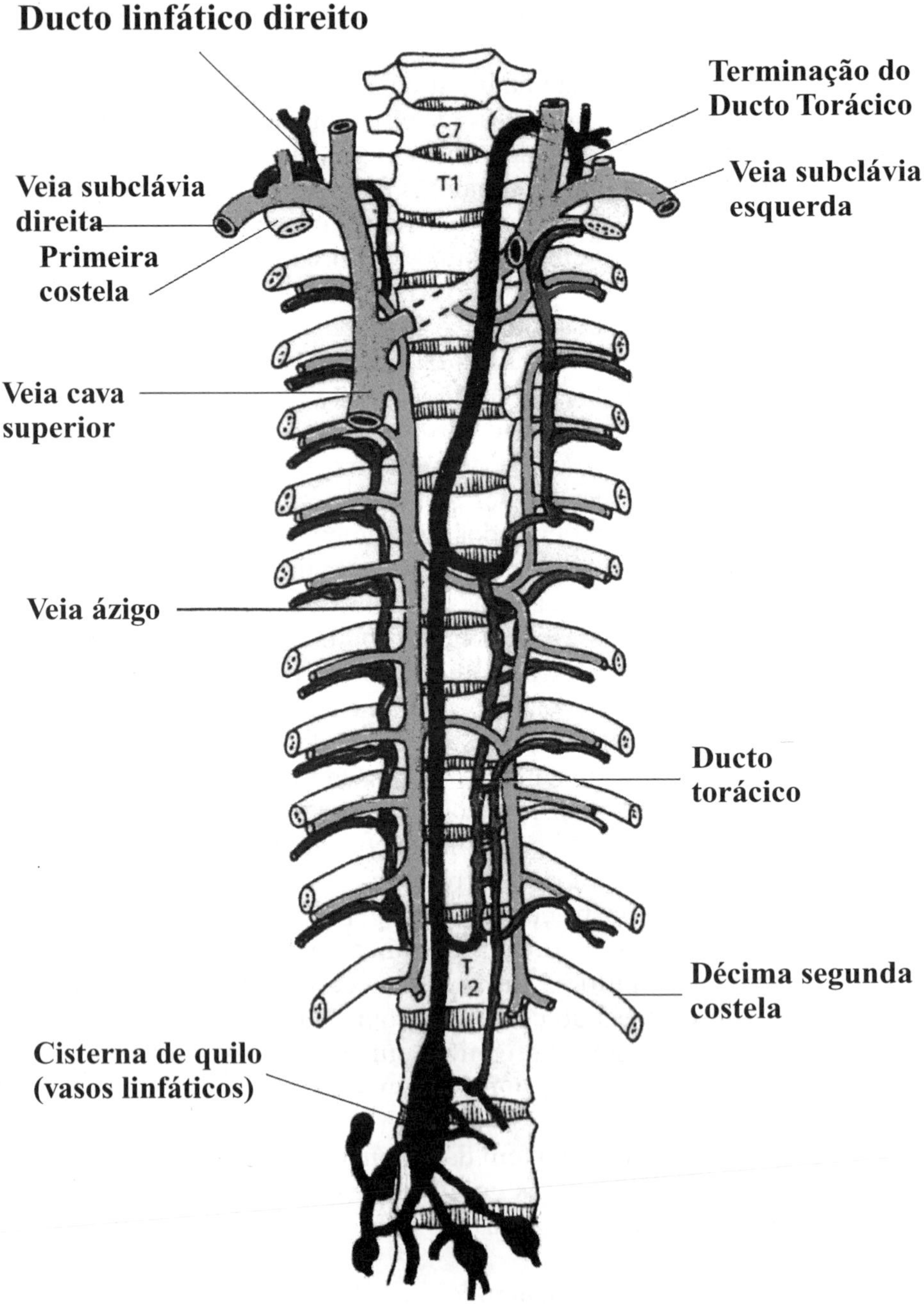

Figura 9. *A cisterna do quilo e o ducto torácico*

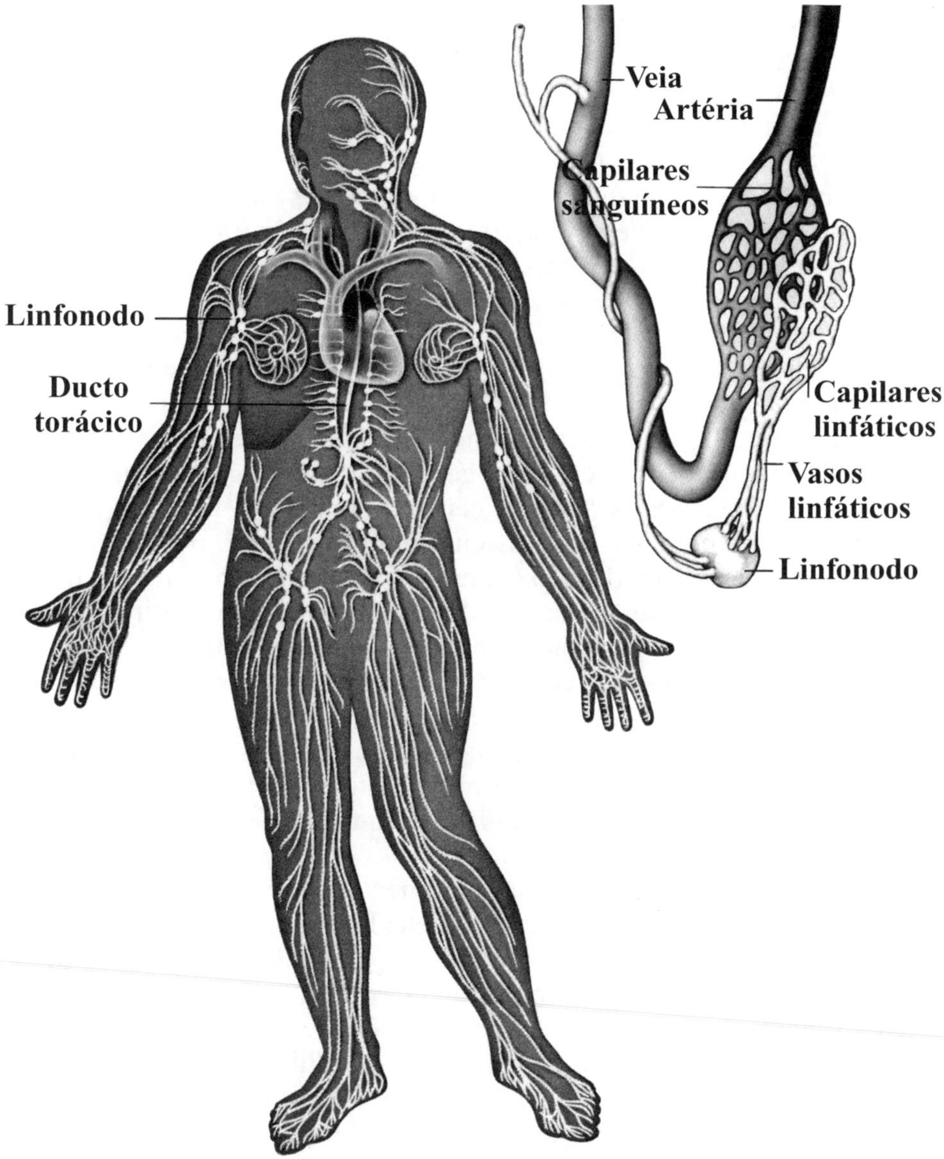

Figura 10. *Sistema linfático e linfonodo*

típicos de doenças que procedem diretamente de uma congestão linfática crônica:

Obesidade, cistos no útero e nos ovários, aumento da próstata, reumatismo nas articulações, crescimento da parte esquerda do coração, insuficiência cardíaca congestiva, brônquios e pulmões congestionados, inchaço ou aumento da área do pescoço, rigidez no pescoço e nos ombros, dores nas costas, dores de cabeça, enxaquecas, tonturas, vertigens, zumbido nos ouvidos, dores de ouvido, surdez, caspa, gripes frequentes, sinusite, febre de feno, certos tipos de asma, aumento da tireoide, doenças nos olhos, visão deficiente, inchaço dos seios, câncer de mama, problemas renais, dores na parte inferior das costas, inchaço das pernas e dos tornozelos, escoliose, transtornos cerebrais, perda de memória, problemas estomacais, aumento do baço, síndrome do intestino irritável, hérnias, pólipos no cólon, entre outros.

O ducto torácico despeja seu conteúdo residual desintoxicado na *veia subclávia* esquerda, na base do pescoço, que entra na *veia cava superior*, a qual chega diretamente ao lado esquerdo do coração. Além de bloquear a correta drenagem linfática de vários órgãos ou partes do corpo, a congestão na cisterna do quilo e no ducto torácico deixa que materiais tóxicos cheguem ao coração por meio das artérias cardíacas, provocando estresse nesse órgão e permitindo que as toxinas e os agentes causadores de doenças entrem na circulação geral e se estendam para outras partes do corpo. Raramente existe uma doença que não seja consequência de uma obstrução linfática. O bloqueio linfático, na maioria dos casos, tem sua origem em um fígado congestionado (as causas dos cálculos biliares no fígado serão analisadas no capítulo seguinte). Em uma situação extrema, pode aparecer o **linfoma** ou o **câncer da linfa**, do qual a **doença de Hodgkin** é o tipo mais comum.

Quando o sistema circulatório começa a funcionar de modo incorreto, em decorrência da presença de cálculos biliares no fígado, o *sistema endócrino* também é afetado. As glândulas endócrinas produzem hormônios que vão diretamente das células glandulares à corrente sanguínea, de onde exercem sua influência sobre a atividade, o crescimento e a nutrição do corpo. As glândulas mais comumente afetadas por essa congestão são: a tireoide, a paratireoide, o córtex da adrenal, os ovários e os testículos. As funções circulatórias drasticamente interrompidas levam ao desequilíbrio das secreções hormonais das *ilhotas de Langerhans*, no pâncreas, e das *glândulas pineal* e *pituitária*. A congestão sanguínea, caracterizada pelo espessamento do sangue, impede os hormônios de chegarem aos seus destinos a tempo e em quantidades suficientes. Consequentemente, as glândulas entram em fase de *hipersecreção* (superprodução) de hormônios.

Quando a drenagem linfática das glândulas é ineficiente, as próprias glândulas se congestionam, fazendo com que haja *hiposecreção* (falta) de hormônios. As doenças relacionadas aos desequilíbrios da glândula tireoide incluem o **bócio tóxico**, a **doença de Graves**, o **cretinismo**, o **mixedema**, os **tumores na tireoide**, o **hipoparatireoidismo**. **As desordens na tireoide também podem** reduzir a absorção de cálcio e provocar a **catarata** –, além de **transtornos de comportamento** e **demência**. A absorção insuficiente de cálcio é responsável por numerosas doenças, incluindo a **osteoporose** (perda de densidade óssea). Se os problemas circulatórios interromperem a secreção de insulina em quantidades equilibradas nas ilhotas de Langerhans, a **diabete** pode aparecer.

Os cálculos biliares no fígado podem forçar as células hepáticas a diminuírem a síntese de proteínas, o que faz com que as glândulas adrenais produzam quantidades excessivas de *cortisol* (hormônio que estimula a síntese de proteínas), provocando o aumento na **atrofia do tecido linfático** e uma **resposta imunológica reduzida**, sendo considerada a principal causa do câncer e de muitas outras doenças.

Um desequilíbrio na secreção dos hormônios adrenais pode causar grande variedade de transtornos, já que leva a uma debilitada **resposta febril** (febre) e à **reduzida síntese de proteínas**, que são blocos fundamentais para construção do tecido celular, dos hormônios, etc. O fígado é capaz de produzir vários hormônios diferentes, e estes determinam o crescimento e a capacidade de cura do corpo.

O fígado também inibe certos hormônios, incluindo a *insulina*, o *glucagon*, o *cortisol*, a *aldosterona*, a *tireoide* e os *hormônios sexuais*. Os cálculos biliares no fígado afetam essa função vital, podendo aumentar as concentrações hormonais no sangue. O desequilíbrio hormonal é uma situação muito grave, que pode surgir facilmente quando os cálculos biliares no fígado interrompem as principais vias circulatórias, que também dão acesso aos hormônios. Por exemplo, com a falha ao manter níveis equilibrados de cortisol no sangue, uma pessoa pode acumular quantidades excessivas de gordura no corpo. Se estrógenos não forem desintegrados adequadamente, o risco de câncer de mama aumenta. Se a insulina do sangue não for desintegrada de modo apropriado, o risco de câncer aumenta e as células do corpo podem se tornar resistentes à insulina, que é o maior precursor do diabete.

As doenças afastam-se naturalmente quando os fluxos sanguíneos e linfáticos estão desobstruídos e normais. Problemas linfáticos e sanguíneos podem ser eliminados satisfatoriamente com uma série de limpezas hepáticas e também evitados, seguindo-se uma alimentação saudável e um estilo de vida equilibrado.

Transtornos do sistema respiratório

Tanto a saúde física quanto a saúde mental dependem da eficiência e da vitalidade das células do corpo. A maior parte da energia requerida por elas deriva de reações químicas que só ocorrem com a presença do oxigênio. Um dos resíduos resultantes é o dióxido de carbono. O sistema respiratório provê as vias pelas quais o oxigênio entra no corpo, enquanto elimina dióxido de carbono. O sangue serve como sistema de transporte para o intercâmbio desses gases entre os pulmões e as células.

Os cálculos biliares no fígado podem inibir as funções respiratórias e causar **alergias**, **transtornos do nariz e das cavidades nasais**, além de **enfermidades nos brônquios e nos pulmões**. Quando esses cálculos alteram ou prejudicam os lóbulos (unidades) do fígado, a habilidade de limpar o sangue, o intestino delgado, os sistemas linfático e imunológico diminui. Os resíduos e as substâncias tóxicas, normalmente inofensivos, devolvidos por esses órgãos e sistemas, começam a se infiltrar no coração, nos pulmões, nos brônquios e em outras vias respiratórias. A constante exposição a esses agentes irritantes reduz a resistência do sistema respiratório contra eles. A congestão linfática na região abdominal – particularmente no ducto torácico e na cisterna do quilo – impede a drenagem linfática adequada dos órgãos respiratórios. A maioria dos problemas respiratórios aparece como consequência desses bloqueios linfáticos.

A **pneumonia** ocorre quando faltam medidas de proteção para impedir que os micróbios, inalados ou gerados no sangue, cheguem aos pulmões e os colonizem. Os cálculos biliares abrigam micróbios maléficos, assim como material altamente tóxico e irritante, que pode entrar no sangue por meio das partes danificadas do fígado. Os cálculos biliares são, portanto, uma fonte constante de supressão imunológica, que deixam o corpo, particularmente o trato respiratório superior, suscetível a fatores, internos e externos, causadores de doenças. São incluídos nessa categoria os micróbios gerados no sangue e no ar (considerados a causa da pneumonia), o consumo de cigarros e de álcool, os raios-X, os corticoesteroides, alérgenos, antígenos, poluentes comuns, detritos provenientes do trato gastrintestinal, etc.

Complicações respiratórias maiores surgem quando agrupamentos de cálculos biliares acumulados nos ductos biliares hepáticos produzem **crescimento no fígado**. Esse órgão, situado na parte superior da cavidade abdominal, ocupa quase todo o diâmetro do corpo. Essas superfícies superiores e anteriores são lisas e têm um formato adequado para se acomodar sob a superfície do diafragma. Quando cresce, o fígado obstrui o movimento do diafragma e impede que os pulmões se estendam em sua capacidade normal durante a inspiração. Ao contrário, um fígado saudável permite que os pulmões se estendam para a região abdominal, exercendo pressão no abdômen. Consequentemente, o abdômen se move para fora, como podemos observar, especialmente, nos bebês saudáveis. Em razão do aumento na expansão do abdômen durante a inspiração, o sangue e a linfa se mantêm pressionados e elevados para o coração, que ajuda a manter uma circulação correta. Um fígado dilatado impede a total extensão do diafragma e dos pulmões, causando neles um intercâmbio reduzido de gases, congestão linfática e retenção de quantidades excessivas de dióxido de carbono nos pulmões. Essa absorção restrita de oxigênio afeta negativamente as funções celulares do corpo todo.

A maioria das pessoas nos países industrializados tem o fígado dilatado, especialmente as que estão acima do peso ou obesas. O que os médicos geralmente consideram tamanho "normal" do fígado é, na realidade, um tamanho demasiadamente grande. Uma vez que todos os cálculos biliares sejam eliminados por meio de várias limpezas hepáticas, o fígado volta gradualmente ao seu tamanho natural. Quase todas as doenças dos pulmões, dos brônquios e das vias respiratórias superiores são causadas, ou pioradas, pelos cálculos biliares no fígado e podem ser amenizadas – ou curadas – quando eles são eliminados pela limpeza hepática.

Transtornos do sistema urinário

O *sistema urinário* é um importantíssimo sistema excretor do corpo, composto por dois *rins* (que criam e excretam urina), dois *ureteres* (que levam a urina dos rins à bexiga urinária), uma *bexiga urinária* (na qual a urina é reunida e armazenada temporariamente) e uma *uretra*, pela qual a urina é despejada da bexiga para fora do corpo. (Ver **figura 11**).

O correto funcionamento do sistema urinário é essencial para manter o volume de fluidez apropriado, regulando a quantidade de água excretada na urina. Outros aspectos de seu funcionamento incluem a regulação da concentração de vários eletrólitos nos fluidos corporais e na manutenção do pH normal (equilíbrio ácido-alcalino) do sangue. Esse sistema também é encarregado de regular a concentração de vários eletrólitos dos fluidos corporais e de manter a normalidade do pH, além de eliminar os resíduos resultantes da decomposição (catabolismo) das proteínas celulares no fígado, por exemplo.

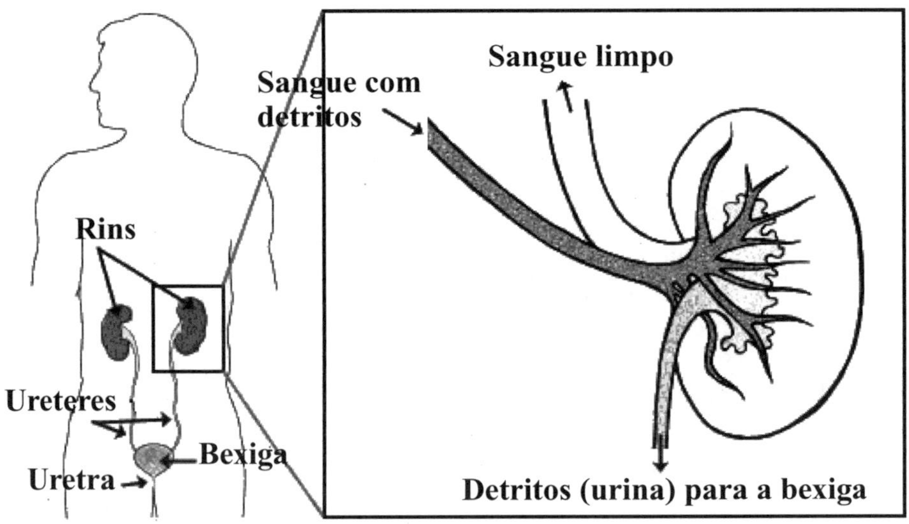

Figura 11. *O sistema urinário*

A maioria das doenças renais e dos outros componentes do sistema urinário está relacionada ao desequilíbrio na *filtragem simples* nos rins. A cada dia, os rins produzem de 100 a 150 litros de filtrado diluído, dos quais somente cerca de um a um litro e meio é secretado pela urina (o restante é absorvido e circula novamente). Com exceção das células, das proteínas e das plaquetas sanguíneas, todos os outros componentes precisam passar pelos rins. O processo de filtragem interrompe-se e debilita-se quando o sistema digestivo e, em particular, o fígado, tem um baixo desempenho.

Os cálculos biliares no fígado e na vesícula reduzem a quantidade de bile necessária para digerir os alimentos corretamente. Grande parte dos alimentos não digeridos começa a fermentar e a se decompor, deixando matéria tóxica no sangue e na linfa. As secreções normais do corpo, como a urina, o suor, os gases e as fezes, geralmente não contêm resíduos capazes de desencadear doenças, desde que, logicamente, as vias de eliminação permaneçam limpas e desobstruídas.

Os agentes causadores de doenças consistem em pequenas moléculas que aparecem no sangue e na linfa e que podem ser vistas somente por meio de poderosos microscópios eletrônicos. Essas moléculas têm forte efeito acidulante no sangue. Para prevenir doenças mortais ou o coma, o sangue deve eliminar essas toxinas. Por conseguinte, ele as elimina enviando-as para o tecido conjuntivo dos órgãos. Esse tecido é um fluido com consistência de gel (linfa) que circunda as células e no qual elas se "banham". Em circunstâncias normais, o corpo sabe como tratar o resíduo ácido depositado nesse tecido: libera um produto alcalino, bicarbonato de sódio ($NaHCO_3$) no sangue para eliminar e neutralizar as toxinas ácidas e eliminá-las por meio dos órgãos excretores. Esse sistema de emergência, todavia, começa a falhar quando as toxinas são depositadas de modo mais rápido do que podem ser eliminadas. Consequentemente, o tecido conjuntivo pode ficar espesso, os nutrientes, a água e o oxigênio já não podem passar livremente, e as células dos órgãos começam a sofrer desnutrição e desidratação, além de apresentar deficiência de oxigênio.

Entre os compostos mais ácidos estão as proteínas de origem animal. Os cálculos biliares inibem a capacidade de o fígado metabolizá-las. Seu excesso se armazena "temporariamente" no tecido conjuntivo e depois se transforma em fibras colágenas, que se integram às membranas basais das paredes capilares, tornando-as, consequentemente, dez vezes mais grossas que o normal. Uma situação similar ocorre nas artérias. À medida que a congestão das paredes dos vasos capilares aumenta, um número menor de proteínas pode se libertar da corrente sanguínea, o que leva ao engrossamento do sangue, dificultando sua filtragem pelos rins. Ao mesmo tempo, as membranas basais dos vasos sanguíneos que os abastecem também se congestionam, tornando-os mais rígidos. Conforme esse processo de endurecimento dos vasos capilares aumenta, a **pressão arterial** começa a se elevar, enquanto o funcionamento geral dos rins diminui. Cada vez mais os resíduos metabólicos expelidos pelas células renais, normalmente eliminados por vasos sanguíneos venosos e ductos linfáticos, são retidos e afetam ainda mais o desempenho dos rins.

Com essa situação, os rins ficam sobrecarregados e não conseguem manter o fluido normal nem o equilíbrio dos eletrólitos. Além disso, os componentes da urina podem precipitar-se e formar cristais e pedras de vários tipos e tamanhos (ver **figura 12a**). Os **cristais de ácido úrico**, por exemplo, são formados quando a concentração desse ácido na urina excede o nível de porcentagem entre 2 e 4 mg. Essa quantidade ainda era considerada dentro do limite tolerável até meados da década de 1960. O ácido úrico é um subproduto da quebra de proteína no fígado. Como o consumo de carne aumentou muito a partir dessa década, o nível "dentro da normalidade" foi elevado para a porcentagem de 7,5 mg. No entanto, esse ajuste ainda não consegue transformar o ácido úrico em uma substância menos perigosa para o corpo. Os cálculos formados pelo excesso de concentração desse ácido, com porcentagem de 4 mg ou maior (veja também "Cálculos da bexiga" na **figura 12b**), podem levar à **obstrução urinária**, **infecção renal** e, finalmente, **à falência renal**.

À medida que as células renais se veem desprovidas de nutrientes vitais, incluindo o oxigênio, os tumores malignos podem se desenvolver. Além disso, os cristais de ácido úrico não eliminados pelos rins podem se alojar nas articulações e causar reumatismo, gota e retenção de água.

Os sintomas do iminente problema renal, são, com frequência, falsamente leves, em comparação com a gravidade potencial de uma doença renal. Os sintomas mais comumente observados nos problemas renais são as mudanças normais no volume, na frequência e na coloração da urina, geralmente acompanhados de inchaço dos olhos, do rosto e dos tornozelos, e dores nas partes superior e inferior das costas. Se a doença estiver avançada, pode haver visão turva, cansaço, rendimento reduzido e náuseas. Os sintomas seguintes também podem indicar mau funcionamento dos rins: *pressão alta, pressão baixa, dores da parte superior para a inferior do abdômen, urina de coloração marrom escuro, dores nas costas logo acima da cintura, sede excessiva, maior vontade de urinar, especialmente durante a noite, menos de 500 mililitros de urina por dia, sensação de bexiga cheia, dor ao urinar, pigmentos epiteliais mais secos e escuros, tornozelos inchados durante a noite, olhos inchados pela manhã, hematomas e hemorragias.*

Todas as doenças principais do sistema urinário são causadas por sangue tóxico, ou seja, repleto de pequenas moléculas de resíduo e excesso de proteínas. Cálculos biliares no fígado inibem a digestão, causam congestão linfática e sanguínea e interrompem todo o sistema circulatório, incluindo a parte do sistema urinário.

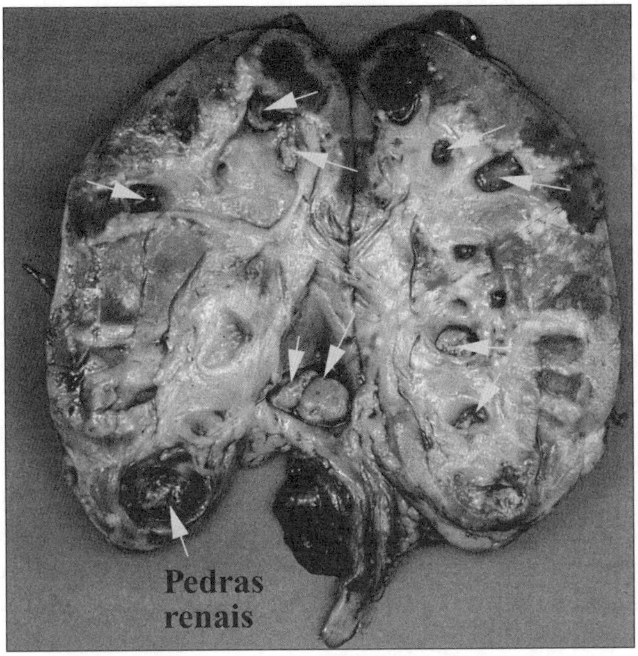

Figura 12a. *Cálculos renais incrustados em um rim*

Figura 12b. *Cálculos da bexiga*

Ao expulsar cálculos biliares, o sistema urinário pode se recuperar, eliminando o acúmulo de toxinas e pedras, e manter o equilíbrio dos fluidos e a pressão arterial normal. Isso é necessário para que todos os processos do corpo operem de maneira fácil e eficiente. Pode também haver necessidade de se limpar os rins, além do fígado e da vesícula (ver *A limpeza renal*, no Capítulo 5).

Transtornos do sistema nervoso

Toda a nossa vida é regida por sentimentos. Nossa *persona*, a forma como nos desenvolvemos, nossa interação com outros seres humanos, nosso ânimo, nossos desejos, nossos níveis de paciência e tolerância e nossas reações aos acontecimentos da vida – tudo é fortemente afetado pelo estado de saúde do nosso sistema nervoso. No agitado mundo em que vivemos, estamos expostos a uma variedade de condições que causam estragos em nosso corpo. O cérebro é o centro de controle de todo o corpo e, se não for alimentado adequadamente, nossa vida pode ser um desastre físico e emocional.

As células cerebrais são altamente capazes de produzir a quantidade de compostos químicos de que precisam, se receberem os nutrientes necessários para produzi-los. A moderna agricultura quase esgotou a maioria dos nutrientes do solo (ver *Tome minerais essenciais ionizados*, no Capítulo 5) e, apesar desse fato ter contribuído para as deficiências nutricionais tão prevalentes entre as populações nas nações industrializadas, a maioria dessas deficiências é resultado do baixo desempenho do sistema digestório e, particularmente, do fígado. A falta desses nutrientes pode inibir a capacidade de o nosso cérebro produzir as substâncias químicas para funcionar de maneira eficiente.

O cérebro pode operar durante algum tempo com uma quantidade de nutrientes abaixo do necessário, mas o preço que pagamos inclui má saúde, cansaço, falta de energia, mudanças no humor, depressão, dores e desconforto geral. Algumas deficiências se manifestam por meio de doenças mentais, como a esquizofrenia e o mal de Alzheimer.

A saúde do sistema nervoso, que inclui o cérebro, a medula espinhal, os pares de nervos vertebrais e cranianos e as funções autônomas, é altamente dependente da qualidade do sangue, que é formado de plasma – um fluido transparente, cor de palha – e células. Os elementos que constituem o plasma são: água, proteínas plasmáticas, sais minerais, hormônios, vitaminas, nutrientes, resíduos orgânicos, anticorpos e gases. Há três variedades de células sanguíneas: os glóbulos brancos (*leucócitos*), os glóbulos vermelhos (*eritrócitos*) e as plaquetas (*trombócitos*). Qualquer mudança anormal no sangue afeta o sistema nervoso, bem como o restante do corpo.

Esses três tipos de células sanguíneas se formam na medula óssea, que é alimentada e mantida por nutrientes fornecidos pelo sistema digestório. Os cálculos biliares no fígado interferem na digestão e na assimilação de alimentos, enchendo o plasma com excessivo material residual e reduzindo a distribuição de nutrientes para a medula óssea, o que, por sua vez, altera o equilíbrio dos componentes das células sanguíneas, interrompe o fluxo hormonal e causa respostas anormais no sistema nervoso. A maioria das doenças que afeta o sistema nervoso tem sua origem no sangue produzido de modo incorreto, consequência de um fígado disfuncional e, por consequência, de resíduos acumulados no trato intestinal.

Cada uma das inúmeras funções do fígado tem influência direta no sistema nervoso, particularmente no cérebro. As células hepáticas transformam glicogênio (um açúcar complexo) em glicose, que, além do oxigênio e da água, é o nutriente mais importante do sistema nervoso. A glicose abastece a maior parte dos sistemas que requerem energia.

Apesar de representar somente a quinquagésima parte do peso do corpo, o cérebro contém aproximadamente um quinto do total do seu volume sanguíneo. Usa grandes quantidades de glicose. Os cálculos biliares no fígado reduzem drasticamente a distribuição de glicose para o cérebro e para o resto do sistema nervoso, o que pode afetar o desempenho dos órgãos, dos sentidos e da mente. Nas primeiras etapas do desequilíbrio, uma pessoa pode sentir desejo por alimentos, particularmente por doces ou por alimentos que contenham amido, e experimentar frequentes mudanças de humor ou estresse emocional.

Há outros problemas ainda mais sérios advindos da ocorrência de pedras no fígado. Esse órgão produz proteínas plasmáticas e a maioria dos elementos coagulantes do sangue, a partir dos aminoácidos disponíveis. Essa função é inibida com a presença de cálculos biliares. Se a produção de elementos coagulantes diminui, o número de plaquetas também diminui, podendo provocar sangramentos capilares espontâneos ou **doenças hemorrágicas**. Uma hemorragia no cérebro pode causar destruição do tecido cerebral, paralisia e morte. A gravidade do sangramento pode ser determinada por fatores como a hipertensão e o abuso de álcool. O número de plaquetas também diminui quando a produção de novas células não se mantém no mesmo nível da destruição das células danificadas ou gastas – isso ocorre no fígado quando os cálculos biliares limitam o suprimento do sangue para as células hepáticas.

A vitamina K é também essencial para a síntese dos principais elementos de coagulação. É solúvel na gordura armazenada no fígado. Para absorver gorduras nos intestinos, o corpo precisa de sais biliares disponibilizados por secreções biliares. O *deficit* de vitamina K aparece quando os cálculos biliares no fígado e na vesícula obstruem o fluxo biliar, levando a uma absorção inadequada de gorduras.

Como foi dito anteriormente, os cálculos biliares no fígado podem causar transtornos no sistema vascular. Quando o sangue se modifica e se torna espesso, os vasos sanguíneos começam a endurecer e a se danificar. Se um coágulo sanguíneo é formado em uma artéria danificada, uma parte dele (*êmbolo*) pode se alojar em uma pequena artéria distante da ferida e obstruir o fluxo sanguíneo, causando **isquemia** e **infarto**. Se o infarto ocorre em uma artéria cerebral, é chamado **derrame cerebral**.

Todas as alterações circulatórias afetam o cérebro e o restante do sistema nervoso. A interrupção das funções hepáticas afeta particularmente os *astrócitos* – células que formam o principal tecido de suporte do sistema nervoso central. Essa condição é caracterizada por apatia, desnorteamento, delírio, rigidez muscular e coma. O resíduo bacteriano nitrogenado absorvido no cólon, e normalmente desintoxicado pelo fígado, podem alcançar as células cerebrais por meio do sangue. Outros resíduos metabólicos, como a amônia, podem atingir níveis de concentração tóxicos e modificar a permeabilidade dos vasos sanguíneos no cérebro, assim como reduzir a eficácia das suas barreiras sangue-cérebro. Isso permite que diferentes substâncias nocivas entrem no cérebro e causem danos ainda maiores. Se um grande número de neurônios não receber uma nutrição adequada, o tecido neural se atrofia, tendo como consequência a **demência** ou **o mal de Alzheimer**. No caso de os neurônios responsáveis pela produção do hormônio cerebral e do neurotransmissor *dopamina* sofrerem desnutrição, o resultado será a **doença de Parkinson**. A exposição repetida a certas toxinas ambientais ou produzidas internamente também pode ser responsável pela doença.

A **esclerose múltipla** surge quando as células produtoras da *mielina* (uma capa de material gorduroso que circunda a maioria dos axônios das células nervosas) sofrem de desnutrição e de uma drenagem linfática insuficiente. A capa de mielina diminui e os axônios se danificam. Pacientes com esclerose múltipla sempre sofrem de congestão progressiva no intestino grosso, o que impede a absorção adequada de nutrientes. Limpar os órgãos excretores e melhorar a nutrição estão entre as maneiras mais poderosas para evitar o progresso e possivelmente reverter a doença.

O fígado controla a digestão, a absorção e o metabolismo das substâncias gordurosas. Os cálculos biliares interferem no metabolismo das gorduras, afetando os níveis de colesterol no sangue. O *colesterol* é um bloco de construção essencial de todas as células do corpo e necessário para todos os processos metabólicos. Nosso cérebro é composto por mais de 10% de colesterol puro (sem água). Ele também é importante para o desenvolvimento do cérebro e das funções cerebrais, além de proteger os nervos contra feridas e danos. Um desequilíbrio nas gorduras do sangue afeta profundamente o sistema nervoso e, portanto, pode causar quase todos os tipos de doenças. Com a eliminação dos cálculos biliares do fígado e da vesícula, o fornecimento de nutrientes às células aumenta e, portanto, o sistema nervoso é renovado, melhorando todas as funções do corpo.

Transtornos ósseos

Apesar de serem os tecidos mais duros do corpo, os ossos são órgãos vivos, compostos de 20% de água, 30 a 40% de material orgânico, como células vivas, e de 40 a 50% de material inorgânico, como o cálcio. O tecido ósseo protege muitos vasos sanguíneos e linfáticos, assim como nervos. As células responsáveis pelo crescimento equilibrado dos ossos são os *osteoblastos* e os *osteoclastos*. Os osteoblastos são células formadoras de ossos, enquanto os osteoclastos são os responsáveis por sua reabsorção, a fim de mantê-los no formato adequado. Um terceiro grupo de células, chamado *condrócitos*, encarrega-se de produzir a cartilagem. As partes menos densas do osso, chamadas de osso esponjoso, contêm a medula óssea vermelha, que produz glóbulos vermelhos e glóbulos brancos.

A maioria das doenças ósseas aparece quando as células dos ossos deixam de receber nutrição suficiente. Os cálculos biliares no fígado sempre levam à congestão da linfa no trato intestinal e, consequentemente, em outras partes do corpo (ver tópico anterior, *Transtornos do sistema circulatório*). A boa saúde óssea é resultado do constante equilíbrio entre as funções dos osteoblastos e dos osteoclastos. Esse delicado equilíbrio se altera quando uma distribuição deficiente de nutrientes diminui a produção de novo tecido ósseo pelos osteoblastos. A **osteoporose** surge quando ocorre a redução do tecido ósseo: os ossos novos não são produzidos na mesma medida que os velhos se desgastam. O osso *esponjoso* é afetado antes do *osso compacto*, que forma a camada externa dos ossos.

Na osteoporose generalizada, o excesso de cálcio é reabsorvido do osso, elevando os níveis de cálcio no sangue e na urina, o que pode predispor uma pessoa à formação de cálculos nos rins e, com o tempo, à falência renal. Os cálculos no fígado reduzem substancialmente a produção de bile, essencial para a absorção de cálcio no intestino delgado. Mesmo que o corpo recebesse uma quantidade mais que suficiente de alimentos e suprimentos alimentares com cálcio, a escassez de bile faria com que muito do cálcio ingerido fosse inútil na formação dos ossos e em outros importantes processos metabólicos. Além disso, a presença de cálculos biliares no fígado eleva o nível de ácidos prejudiciais no sangue, alguns dos quais são neutralizados pelo cálcio liberado dos ossos e dos dentes. (Fato similar ocorre quando a pessoa toma leite de vaca. Para neutralizar a alta concentração de fósforo do leite ingerido, o corpo usa não somente o cálcio do leite, como também o dos ossos e o dos dentes.)

Com o tempo, essas reservas de cálcio se esgotam, diminuindo a massa e a densidade óssea e levando a fraturas de alguns ossos, como dos quadris, e inclusive à morte. Com mais da metade das mulheres acima de 50 anos, afetadas pela osteoporose (mesmo que só nos países industrializados), é óbvio que a tendência atual de ingerir hormônios ou suplementos de cálcio é um tiro no escuro, posto que não combate o desequilíbrio no fígado e na vesícula, em razão da redução de bile causada pela produção de cálculos biliares.

O **raquitismo** ou a **osteomalacia** são doenças que afetam o processo da calcificação óssea. Em ambos os casos, os ossos, especialmente os das extremidades inferiores, ficam mais fracos e *arqueados*, em razão do peso do corpo. A vitamina D solúvel em gordura, o *calciferol*, é essencial para o metabolismo equilibrado do cálcio e do fósforo, e, portanto, das estruturas ósseas saudáveis. A secreção insuficiente de bile e a alteração do metabolismo do colesterol, ambas causadas pelos cálculos biliares no fígado, levam a uma deficiência na vitamina D. A falta de exposição natural aos raios solares agrava essa situação.

A infecção óssea, chamada **osteomielite**, pode aparecer quando há uma prolongada obstrução linfática no corpo, em especial nos tecidos ósseos ou ao redor deles. Consequentemente, os micróbios que nascem no sangue obtêm acesso irrestrito aos ossos. Como mencionado anteriormente, os micróbios causadores de infecção só atacam tecidos acidificados, fracos, instáveis ou danificados. Esses micróbios podem surgir pelos cálculos biliares, abscessos dentais ou furúnculos.

Tumores malignos dos ossos podem surgir quando a congestão linfática no corpo, e especialmente nos ossos, chega a proporções extremas. O sistema imunológico se debilita, e as partículas dos tumores malignos – vindas do tórax, dos pulmões ou da próstata – podem se estender para desenvolver nas partes dos ossos que possuem tecido mais macio e têm mais tendência a congestão e acidificação, ou seja, o osso esponjoso. O câncer ósseo e todas as outras doenças ósseas indicam falta de nutrição do tecido ósseo. Geralmente não respondem a tratamentos, até que todos os cálculos biliares do fígado, e também as obstruções dos outros órgãos e sistemas, tenham sido eliminados.

Doenças das articulações

Há três tipos de articulações no corpo: *fibrosas*, ou articulações fixas, *cartilaginosas*, ou articulações de movimento limitado, e *sinoviais*, ou articulações de movimento livre. As mais suscetíveis a enfermidades são as das mãos, dos pés, dos joelhos, dos ombros, dos cotovelos e dos quadris. As doenças mais comuns nessas áreas incluem a **artrite reumatoide**, **a osteoartrite** e a **gota**.

A maioria das pessoas com artrite reumatoide tem um grande histórico de problemas intestinais: **inchaço**, **flatulência**, **azia**, **eructações**, **prisão de ventre**, **diarreia**, **esfriamento de mãos e pés**, **aumento de sudorese**, **fadiga generalizada**, **perda de apetite**, **redução de peso e outros**. Portanto, é razoável concluir que a artrite reumatoide está vinculada a quaisquer sintomas similares aos distúrbios digestivos e metabólicos. Eu mesmo experimentei todos esses sintomas, quando sofri de artrite reumatoide em minha infância.

O trato gastrintestinal está constantemente exposto a um grande número de vírus, bactérias e parasitas. Isso, aliado a diferentes *antígenos* (corpos estranhos) encontrados nos alimentos, faz com que o sistema digestório também os adquira por meio de inseticidas, pesticidas, hormônios, resíduos de antibióticos, conservantes e corantes contidos hoje em inúmeros alimentos, bem como em medicamentos como a penicilina. Outros possíveis antígenos incluem o pólen das flores, plantas, anticorpos procedentes delas ou de fungos, bactérias e similares. É função do sistema imunológico, concentrado em grande parte nas paredes intestinais, proteger-nos de todos esses invasores e dessas substâncias potencialmente maléficas. Para poder concluir diariamente essa atividade, os sistemas digestório e linfático devem permanecer livres de obstruções e ser eficientes. Os cálculos biliares no fígado interrompem seriamente o processo digestivo, podendo sobrecarregar o sangue e a linfa de substâncias tóxicas, como mencionamos anteriormente (ver *Transtornos do sistema circulatório*).

A **artrite** é considerada pelos médicos uma *doença autoimune*, que afeta as membranas sinoviais. A autoimunidade, uma condição segundo a qual o sistema imunológico desenvolve imunidades para as próprias células, aparece quando os compostos antígeno/anticorpo (*fatores reumatoides*) são formados e surgem no sangue. De maneira natural, os linfócitos B (células imunológicas) na parede intestinal são estimulados e produzem anticorpos (*imunoglobulinas*), quando entram em contato com esses antígenos. As células imunológicas circulam no sangue, e algumas se acomodam nos linfonodos, no baço, na membrana mucosa das glândulas salivares, no sistema linfático dos brônquios, na vagina, no útero, nas glândulas mamárias produtoras de leite e no tecido capsular das articulações.

Se houver uma exposição repetida aos mesmos tipos de antígenos tóxicos, a produção de anticorpos diminuirá de forma notável, particularmente nas áreas em que as células imunológicas se acomodaram, em razão do seu prévio encontro com os invasores. Esses antígenos maléficos podem consistir, por exemplo, em partículas proteicas de alimentos de origem animal em decomposição. Nesse caso, pode haver intensa atividade microbiana. O novo encontro com os antígenos aumenta o nível de compostos antígenos, eleva o nível dos complexos antígeno/anticorpo no sangue e altera o tênue equilíbrio existente entre a reação imunológica e sua supressão. As doenças autoimunes, que indicam um nível extremamente alto de toxinas no corpo, são resultado direto da alteração desse equilíbrio. Se a produção de anticorpos é constantemente alta nas articulações sinoviais, a inflamação torna-se crônica, produzindo um aumento gradual de deformidades, doenças, dores e perda de funções.

O abuso do sistema imunológico leva à *autodestruição* no corpo. Se ela acontece no tecido nervoso, é chamada **esclerose múltipla**; se ocorre no tecido de algum órgão, é chamada **câncer**. Sob um ponto de vista mais profundo, entretanto, a autodestruição é a última tentativa de autossobrevivência. O corpo só "ataca" a si mesmo quando o nível de toxicidade pode causar mais danos que a resposta autoimune. Ele certamente não tem intenção de se suicidar, que é o que o significado de "doença autoimune" sugere. Quando as membranas celulares do corpo estão entupidas com produtos químicos estranhos e nocivos, além de partículas tóxicas, como ácidos graxos trans (encontrados em hambúrgueres e batatas fritas de lanchonetes *fast food*), é uma resposta absolutamente normal que o sistema imune ataque esses contaminantes. Chamar essa resposta de sobrevivência de doença não é científico e reflete uma falta de conhecimento da verdadeira natureza do corpo.

Os cálculos biliares no fígado podem inibir a capacidade que o corpo tem de se manter limpo e nutrido, pois são a principal causa de toxicidade. Eles evitam que o fígado elimine adequadamente as substâncias prejudiciais da corrente sanguínea. Se o fígado não pode filtrar as toxinas do sangue, elas acabam sendo descarregadas no fluido extracelular. Quanto mais toxinas se acumularem no fluido extracelular, mais severamente as membranas celulares ficarão entupidas com materiais prejudiciais. Uma resposta autoimune pode ser necessária para destruir as células mais contaminadas e, então, salvar o restante do corpo, ao menos por um tempo. Quando todos os cálculos são retirados do fígado e da vesícula, o sistema imune não tem de recorrer a essas medidas extremas de defesa corporal no nível celular.

A **osteoartrite** é uma doença degenerativa e não-inflamatória. Surge quando a renovação da cartilagem articular (uma superfície suave e forte que cobre os ossos em contato com outros ossos) não pode manter o ritmo de renovação. A cartilagem articular vai gradualmente se tornando delgada, até que a superfície articular óssea entra em contato com ela e os ossos começam a se degenerar. A reparação anormal do osso e a inflamação crônica podem evoluir para esse tipo de doença – que também é resultado de um problema digestivo prolongado. Diante da menor absorção e distribuição de nutrientes para a criação de tecidos, torna-se cada vez mais difícil manter uma manutenção saudável dos ossos e da cartilagem articular. Os cálculos biliares no fígado prejudicam os processos digestivos básicos e, portanto, talvez desempenhem o papel mais importante no desenvolvimento da osteoartrite.

A **gota**, outra doença das articulações diretamente ligada ao baixo rendimento hepático, é causada por *cristais de urato de sódio* nas articulações e nos tendões. A gota aparece em pessoas cujo nível de *ácido úrico no sangue* é anormalmente alto. Quando os cálculos biliares no fígado começam a afetar a circulação do sangue nos rins (ver *Transtornos do sistema urinário*), as secreções de ácido úrico tornam-se ineficazes. Isso também causa o aumento do dano e da destruição celular no fígado e nos rins, bem como em outras partes do corpo.

O ácido úrico é um resíduo proveniente da síntese dos núcleos celulares e é produzido em excesso com o aumento da destruição celular. O consumo frequente de tabaco, álcool, estimulantes, entre outros, causa uma notável destruição celular, que libera grandes quantidades de células proteicas degradadas na corrente sanguínea. Além disso, a produção de ácido úrico aumenta bastante com o consumo exagerado de comidas proteicas, como carne vermelha, peixe, carne de porco e ovos.[11] Diga-se de passagem, todos os alimentos e substâncias mencionados anteriormente provocam a formação de cálculos biliares no fígado e na vesícula.

Uma pessoa pode ter várias crises graves de artrite, antes que o dano às articulações diminua sua mobilidade e que a gota se torne um problema crônico.

Doenças do sistema reprodutor

Os sistemas reprodutores masculino e feminino dependem do bom funcionamento do fígado. Os cálculos biliares presentes nesse órgão obstruem o movimento da bile pelos ductos biliares, o que altera a digestão e modifica o ponto de referência estrutural dos lóbulos hepáticos, além de inibir a produção hepática de *seroalbumina*, a proteína mais comum e abundante no sangue, responsável por manter a pressão osmótica do plasma em seu nível normal de 25 mmHg, e os *fatores de coagulação*, essenciais para a coagulação do sangue. Uma pressão osmótica insuficiente reduz o fornecimento de nutrientes às células, incluindo as dos órgãos reprodutores, o que pode levar a uma reduzida drenagem linfática e, consequentemente, à retenção de líquidos e edema, assim como à retenção de resíduos metabólicos e o gradual impedimento das funções sexuais.

11. Ver tópico dedicado à limpeza renal em *Timeless Secrets of Health and Rejuvenation.*

A maioria das doenças do sistema reprodutor é resultado da drenagem linfática inadequada. O ducto torácico (ver *Transtornos do sistema circulatório*) drena o líquido linfático de todos os órgãos do sistema digestório, incluindo o fígado, o baço, o pâncreas, o estômago e os intestinos. Esse grande canal muitas vezes se congestiona notavelmente, quando cálculos biliares no fígado prejudicam a digestão e a má absorção de alimentos. É óbvio, porém poucas vezes reconhecido pela medicina atual, que a congestão no ducto torácico afeta os órgãos do sistema reprodutor, pois eles, assim como outros órgãos do corpo, também precisam esvaziar seus resíduos linfáticos para o ducto torácico.

A má drenagem linfática na área pélvica da **mulher** é responsável pela **supressão da imunidade, problemas menstruais, tensão pré-menstrual, sintomas menopáusicos, doenças inflamatórias da pélvis, cervicite, todas as doenças uterinas, distrofia da vulva com crescimento de tecido fibroso, cistos e tumores nos ovários, destruição celular, deficiências hormonais, baixa libido e mutações genéticas de células, que terminam em câncer**.

O bloqueio torácico também pode provocar a congestão linfática do seio esquerdo, deixando depósitos de substâncias nocivas, que podem causar inflamação, formação de bulbos, bloqueio no ducto mamário e tumores cancerígenos. Se o ducto linfático direito, que drena a linfa da parte direita do tórax, da cabeça, do pescoço e do braço direito, ficar congestionado, as toxinas são retidas no seio direito, provocando problemas similares nessa área.

A contínua restrição da drenagem linfática da área pélvica masculina causa o crescimento da próstata, podendo ser ou não benigno, a inflamação dos testículos, do pênis e da uretra. A impotência é uma provável consequência desse fato. O constante aumento de cálculos biliares no fígado, fator comum entre os homens de meia-idade em sociedades prósperas, é uma das maiores razões para o bloqueio linfático nessa zona vital do corpo. A infecção microbiana é precedida por uma grande congestão linfática. O colapso da capacidade do sistema linfático de repelir os microrganismos invasores causa a maioria das desordens sexuais e reprodutivas.

Ao eliminar todos os cálculos biliares do fígado e ao recorrer a uma dieta e a um estilo de vida saudáveis, a atividade linfática volta à normalidade. O tecido reprodutor recebe melhor nutrição e adquire mais resistência. As infecções cedem, os cistos, os tecidos fibrosos e os tumores reduzem e desaparecem, e as funções sexuais são recuperadas.

Doenças da pele

A maioria das doenças da pele, como a **eczema**, a **acne** e a **psoríase**, tem um fator em comum: cálculos biliares no fígado. Quase todas as pessoas com doenças de pele, em particular, também têm problemas digestivos e sangue com impurezas, causadas principalmente pelos cálculos biliares e seus efeitos no corpo em geral. Essas pedras contribuem para a existência de numerosos problemas em todo o corpo, particularmente nos sistemas digestório, circulatório e urinário. Na tentativa de eliminar o que o cólon, os rins, os pulmões, o fígado e o sistema linfático não puderam remover nem desintoxicar, a pele fica inundada e sobrecarregada de detritos ácidos. Apesar de ser o maior órgão do corpo para a eliminação de impurezas, a pele sucumbe frente ao ataque ácido. Primeiramente, o material tóxico é depositado no tecido conjuntivo debaixo da *derme*. Quando esse "depósito de resíduos" é saturado, a pele começa a funcionar mal.

As excessivas quantidades de substâncias nocivas, detritos celulares, micróbios de diferentes fontes (como cálculos biliares), e vários antígenos de alimentos mal digeridos congestionam o sistema linfático e inibem a correta drenagem linfática das diversas camadas da pele. As toxinas e proteínas em decomposição das células de pele danificadas ou destruídas atraem micróbios e se tornam fonte de constante irritação e inflamação da pele. Suas células começam a ficar desnutridas, reduzindo em muito seu período de renovação normal (aproximadamente uma vez por mês), podendo causar danos aos nervos da pele

Quando as glândulas sebáceas com deficiências nutricionais despejam sua secreção – a gordura – nos folículos capilares, o crescimento do cabelo torna-se anormal e, particularmente, **pode cair do couro cabeludo**. Quando o fornecimento de *melanina* é deficiente, **o cabelo torna-se grisalho** prematuramente. A deficiência na gordura também altera a textura saudável do cabelo, tornando-o opaco e pouco atraente. Na pele, a gordura atua como um grande agente bactericida e fungicida, prevenindo a invasão de micróbios e também o ressecamento e enrugamento da pele, especialmente quando está exposta à luz do sol e ao ar seco e quente.

A predisposição genética para a calvície ou qualquer outra doença da pele não é fator determinante, como se diz comumente. As funções de uma pele saudável se restauram, e o crescimento do cabelo, especialmente nas mulheres, volta à normalidade, à medida que os cálculos biliares forem eliminados, e o cólon, os rins e a bexiga, mantiverem-se limpos.

Conclusão

Os cálculos biliares são uma grande causa de doenças no corpo humano e inibem o funcionamento do seu órgão mais complexo, ativo e influente: o fígado. Devido à complexidade do fígado, ninguém nunca criou um artificial. Sendo somente o cérebro mais complexo que ele, o fígado controla os mais complicados processos digestivos e metabólicos, afetando, dessa forma, a vida e a saúde de todas as células do corpo. Ao eliminar os obstáculos que impedem o fígado de fazer seu trabalho de maneira rápida e eficiente, o corpo pode voltar ao seu estado de vitalidade e equilíbrio contínuos.

2

Como Saber se Temos Cálculos Biliares?

Durante minha pesquisa com milhares de pacientes acometidos de todo tipo de doenças, incluindo as *terminais*, pude constatar que cada um deles tinha grandes quantidades de cálculos biliares no fígado e, em muitos casos, na vesícula. Ao eliminá-los, por meio da limpeza hepática, e depois de incorporarem hábitos saudáveis e medidas de apoio, meus pacientes se recuperaram de doenças que desafiavam métodos de tratamentos tanto convencionais como alternativos.

A seguir, há uma descrição de alguns sinais mais comuns que indicam a presença de cálculos biliares no fígado e na vesícula. Se você tem algum deles, é muito provável que obtenha grandes benefícios com a limpeza hepática. Em meu consultório, comprovei que alguns desses indicadores são muito precisos. Se não estiver seguro da presença ou não de pedras, saiba que a limpeza hepática pode ser útil de qualquer maneira, melhorando sua saúde significativamente, sem importar sua situação. Há um velho provérbio que diz: "Na ação está a reação". A única forma de comprovar se tem cálculos biliares, é fazendo a limpeza do fígado e da vesícula. Você descobrirá que, ao eliminá-los, os sintomas da doença desaparecerão gradualmente e sua saúde voltará ao normal.

Sinais e marcas

A pele

A principal função da pele é ajustar continuamente o interior do nosso corpo às constantes mudanças do ambiente externo, como a temperatura, a umidade e a luz. Ela também se encarrega de nos proteger de feridas, micróbios e outros agentes prejudiciais. Além de lidar com essas influências *externas*, a pele controla e se adapta às mudanças *internas* que acontecem no nosso corpo; portanto, ela reflete as condições dos órgãos e dos fluidos corporais, incluindo o sangue e a linfa. Qualquer funcionamento anormal do corpo durante longo tempo, inevitavelmente será representado na pele por imperfeições, palidez ou transformações como pele seca, oleosa, aparecimento de rugas e linhas de expressão. Quase todas as afecções da pele são consequência de um problema de equilíbrio hepático. Os cálculos biliares levam a problemas circulatórios, que reduzem o fornecimento de nutrientes para a pele e a remoção de resíduos dela, impedindo o seu saudável desenvolvimento e ciclo de rotação normal das células da epiderme. Os seguintes sinais são particularmente indicativos de cálculos biliares no fígado e na vesícula:

→ **Pontos negros, pequenos ou grandes, e placas marrons**, da mesma coloração de sardas ou pintas. Geralmente aparecem no lado direito ou esquerdo da testa, entre as sobrancelhas ou sob os olhos. Também podem aparecer bem em cima dos ombros ou entre as omoplatas. Os mais notáveis são os chamados *lentigos*, na parte anterior das mãos e dos antebraços, comumente vistos nas pessoas de meia-idade e nos idosos. Se os cálculos biliares eliminados espontaneamente pela vesícula ficarem obstruindo o cólon, essas manchas também podem aparecer na junção dos dedos polegar e indicador. Os lentigos geralmente desaparecem de modo gradual, depois que grande parte das pedras é eliminada do fígado e da vesícula. A maioria das pessoas deduz que os lentigos ocorrem devido ao dano pelo sol ou pelo envelhecimento "normal". Isso é um mito. Os lentigos, como sugere o nome em inglês, *liver spots*, vêm do fígado. A exposição ao sol apenas traz à superfície da pele os depósitos de resíduos ácidos existentes.

→ **Rugas verticais no meio das sobrancelhas.** Pode haver uma, duas, até três linhas profundas nessa região. Essas linhas, ou rugas, que *não* são causadas pelo envelhecimento natural, indicam acúmulo de muitos cálculos biliares no fígado: mostram que ele se expandiu e endureceu. Quanto maior for a profundidade e a extensão das rugas, maior será a deterioração da função hepática. Uma linha próxima da sobrancelha direita também indica congestão no baço. Além disso, as linhas verticais representam grande quantidade de ira e frustração reprimidas. A ira aparece quando os cálculos biliares impedem o fluxo adequado da bile. A natureza biliosa se dá quando as toxinas ficam presas, as quais o fígado trata de eliminar pela bile. De forma contrária, a ira pode provocar a formação de cálculos biliares. Se as rugas estiverem acompanhadas de placas brancas ou amarelas, pode haver um tumor se desenvolvendo no fígado. **Espinhas ou pelos entre as sobrancelhas**, com ou sem rugas, indicam que o fígado, a vesícula e o baço estão afetados.

→ **Rugas horizontais na ponte nasal** são sinais de afecções pancreáticas em consequência de cálculos biliares no fígado. Se uma linha for muito profunda e pronunciada, a pessoa pode sofrer de pancreatite ou diabete.

→ **Coloração escura ou verde na área das têmporas.** É sinal de que o fígado, a vesícula, o pâncreas e o baço estão infrautilizados em decorrência de depósitos de cálculos biliares no fígado e na vesícula. Essa coloração pode estar acompanhada da cor azul ou verde, em ambos os lados da ponte nasal, o que indica mau funcionamento do baço. Uma **linha horizontal** ao longo da ponte nasal indica fraqueza do pâncreas.

→ **Pele oleosa na área da testa** reflete funcionamento deficiente do fígado em razão de cálculos biliares. O mesmo se aplica a uma **excessiva transpiração** nessa parte da cabeça. **Cor amarelada na pele do rosto** indica transtornos nas funções biliares do fígado e da vesícula, assim como debilidade do pâncreas, dos rins e dos órgãos excretores.

→ **Perda de cabelo na região central da cabeça.** Essa marca indica que o fígado, o coração, o intestino delgado, o pâncreas e os órgãos reprodutores estão cada vez mais congestionados e irritados, e que há tendência ao desenvolvimento de doenças cardiovasculares, problemas digestivos crônicos, além de formação de cistos e tumores. Cabelos brancos em idade prematura indicam que as funções do fígado e da vesícula estão em baixa atividade.

O nariz

→ **Endurecimento e engrossamento da ponta do nariz** indica debilidade hepática crônica, que pode evoluir para o endurecimento das artérias e para o acúmulo de gordura ao redor do coração, do fígado, do baço, dos rins e das glândulas da próstata. Se o crescimento for excessivo e os vasos sanguíneos puderem ser vistos, um ataque cardíaco ou um derrame cerebral podem ser iminentes.

→ **Nariz constantemente avermelhado** é sinal de uma condição anormal do coração, com tendência à pressão sanguínea alta (hipertensão). Nariz de cor roxa indica baixa pressão sanguínea. Ambas as condições são causadas por um desequilíbrio nas funções hepática, digestiva e renal.

→ **Nariz leporino (fissurado) ou fendas na ponta do nariz** indicam um ritmo cardíaco irregular e sopro no coração. Se uma parte do nariz é maior que a outra, é porque um lado do coração está aumentado de modo anormal. Essa condição pode estar acompanhada por **arritmia** e **ataques de pânico**. Pode haver grave congestão linfática, causada por transtornos digestivos, como prisão de ventre, colite, úlceras estomacais, etc. As funções hepáticas diminuem em decorrência das grandes quantidades de cálculos biliares e impedem o fluxo sanguíneo para as células hepáticas. As secreções biliares são insuficientes. (*Nota*: pude ver pessoalmente desaparecerem rachaduras no nariz, depois de uma limpeza do fígado.)

→ **Nariz inclinado para a esquerda.** A menos que seja resultado de um acidente, a forma assimétrica do nariz implica que os órgãos do lado direito do corpo têm menor atividade, o que inclui o fígado, a vesícula, o rim direito, o cólon ascendente, o ovário ou o testículo direito e o lado direito do cérebro. A principal causa dessa situação é o acúmulo de cálculos biliares no fígado e na vesícula (o nariz provavelmente volta à sua posição central, depois que as pedras forem expulsas).

Os olhos

→ **A cor da pele debaixo dos olhos é amarela:** sinal de que o fígado e a vesícula estão superativados. Uma cor **escura**, **quase negra** na mesma área é resultado da exaustão dos rins, da bexiga e dos órgãos reprodutores, em consequência de um prolongado problema no sistema digestório. Uma **cor pálida ou acinzentada** aparece quando os rins, e ocasionalmente os pulmões, têm funcionamento defeituoso em razão da má drenagem linfática desses órgãos. O sistema endócrino também pode estar afetado.

→ **Bolsas de água embaixo das pálpebras inferiores** formam-se por causa da congestão dos órgãos digestivos e excretores, que resultam da drenagem linfática inadequada da área da cabeça. Se essas bolsas forem crônicas e contiverem gordura, há presença de inflamação, cistos e tumores em potencial na bexiga, nos ovários, nas trompas de Falópio, no útero ou na próstata.

→ **Uma nuvem esbranquiçada cobre a pupila do olho.** Essa nuvem é composta principalmente de muco e partículas de proteínas em decomposição. Sinal de desenvolvimento de catarata em consequência de baixo rendimento hepático e digestivo.

→ **Vermelhidão constante na parte branca do olho** é causada por capilares salientes, indicando doenças nas funções circulatórias e respiratórias. As **placas de muco branco ou amarelo** no branco do olho mostram que há quantidade anormal de substâncias gordurosas, porque o fígado e a vesícula acumularam inúmeros cálculos biliares. Quando isso acontece, há tendência de desenvolvimento de cistos e até de tumores benignos e malignos.

→ **Uma grossa linha branca cobre partes da periferia da íris, especialmente na parte inferior.** Sinal de acúmulo de grandes quantidades de colesterol no sistema circulatório sanguíneo e de grave congestão e retenção de gordura no sistema linfático. (*Nota*: caso deseje entender a conexão da íris com as diferentes partes do corpo, recomendo-lhe que estude *iridologia* ou diagnóstico por meio da íris.)

→ **Os olhos perderam o brilho natural.** Fígado e rins congestionados e incapazes de filtrar o sangue de modo adequado. O sangue "sujo", carregado de toxinas e resíduos, é mais pesado e lento que o limpo. O sangue grosso reduz a circulação, bem como o fornecimento de oxigênio e nutrientes às células e aos órgãos, incluindo os olhos. Se essa situação persistir, as células vão se deteriorar e inevitavelmente envelhecerão ou morrerão. As células dos olhos e do cérebro ficam particularmente afetadas porque o sangue tem de lutar contra a gravidade para alcançá-las. **A maioria dos problemas de visão** é consequência direta ou indireta da diminuição da capacidade de limpeza sanguínea no fígado e nos rins. O sangue limpo e rico em nutrientes flui facilmente e alimenta melhor os tecidos do olho, aliviando a maioria dos problemas oculares.

Língua, boca, lábios e dentes

→ **Camada amarela ou branca na língua, especialmente na parte posterior,** indica um desequilíbrio na secreção da bile, a maior causa de problemas digestivos. Os resíduos tóxicos do alimento não digerido, fermentado ou em decomposição permanecem no trato intestinal, bloqueando o fluxo da linfa no ducto torácico e impedindo a eliminação das toxinas e micróbios na garganta e na boca.

→ **Impressões dentais nas laterais da língua, frequentemente acompanhadas de expelimento de muco branco** indicam digestão deficiente e absorção inadequada de nutrientes no intestino delgado.

→ **Grânulos na língua** são indicadores de uma digestão deficiente e da presença de comida fermentada ou em decomposição em ambos os intestinos, grosso e delgado.

→ **Fendas na língua** são indícios de um antigo problema intestinal. Quando o alimento não se mistura com uma quantidade suficiente de bile, ele permanece parcialmente indigerido. Alimentos indigeridos estão sujeitos à decomposição e, portanto, tornam-se uma fonte de toxicidade. A exposição constante da parede intestinal a toxinas provenientes dessas bactérias a irrita e lesiona. As lesões, as cicatrizes e o endurecimento das paredes intestinais então se refletem nas fendas na língua. Um pouco de muco pode ou não ser expelido na língua.

→ **Expelimentos contínuos de muco na boca e na garganta.** A bile pode ser regurgitada para o estômago, irritando seu revestimento protetor e causando excessiva produção de muco. Parte da bile e da mucosa pode chegar até a área da boca, causando um gosto ruim (amargo), fazendo com que a pessoa tente limpar a garganta repetidamente, o que às vezes provoca tosse. O muco expelido sem gosto amargo é resultado de digestão deficiente dos alimentos e da produção de toxinas. O muco ajuda a capturar e neutralizar algumas delas, mas causa um efeito colateral: a congestão.

→ **Mau hálito e eructações frequentes** indicam a presença de alimento mal digerido, fermentado ou em decomposição no trato intestinal. A bactéria que atua no resíduo produz gases, que às vezes podem ser tóxicos, provocando, então, o mau hálito.

→ **Formação de crostas nos cantos da boca** indica a presença de úlceras duodenais, causadas pela regurgitação da bile no estômago ou por outras razões já mencionadas. As **úlceras** em várias partes da boca ou da língua mostram que há inflamação ou ulceração nas partes correspondentes, no trato gastrintestinal. Por exemplo, uma úlcera bucal na parte externa do lábio inferior indica a presença de úlceras no intestino grosso. Herpes no lábio corresponde a uma grave inflamação e ulceração na parede intestinal.

→ **Manchas escuras ou placas nos lábios** ocorrem quando as obstruções no fígado, na vesícula e nos rins evoluem para a diminuição e estagnação da circulação sanguínea e da drenagem linfática por todo o corpo. Pode haver uma constrição avançada e anormal dos capilares sanguíneos. Se a cor dos lábios estiver avermelhada (escura) ou roxa, isso indica que as funções cardíacas, pulmonares e respiratórias estão diminuídas.

→ **Lábios inchados ou dilatados.** Essa condição indica doenças intestinais. Se o lábio inferior está inchado, o cólon sofre de prisão de ventre, diarreia ou ambas, alternadamente. Os gases são produzidos por alimento mal digerido, o que provoca inchaço e incômodo abdominal. O lábio superior inchado indica problemas estomacais, incluindo a indigestão, frequentemente acompanhada de azia. Boca apertada e anormal indica que a pessoa sofre de problemas do fígado, da vesícula e provavelmente dos rins. Se o lábio inferior estiver seco, rachar e descascar facilmente, pode já haver prisão de ventre ou diarreia crônica, e grandes quantidades de ácidos tóxicos prevalentes no cólon. Essa condição é acompanhada de uma grave desidratação das células do cólon.

→ **Gengivas inchadas, sensíveis ou com sangramentos.** Qualquer desses sintomas ocorre quando a drenagem linfática na área bucal está sendo ineficaz em razão de uma congestão da linfa intestinal. Há uma sobrecarga de compostos ácidos no sangue. A inflamação na garganta, com ou sem inflamação nas amídalas, também é resultado de uma obstrução linfática. A amidalite, frequente nas crianças, é sinal de retenção constante de toxinas contidas nos líquidos linfáticos e de refluxo de resíduos do trato gastrintestinal nas amídalas.

→ **Problemas dentais.** São geralmente causados por desequilíbrio nutricional. Digestão deficiente e consumo excessivo de alimentos refinados, processados e produtores de ácidos, como açúcar, chocolate, carne, queijo, café, refrigerantes, reduzem os minerais e vitaminas do corpo. Os adultos, em geral, têm 32 dentes. Cada dente corresponde a uma vértebra na coluna, e cada vértebra está conectada a um órgão ou a uma glândula importante. Por exemplo, se um dos quatro dentes caninos tiver cárie, é sinal de que há cálculos biliares no fígado e na vesícula. Dentes com coloração amarelada, particularmente os caninos, indicam a presença de toxinas nos órgãos localizados na região abdominal média: fígado, vesícula, estômago, pâncreas e baço. As bactérias *não* são responsáveis pelas cáries nos dentes, pois somente os atacam quando já existe um desequilíbrio na proporção ácido/alcalino. As secreções da saliva também têm um papel muito importante na proteção dos dentes. Uma dentição realmente saudável dura por toda a vida e é mantida por um sistema digestório saudável.

Mãos, unhas e pés

→ **Pele oleosa e branca nas pontas dos dedos** é sinal de disfunções no sistema digestório e linfático e de que o fígado e os rins podem estar desenvolvendo cistos e tumores. Pode ocorrer excessiva descarga de gorduras, indicada por uma oleosidade da pele.

→ **Unhas de cor vermelho-escuro** apontam alto nível de colesterol, ácidos graxos e minerais no sangue. O fígado, a vesícula e o baço estão congestionados e com pouca atividade, e todas as funções excretoras, sobrecarregadas com resíduos. **Unhas esbranquiçadas** indicam acúmulo de gordura e muco ao redor do coração, do fígado, do pâncreas, da próstata e dos ovários. Essa condição é acompanhada de uma circulação sanguínea deficiente e baixos níveis de hemoglobina (anemia).

→ **Linhas verticais nas unhas** são indicadoras da absorção deficiente de alimentos e da interrupção de importantes funções digestivas, hepáticas e renais. Pode haver fadiga generalizada. Linhas verticais fortemente marcadas nas unhas e com as pontas separadas mostram que as funções dos testículos e dos ovários estão desequilibradas, em consequência da pouca eficiência dos sistemas digestório e circulatório. **Fendas horizontais nas**

unhas mostram mudanças insólitas ou drásticas nos hábitos alimentares, que podem ser benéficas ou nocivas. **Pontos brancos nas unhas** mostram excessiva eliminação de grande quantidade de cálcio e/ou zinco, em resposta ao consumo excessivo de açúcar ou alimentos e bebidas contendo açúcar. O açúcar contém propriedades com grande capacidade de formar ácidos e remover esses minerais dos ossos e dos dentes.

→ **Protuberâncias duras nas plantas dos pés.** Essa condição mostra um endurecimento progressivo dos órgãos localizados na parte média do corpo, incluindo o fígado, o estômago, o pâncreas e o baço. Também indica o acúmulo de numerosos cálculos biliares no fígado e na vesícula.

→ **Pés com coloração amarelada** indicam acúmulo de muitos cálculos biliares no fígado e na vesícula. Se a cor de qualquer parte do pé for esverdeada, o funcionamento do baço e da linfa está seriamente alterado, podendo levar à produção de cistos e tumores benignos e malignos.

→ **Endurecimento na ponta do quarto dedo do pé ou calosidades na área inferior do mesmo dedo** é um sintoma de que as funções da vesícula estão estagnadas. Rigidez generalizada, encurvamento e dor no quarto dedo do pé indicam um longo histórico de cálculos biliares no fígado e na vesícula.

→ **Primeiro dedo do pé curvado.** Se o dedo maior do pé se curva até o segundo, as funções hepáticas estão inibidas em razão da presença de cálculos biliares nos ductos biliares do fígado. Ao mesmo tempo, o baço e as funções linfáticas têm superatividade, em consequência do acúmulo de resíduos tóxicos de alimentos não digeridos corretamente e detritos metabólicos e celulares.

→ **Cor branca e superfícies duras na quarta e na quinta unhas do pé.** Isso indica um rendimento deficiente do fígado e da vesícula, assim como dos rins e da bexiga.

A constituição da matéria fecal

→ **As fezes exalam odores fortes, ácidos ou penetrantes.** Isso significa que o alimento não foi digerido corretamente. O alimento fermentado ou em decomposição e a presença de grandes quantidades de bactérias "pouco amigáveis" nas fezes provocam o odor anormal e a textura pegajosa. As fezes normais estão cobertas por uma fina camada de muco, impedindo que o ânus se suje.

→ **Fezes secas e duras** são indicadoras de prisão de ventre, assim como o são as fezes pegajosas. A diarreia é outro sinal de baixo desempenho do sistema digestório e do fígado, em particular.

→ **Fezes cor de palha ou de argila.** Esse é outro sinal de desempenho hepático deficiente (a bile imprime às fezes sua coloração característica). Se as fezes flutuam, é porque contêm grandes quantidades de gordura não digerida, que as tornam mais leves que a água.

Conclusão

Além do que se acaba de enumerar, existe maior quantidade de sinais e sintomas que indicam a presença de cálculos biliares no fígado e na vesícula: dores no ombro direito, epicondilite lateral (cotovelo de tenista), ombro paralisado, dormência das pernas e no ciático, por exemplo, podem estar relacionados com os cálculos biliares no fígado. Todavia, ao eliminá-los, essas condições geralmente desaparecem.

O corpo é uma rede de informações, uma parte influencia a outra e se intercomunicam. Marcas ou sinais aparentemente insignificantes na pele, nos olhos ou nos dedos dos pés podem ser sinais de condições mais graves de saúde. Ao reconhecê-las e limpar o fígado e a vesícula, juntamente com a adoção de um regime alimentar e um estilo de vida saudável, os sinais de bem-estar e a vitalidade começam a reaparecer. Para prevenir as doenças e fazer da permanência da saúde uma realidade, primeiramente, é necessário entender as causas dos cálculos biliares.

3

Causas mais Comuns dos Cálculos Biliares

A bile é composta por água, muco, pigmentos biliares (bilirrubina), sais biliares e colesterol, assim como de enzimas e bactérias benéficas. Esse líquido esverdeado é produzido por células hepáticas que o transportam por meio de pequenos canais, conhecidos como *canalículos biliares*, os quais se unem para formar canais maiores, que conectam os canais hepáticos direito e esquerdo. Esses dois canais se unem para formar o ducto biliar comum, que drena a bile do fígado e alimenta a vesícula com a quantidade correta desse líquido para o processo de digestão.

Qualquer mudança na composição da bile afeta a solubilidade dos seus componentes e, portanto, provoca a formação de cálculos biliares. Para simplificar, diferencio os cálculos biliares em dois tipos básicos: *pedras de colesterol* e *pedras de pigmentos*. Algumas pedras de colesterol estão compostas de, pelo menos, 60% de colesterol e têm coloração amarelada. Outras têm coloração verde-ervilha e geralmente são macias como a argila (podem estar compostas de, pelo menos, 95% de colesterol). As pedras de pigmentos são de cor preta ou marrom, conforme seu alto conteúdo de pigmento de coloração (bilirrubina). Podem estar calcificadas, sendo mais duras e sólidas que as pedras de colesterol, as quais, contudo, também podem se calcificar e endurecer. Pedras calcificadas só podem ser encontradas na vesícula.

A composição anormal da bile pode se dar de várias maneiras. O colesterol mantém-se normalmente em forma líquida, por causa da ação solvente dos sais biliares e, certamente, da disponibilidade das quantidades suficientes de água. Um aumento de colesterol na bile vence a capacidade de dissolução dos sais biliares e, portanto, promove a criação de pedras de colesterol. Do mesmo modo, uma diminuição na quantidade de sais biliares também conduz à formação de pedras de colesterol. A ingestão insuficiente de água diminui a fluidez da bile, fazendo com que o colesterol não possa ser dissolvido corretamente e se reconstitua em pequenas pedras ou cascalhos que gradualmente, com o tempo, convertem-se em pedras maiores.

Quando há aumento do pigmento da bile, a bilirrubina – resíduo oriundo da decomposição química dos glóbulos vermelhos –, as pedras se formam. Pessoas com grandes quantidades de pedras de colesterol no fígado correm o risco de desenvolver cirrose hepática, anemia de células falciformes e outras doenças sanguíneas. Qualquer dessas complicações pode produzir maiores concentrações de pigmento de bilirrubina na bile, levando à formação de pedras de bilirrubina no fígado e na vesícula.

Quando a composição da bile no fígado não está equilibrada, pequenos cristais de colesterol começam a se combinar com outros componentes da bile para formar pequenos coágulos, que obstruem os canalículos biliares ainda menores, diminuindo ainda mais o fluxo da bile e aumentando sua quantidade nos coágulos – que chegam a um tamanho grande o bastante para serem denominados cálculos. Algumas delas podem passar para os ductos biliares maiores e se agrupar com outras pedras ou continuar crescendo. O resultado é que o fluxo da bile também é obstruído nos ductos biliares maiores. Supondo que vários ductos biliares maiores estejam congestionados, centenas de canais menores também serão afetados, criando um círculo vicioso, até os canais hepáticos começarem a ser obstruídos, reduzindo em grande medida a quantidade de bile disponível para os processos digestivos. Uma vez que o fígado continua a produzir bile, ela é convertida cada vez mais em pedras enquanto uma parte dela vai para o sangue. Se houver vazamento de bile para o sangue, pode ocorrer descoloração da pele (amarela ou cinza) e manchas na pele, como lentigos.

Se o fluxo da bile no fígado for lento, alterará ainda mais a sua composição, podendo, posteriormente, afetar a vesícula. Um pequeno coágulo de bile na vesícula é um sério risco para a saúde, pois pode demorar até oito anos para crescer o suficiente, ser notado e se tornar uma ameaça grave à saúde. Sabe-se que um entre dez norte-americanos tem cálculos biliares na vesícula e, anualmente, 500 mil pessoas optam por operá-la. Pouquíssimos médicos e pacientes, entretanto, sabem que praticamente todas as pessoas, com qualquer tipo de problema de saúde, têm cálculos biliares no fígado. Estima-se que 95% de adultos nos países industrializados têm cálculos biliares no sistema biliar do fígado.

Cálculos biliares no fígado podem causar mais doenças que os localizados na vesícula. Para prevenir enfermidades e gerar um avanço genuíno e duradouro na compreensão e no tratamento dessas doenças, precisamos entender que são eles os responsáveis por desidratar os fluidos biliares, alterar sua flora natural, destruir suas enzimas, aumentar seu nível de colesterol e modificar a quantidade de pigmentos biliares. As quatro categorias seguintes dão mais informações sobre os fatores comuns causadores da formação de cálculos biliares.

A alimentação

A superalimentação

Os erros na dieta possivelmente têm o papel principal na produção desequilibrada da bile e, portanto, de cálculos biliares. Dentro de todos esses erros, a *superalimentação* afeta a saúde com mais gravidade. O hábito de ingerir comida em demasia ou comer com mais frequência que o corpo requer para sua nutrição e sua sustentação faz com que os sucos gástricos (incluindo a bile) fiquem cada vez mais reduzidos, pois permite que uma grande proporção do alimento ingerido não seja digerida e se transforme em fonte constante de atividade microbiana prejudicial. Esse meio artificial de decompor o alimento altera o pH (equilíbrio ácido-alcalino) do meio intestinal, tornando-o um ambiente propício para o crescimento de leveduras e parasitas. (*Nota*: a limpeza do fígado e do cólon e a ingestão de dieta rica em alimentos frescos, formadores de substâncias alcalinas, estão entre as abordagens mais eficazes para prevenir e tratar a infestação parasitária; a eliminação de parasitas não acaba com sua causa e pode apenas trazer benefícios limitados, se trouxer.) Consequentemente, cada vez mais substâncias tóxicas começam a se alojar no trato intestinal, provocando a congestão do sistema linfático e o engrossamento do sangue. Tudo isso representa uma sobrecarga do fígado e das funções excretoras.

As doenças intestinais podem reduzir os sais biliares do corpo, em razão da reabsorção deficiente das partes inferiores do intestino delgado. Baixos níveis de sais biliares levam à formação de cálculos biliares, e isso é claramente notado pelo alto risco de formação de cálculos biliares entre pacientes que sofrem da *doença de Crohn* e outras formas da *síndrome do intestino irritável.*

O desequilíbrio sanguíneo e linfático, causado por superalimentação, leva a uma diminuição do fluxo sanguíneo em todos os lóbulos do fígado, altera a composição da bile e gera cálculos biliares. Os cálculos no fígado aumentam a congestão do sangue e da linfa, além de afetarem o metabolismo básico do corpo. Quanto mais se come em excesso, menores serão os nutrientes disponíveis para as células do corpo. De fato, comer constantemente e em excesso causa inanição celular, o que leva a pessoa a ter desejo de comer mais que o normal. A constante vontade de beliscar é sinal de desnutrição persistente e de desequilíbrio metabólico, mas, sobretudo, indica atividade hepática desequilibrada e a presença de cálculos biliares.

Comer até se saciar, ou até que já não se possa ingerir mais comida, é um claro sinal de que o estômago chegou a uma etapa disfuncional. Os sucos gástricos do estômago só podem se misturar com os alimentos ingeridos enquanto uma quarta parte dele se mantém vazia. Dois punhados de alimento equivalem a três quartas partes do tamanho do estômago, o que representa a máxima quantidade de comida que ele pode processar em qualquer momento. Portanto, o melhor é deixar de comer enquanto se tenha um pouco de fome. Levantar da mesa sem estar totalmente saciado melhora as funções digestivas, impede a formação de cálculos biliares e o aparecimento de doenças futuras.

Beliscar entre as refeições principais

A Ayurveda,* a mais antiga das ciências da saúde, considera que "comer antes que a refeição anterior tenha sido digerida" é uma das principais causas de doenças. Os fatores seguintes estão entre as razões mais comuns do porquê de as pessoas comerem entre as refeições:

1. Estilo de vida apressado e estressante.
2. A tentação gerada pela grande variedade de comidas processadas, refinadas e embaladas de forma atraente.
3. A conveniência de ter uma refeição rápida (de baixo valor nutricional), praticamente a qualquer hora.
4. A falta de prazer com os alimentos ingeridos gera desejos por comidas diferentes. Isso pode ser expresso pelo impulso de comer pipocas ou outras "bobagens" enquanto se assiste a um filme.
5. Comer como compensação emocional, para se sentir bem consigo mesmo e evitar o confronto com situações de insegurança e medo.

*N.E.: Sugerimos a leitura de *Ayurveda e a Terapia Marma – Pontos de Energia no Tratamento por meio da Ioga*, de dr. Avinash Lele, dr. David Frawley e dr. Subhash Ranade, Madras Editora.

Alguns dos fatores – ou todos – mencionados podem ter contribuído para os hábitos alimentares irregulares que prevalecem em grande porcentagem da população atual. Como regra geral, quanto mais processado e alterado for um alimento, menor sua quantidade de nutrientes e energia vital (Chi); assim, precisamos comê-lo em maior quantidade para satisfazer às necessidades de nutrição diárias do nosso corpo. (*Nota*: tomar suplementos alimentares não substitui alimentos nem a satisfação do ato de comer, do qual o corpo necessita para uma digestão bem-sucedida e um processamento adequado dos nutrientes.)

Os hábitos alimentares irregulares, que incluem comer entre as refeições e fazer lanches no meio da noite, em geral alteram os ritmos biológicos do corpo, tão bem sincronizados.[12] A maioria das nossas importantes secreções hormonais depende dos ciclos regulares de alimentação, sono e despertar. A produção de bile e sucos gástricos – necessários para reduzir os alimentos a seus componentes nutricionais básicos –, por exemplo, chega a seu ponto máximo, naturalmente, por volta do meio-dia, o que sugere que a refeição mais importante deve ser feita em torno desse horário. Por outro lado, nossa capacidade digestiva é consideravelmente menor durante a manhã e a noite. Se, dia a dia, nosso almoço for composto somente de refeições rápidas, como lanches, a vesícula não poderá lançar todo o seu conteúdo para os intestinos, resguardando bile suficiente para formar cálculos normais. Lembremo-nos de que a vesícula está programada naturalmente para emitir maior quantidade de bile durante o período do meio-dia. Se não usarmos o que o corpo produz naturalmente, ele o fará por si mesmo.

Além disso, comer somente alimentos sem substância durante o almoço causa deficiências nutricionais, frequentemente expressas por meio do desejo de ingerir comidas ou bebidas que prometem rápida ativação energética: doces, tortas, pães e massas feitos de farinha branca (o amido atua como açúcar branco), chocolate, café, chá preto, refrigerantes, etc. Para cada pequeno lanche, a vesícula libera um pouco de bile, mas a secreção dessa pequena quantidade não é suficiente para esvaziá-la completamente, o que aumenta o risco de formação de cálculos biliares.

A constante urgência de comer entre as refeições sugere um desequilíbrio mais grave das funções metabólicas e digestivas. Ao

12. Para mais detalhes sobre ritmo biológico, consultar o livro *Timeless Secrets of Health and Rejuvenation*.

comermos algo uma ou duas horas depois de uma refeição, por exemplo, o estômago se vê obrigado a abandonar pela metade a digestão dos alimentos ingeridos previamente, para poder processar o alimento ora ingerido. A comida que já está no sistema digestório começa a fermentar e a se decompor, transformando-se em fonte de toxinas no trato digestivo. O alimento recém-ingerido, pelo contrário, recebe quantidades insuficientes de sucos gástricos, de modo que só será parcialmente digerido. Enquanto o corpo se ocupa de digerir um alimento, não pode produzir nem distribuir quantidade suficiente de bile e outros sucos gástricos para processar uma nova ingestão ao mesmo tempo. Se esse processo de parar e continuar se repetir várias vezes, culminará na criação constante de toxinas e na diminuição de nutrientes. Ambas as situações de estresse causam a redução dos sais biliares e o aumento na produção de colesterol pelo fígado, em resposta a um aumento da produção de colesterol. Portanto, o corpo não tem outra opção senão a de produzir cálculos biliares.

Para sair desse círculo vicioso, passe conscientemente pelas fases iniciais dos desejos de alimentos. Sinta seu corpo manifestando incômodo e pergunte-se se é o que *realmente* ele quer. Se desejar algo doce, tente substituir por uma fruta.

Em muitas pessoas, a urgência de comer é frequentemente um sinal de desidratação; tomar, então, um ou dois copos de água pode fazer com que a vontade desapareça por completo. Ao mesmo tempo, assegure-se de comer alimentos substanciais no almoço. Com o tempo, e no caso de haver limpado completamente o fígado, seu corpo receberá nutrientes suficientes dessa refeição principal para satisfazer quase todas as suas necessidades nutricionais diárias. Isso fará que os anseios e o desejo de comer entre as refeições desapareçam por completo.

Fazer refeições pesadas à noite

Um problema similar de transtorno alimentar ocorre quando a principal refeição é feita à noite. As secreções de bile e as enzimas digestivas se reduzem de modo drástico, conforme chega a noite, especialmente depois das 18h. Por essa razão, uma refeição composta de carne, frango, queijo, ovos, pratos com muito óleo ou fritos, não pode ser digerida corretamente nesse horário. Em vez disso, essa refeição se transforma em fonte de desperdício tóxico depositado nos intestinos.

Alimentos não digeridos sempre acabam congestionando o corpo, primeiro o trato intestinal e depois a linfa e o sangue, afetando a qualidade da digestão durante as refeições do dia. Gradualmente, o poder digestivo, determinado pelo equilíbrio das secreções de ácido clorídrico, bile e enzimas digestivas, é minimizado e causa efeitos colaterais semelhantes aos resultantes da superalimentação. Portanto, a ingestão de alimentos pesados à noite é um dos principais fatores que contribuem para o desenvolvimento de cálculos biliares no fígado. Comer antes de se deitar também altera as funções digestivas, por razões idênticas. O ideal é deixar passar pelo menos três horas entre a última refeição e a hora de dormir. O recomendado é que se jante por volta das 18h e que se durma antes das 22h.

Consumo excessivo de proteínas

Como já foi mencionado, o consumo excessivo de proteínas leva ao engrossamento e à congestão das membranas basais dos vasos sanguíneos (capilares e artérias), incluindo os sinusoides do fígado,[13] nos quais grande parte do soro de colesterol fica impedida de deixar a corrente sanguínea. Então, as células hepáticas "assumem" que há escassez de colesterol no corpo e se estimulam a aumentar sua produção em níveis anormalmente altos (parte do colesterol é necessária para recobrir as áreas danificadas nas paredes arteriais). Esse colesterol extra entra no fígado pelos ductos biliares para que os pequenos intestinos o absorvam. Mas, como as membranas e as aberturas dos sinusoides estão congestionadas com acúmulo de fibra proteica (colágeno), a maioria desse colesterol extra abandona o fígado pelos ductos biliares. Parte dele (não combinada com os sais biliares) forma pequenos grupos de cristais, que se combinam com outros componentes da bile, no fígado e na vesícula. É assim que se formam as pedras de colesterol.

Curiosamente, as pessoas de origem asiática mantêm uma dieta baixa em proteínas, mas rica em gorduras, e raramente apresentam pedras de colesterol em suas vesículas. Por outro lado, as pedras de colesterol nesse órgão são muito comuns nos norte-americanos, cuja dieta é rica em carnes e proteínas do leite.

13. O livro do autor, *Timeless Secrets of Health and Rejuvenation*, explica com mais detalhes que o superconsumo de proteínas (de qualquer origem) afeta o sistema circulatório e que reduzir as proteínas em nossa alimentação elimina a placa arterial que obstrui o fluxo sanguíneo para o coração.

As gorduras dietéticas têm somente papel secundário, quase insignificante, no aumento dos níveis de colesterol no sangue. As células hepáticas produzem a maior parte do colesterol de que o corpo necessita diariamente para seus processos metabólicos normais. A principal razão de precisarmos de gorduras em nossa dieta não é tanto para suprir nossa necessidade de colesterol, mas para auxiliar na digestão e na absorção de outros alimentos e derivar vitaminas solúveis em gordura. O fígado eleva sua produção de colesterol em níveis anormais somente quando as membranas basais dos sinusoides são engrossadas com depósitos proteicos.

Outros fatores que também geram quantidades excessivas de proteína no sangue são estresse, tabaco e bebidas alcoólicas ou que contenham cafeína. Fumar, por exemplo, causa ingestão de monóxido de carbono, o que destrói as células sanguíneas, desencadeando, dessa maneira, uma grande quantidade de partículas de proteína no sangue. No caso de uma quantidade suficiente dessas proteínas deterioradas se depositarem nas paredes dos vasos sanguíneos, quantidades adequadas de colesterol não conseguem alcançar as células do corpo; em reação, automaticamente, as células hepáticas elevam a produção de colesterol. O efeito adverso dessa resposta é a formação de cálculos biliares.

Se você não for vegetariano, é melhor eliminar da sua alimentação carne,[14] ovos, queijos, e manter um nível menor de ingestão de proteína animal, procurando até mesmo reduzir ao mínimo o consumo de peixes e aves. Apesar de todas as proteínas animais terem efeito produtor de cálculos biliares, as carnes brancas (frango, peru e coelho) causam menos dano ao fígado, sempre e quando forem criados em campos livres e sejam consumidos uma ou duas vezes por semana.[15] O melhor é evitar qualquer alimento frito em gordura, óleo ou azeite, já que agravam problemas na vesícula e no fígado. Depois que

14. De acordo com os últimos resultados (novembro de 2006) do *The Nurse's Health Study*, que está entre as maiores investigações prospectivas dos fatores de risco para as principais doenças crônicas em mulheres, elas correm o dobro do risco de apresentarem positividade dos receptores hormonais no câncer de mama por ingerirem mais de 1 ½ porção de carne bovina, de cordeiro ou suína por dia. Uma porção equivale a um hambúrguer simples ou a um cachorro quente. Se uma porção pequena de carne pode provocar câncer, ela certamente pode causar muitos outros problemas de saúde, incluindo cálculos.

15. Observe que as aves domésticas contêm a maior concentração de parasitas e ovos de parasitas entre os produtos animais. Por exemplo, mais de 80% de todas as aves dos Estados Unidos estão infestadas com salmonella. Cadáveres como carne vermelha, aves e peixes estão naturalmente sujeitos a infestação por parasitas.

seu gosto pela carne e outros derivados de proteína animal começar a diminuir, você mudará gradualmente para uma dieta vegetariana.

Mais de dois terços da população mundial são semivegetarianos (consomem alguns derivados de leite) ou veganos (não consomem alimentos derivados de animais) e consomem pouca ou nenhuma proteína animal. Esse grupo da população não apresenta sinais de enfermidades degenerativas, como doenças cardíacas, câncer, osteoporose, artrite, diabete, obesidade, esclerose múltipla, entre outras.

O corpo realmente necessita de uma quantidade bastante pequena de proteínas, mas não tão alta quanto as indústrias alimentícias e farmacêuticas nos fazem acreditar. Em primeiro lugar, aproximadamente 95% das proteínas do corpo são recicladas. Em segundo, o fígado sintetiza novas proteínas de aminoácidos que não derivam dos alimentos ingeridos. Na realidade, todas as células do corpo produzem proteínas, e o núcleo de cada uma delas está constantemente comprometido com a sua produção. As células cerebrais produzem proteínas conhecidas como *neuropeptídeos*, em resposta aos nossos pensamentos ou sentimentos. Os neuropeptídeos, também conhecidos como *neurotransmissores*, são a linguagem molecular que permite que a mente, o corpo e as emoções se comuniquem. O corpo fabrica milhares de diferentes enzimas, todas compostas por proteínas, e a não ingestão de alimentos proteicos não inibe sua capacidade de gerar proteínas. Ao contrário, o seu consumo excessivo pode congestionar seriamente o sangue e a linfa, além de sufocar células, diminuindo sua capacidade de produzir proteínas. Na realidade, a maioria das proteínas prejudiciais resulta da ingestão excessiva de alimentos proteicos.

Todas as proteínas são feitas de várias cadeias de aminoácidos, que contêm moléculas de nitrogênio, carbono, hidrogênio e oxigênio, e são ingeridas pelo corpo durante a inalação de ar, pois ele é saturado com elas. Ao inalarmos o ar, não estamos usando somente moléculas de oxigênio, mas as outras também. Se elas entrarem no sangue de maneira correta, estarão prontamente disponíveis para todas as células do corpo. Esse é o único caminho eficiente para que as células cerebrais e todas as outras células no corpo sejam autossuficientes em relação às suas necessidades proteicas.

Seria complicado demais, ineficiente e árduo para o corpo converter proteínas de cadáveres deteriorados de animais mortos em proteínas frescas e vitais. Esquentar peixe, ovos, carne e frango destrói (coagula) quase completamente essas proteínas, tornando-se muito difícil para as células humanas usá-las. Se o corpo dependesse da ingestão de alimentos proteicos de modo regular, a maioria das pessoas do mundo estaria fatalmente doente ou morta agora. No entanto, não foi o que aconteceu. Ao contrário, as pessoas mais doentes no planeta vivem nos Estados Unidos e em outras nações industrializadas onde a proteína é considerada um alimento necessário. A suposição de que necessitamos ingerir alimentos ricos em proteínas diariamente não somente é enganosa, como também não tem nenhum respaldo científico.[16] As pessoas que adotam uma dieta vegana balanceada raramente sofrem de uma doença crônica. Um estudo recente mostrou que uma dieta vegana pode até reverter o diabete. Além disso, é um mito que veganos estão mais propensos a anemia, por causa de deficiência de vitamina B12, do que as pessoas que ingerem carne. Na verdade, vejo mais pessoas desse último grupo do que vegetarianos com anemia. Sofri com anemia infantil durante anos, enquanto ingeria proteínas animais, mas me recuperei completamente após oito semanas de uma dieta vegana (com exceção da manteiga). A ideia de ter de combinar determinados alimentos a fim de obter proteínas completas é pura desinformação também. O corpo não depende de proteínas provenientes da alimentação para produzir proteínas que ele requer para estar saudável.

Os animais mais fortes, como o elefante, o cavalo selvagem, o gorila e o touro também não precisam ingerir proteínas animais. Como nós, seus grandes pulmões fornece a eles as quantidades certas de moléculas para que possam produzir suas próprias proteínas e seus músculos fortes. Dando a eles alimentos de base proteica, eles adoecem ou morrem. Além disso, considere como abacates, feijões, nozes e sementes produzem suas proteínas. Essas plantas obtêm moléculas de nitrogênio, hidrogênio, carbono (dióxido de carbono) do ar. Com ajuda do sol e da água (combinados com moléculas de hidrogênio e oxigênio) e alguns minerais do solo, elas produzem carboidratos e proteínas "sólidos". Nosso corpo seria incapaz de fazer o mesmo?

O leite materno é o alimento mais equilibrado e importante para um recém-nascido. Porém, ao compará-lo com o leite de vaca, quase não contém proteínas, que estão em torno de 1,5%. Comparado ao leite humano, o leite de vaca contém uma quantidade de proteína três vezes maior. Desde o início da vida, a fisiologia impede, naturalmente, que o corpo receba alimentos concentrados em proteína. Não há necessidade desse alimento, de qualquer forma, desde que a primeira

16. O autor não ingeriu alimentos proteicos concentrados de nenhuma forma, durante mais de 35 anos, e nunca sofreu deficiências proteicas.

respiração distribua a maior parte dos ingredientes em estado bruto para dar início à síntese proteica pelas células. Talvez seja por isso que os veganos tenham a menor incidência de cálculos biliares, doenças cardíacas e câncer.[17]

Outros alimentos e bebidas

Ovos, carne de porco, alimentos gordurosos, cebola, aves, leite pasteurizado, sorvetes, café, chocolate, frutas cítricas, milho, legumes (com exceção da soja) e nozes, nessa ordem, são conhecidos como fontes de ataque à vesícula, em pessoas com históricos de doenças nesse órgão. Em estudo realizado em 1968, um grupo de pacientes com esse quadro não apresentou sintomas enquanto permaneceu em uma dieta que excluía todos esses alimentos mencionados. A adição de ovos na alimentação provocou ataques à vesícula de 93% dos pacientes. A proteína do ovo, em especial, pode ter efeito causador de cálculos biliares. Os pesquisadores creem que a ingestão de substâncias causadoras de alergia provoque inflamação nos ductos biliares, paralisando o fluxo de bile a partir da vesícula.

Essa suposição, todavia, é só parcialmente correta. Do ponto de vista da Ayurveda, a formação de cálculos biliares é um *transtorno de Pitta*, que afeta principalmente pessoas com *tipo de corpo Pitta* – palavra sânscrita que significa, literalmente, "bile". A bile é secretada naturalmente e em grandes quantidades nas pessoas com esse tipo de corpo, mas elas também são afetadas com muita facilidade, quando ingerem alguns alimentos supracitados em grandes quantidades ou de modo regular, perdendo rapidamente o equilíbrio. Isso não significa que elas sejam naturalmente propensas a doenças da vesícula, e sim que não lhes é recomendável a ingestão desses alimentos, pois não necessitam deles para seu crescimento e sua nutrição.

Sabe-se que as pessoas com tipo de corpo *Pitta* têm somente quantidades específicas de enzimas para processar certas comidas e bebidas, sendo as principais:

Produtos lácteos ácidos, incluindo o queijo, o iogurte e o creme azedo [sour cream]*; gemas de ovos, manteiga salgada, todos os frutos secos, salvo as amêndoas, as pecãs e as nozes; temperos picantes, como* ketchup*, mostarda, picles, sal refinado e processado ou de molhos para salada, que contenham vinagre; condimentos e molhos*

17. Para mais informações sobre o vegetarianismo e a dieta vegetariana segundo o tipo de corpo (ayuvérdico), ver A. Moritz, *Timeless Secrets of Health and Rejuvenation.*

picantes; frutas e sucos cítricos; frutas e sucos ácidos ou que estejam verdes; açúcar mascavo; grãos inteiros, sem moer, como o trigo encontrado nos pães; arroz integral, lentilhas, bebidas alcoólicas, tabaco, café e chá comum; refrigerantes derivados de cola, entre outros, adoçantes artificiais, conservantes e colorantes; a maioria dos medicamentos, drogas e narcóticos; chocolate e cacau; comida de vários dias, congelados, refeições feitas em micro-ondas, e todas as bebidas geladas.

Apesar de os indivíduos do tipo *Pitta* terem maior predisposição para desenvolver cálculos biliares, pessoas com outros tipos de corpo também correm esse risco, se ingerirem alimentos que vão de encontro às necessidades de sua constituição natural.[18] Comidas e bebidas processadas e conservadas também alteram as funções hepáticas em todos os tipos de corpo. Alimentos que contêm adoçantes artificiais, como aspartame, Splenda ou sacarina, alteram seriamente o fígado, a vesícula e o pâncreas. O consumo habitual de bebidas alcoólicas tem efeito desidratante na bile e no sangue, além de originar depósitos graxos no fígado. O mesmo vale para bebidas carbonadas e sucos de frutas muito açucarados. O aumento do consumo de açúcar pelas crianças pode explicar por que alta porcentagem de jovens, hoje em dia, tem acumulado grandes quantidades de cálculos biliares no fígado, ainda que sejam relativamente poucas as crianças que desenvolvem pedras na vesícula em tenra idade. (Em minha prática profissional, fui testemunha de como muitas crianças doentes, ao fazerem a limpeza hepática, eliminaram centenas de cálculos biliares.) Jovens com idade entre 10 e 16 anos podem fazer as limpezas hepáticas com a metade da dosagem para adultos (suco de maçã, sais de Epsom, azeite e sucos). A menos que tenham uma estrutura pequena, jovens com 16 anos ou mais podem seguir as orientações para adultos.

Crianças raramente produzem cálculos biliares, se seguem uma dieta equilibrada e vegetariana que seja rica em frutas, verduras e carboidratos complexos.

Efeitos do sal refinado e do sal não refinado

O sal marinho natural contém 92 minerais essenciais, enquanto o sal refinado adulterado (um subproduto da indústria química) só contém dois elementos: sódio (Na) e cloro (Cl). Quando a alimentação

18. Para mais detalhes sobre as dietas segundo cada tipo de corpo, consultar *Timeless Secrets of Health and Rejuvenation.*

é deficiente em oligoelementos, as células perdem a capacidade de controlar seus íons, trazendo sérias consequências para o corpo humano e, mesmo que percam seu equilíbrio iônico só por um minuto, começam a se romper, o que pode levar a doenças nervosas, danos cerebrais ou espasmos musculares, bem como ao colapso do processo regenerador celular.

Quando ingerido, o sal marinho (água marinha reconstituída) permite que os líquidos atravessem livremente as membranas, as paredes dos vasos capilares e os glomérulos (unidades de filtragem) dos rins. Assim que a concentração de sal natural aumenta no sangue, esse sal se mistura com os fluidos dos tecidos próximos, o que permite que as células possam se nutrir com o líquido intracelular enriquecido. Rins saudáveis eliminam os líquidos salinos com facilidade, o que é essencial para manter a concentração de fluidos corporais balanceada. Já o sal refinado pode representar um risco para o corpo. Ele impede esse livre trânsito de líquidos e minerais (veja as razões disso mais adiante), fazendo com que o acúmulo de líquidos pare nas articulações, nos canais e linfonodos e nos rins. Esse efeito desidratante pode provocar a formação de cálculos biliares, aumento de peso, pressão alta e outros tantos problemas de saúde.

O corpo precisa de sal para digerir os carboidratos de modo apropriado. O sal natural faz com que a saliva e as secreções gástricas possam processar facilmente a fibra de carboidratos. Em seu estado solúvel e ionizado, facilita o processo digestivo e limpa o trato gastrintestinal.

O sal de cozinha industrializado causa efeito contrário. Para conseguir que ele resista à reabsorção de umidade e seja mais conveniente para os consumidores, os produtores de sal agregam dessecantes químicos, assim como diferentes branqueadores, à sua fórmula definitiva. Depois desses processos, o sal não pode se misturar nem se combinar com os fluidos do corpo humano, o que, invariavelmente, mina seus processos metabólicos e químicos mais básicos. As consequências evidentes do consumo de sal são a retenção de líquidos, pressão alta e problemas renais. O sal refinado ainda é adicionado aos milhares de diferentes alimentos fabricados. Mais de 50% dos norte-americanos sofrem de retenção de líquidos, principal causa de sobrepeso e obesidade, sendo o consumo de grandes quantidades de sal refinado responsável por isso.

Antes de ser produzido comercialmente, o sal era considerado o produto mais precioso da Terra, até mais que o ouro. Na era celta, era utilizado para tratar transtornos físicos e mentais, queimaduras graves e outras doenças. Pesquisas demonstraram que a água do mar cura o desequilíbrio hidroeletrolítico, que é um transtorno causador da perda de respostas imunológicas, alergias e outros vários problemas de saúde (ver no quinto capítulo, *Consuma sal marinho sem refino*).

Hoje em dia, o sal adquiriu "má reputação", e as pessoas o temem tanto quanto o colesterol. Muitos médicos recomendam a seus pacientes que se mantenham afastados do sódio e de comidas ricas desse elemento. Mas levar uma vida com abstinência de sal também significa aumentar o risco de deficiência de minerais e oligoelementos, assim como outras numerosas complicações. Ingerir sal não refinado satisfaz a necessidade do corpo por sal sem alterar o equilíbrio hidroeletrolítico. Se a sua dieta contém uma boa quantidade de potássio na forma natural, você não deve se preocupar em ser prejudicado pelas quantidades relativamente pequenas de sódio no sal marinho. Entre os alimentos vegetais especialmente ricos em potássio estão: banana, damasco, abacate, semente de abóbora, feijão, batata e moranga. No entanto, se os níveis de potássio no corpo caírem abaixo do normal, o sódio (mesmo contido no sal natural) pode se tornar a fonte do desequilíbrio.

O sal do mar celta (de cor cinzenta) é particularmente bom para o consumo por ser extraído de maneira natural, mediante secagem ao sol. Outros sais bons são vendidos em lojas de alimentos integrais ou cooperativas. Alguns são multicoloridos; outros apresentam uma coloração rosa. O sal do Himalaia é considerado o melhor e mais nutritivo de todos. Se forem dissolvidos ou misturados à água em que os alimentos estão sendo cozidos, esses sais têm efeitos profundamente positivos em nível celular. O sal não refinado também pode ser usado na limpeza e na desintoxicação do trato gastrintestinal, além de manter germes prejudiciais afastados.

Desidratação

Hoje em dia, muitas pessoas sofrem de desidratação sem saber. A desidratação é uma condição na qual as células do corpo não recebem água suficiente para seus processos metabólicos básicos. As células podem ficar secas por inúmeras razões:

→ Falta de consumo de água (qualquer quantidade inferior a um litro de água pura diária)

→ Consumo regular de bebidas com efeito diurético, como café, chá (preto), refrigerantes, bebidas alcoólicas, incluindo cerveja e vinho. (Chás de ervas como chá verde, menta e similares não têm efeito diurético; café e chá descafeinados são mais prejudiciais que suas formas cafeinadas.)
→ Consumo regular de alimentos ou substâncias estimulantes como carne, temperos apimentados, chocolate (exceto pequenas quantidades de chocolate preto), açúcar, tabaco, drogas, refrigerantes e adoçantes artificiais
→ Estresse
→ A maioria dos medicamentos farmacêuticos
→ Excesso de exercício físico
→ Superalimentação e sobrepeso
→ Ver televisão durante muitas horas diárias

Qualquer um desses fatores tem o poder de engrossar o sangue e, sendo assim, obriga as células a liberarem água. Essa água celular é utilizada para afinar o sangue, mas, para evitar sua autodestruição, as células começam a retê-la, aumentando a espessura das suas membranas. O colesterol, que é uma substância semelhante à argila, envolve as células, ajudando-as a impedir a perda da sua água. Embora essa medida de emergência ajude-as a conservar sua água, salvando-se em tempo hábil, sua capacidade de absorver os nutrientes de que necessita, bem como nova água, fica reduzida. Parte da água e dos nutrientes não absorvidos é acumulada nos tecidos conjuntivos que circundam as células, causando retenção de água nas pernas, nos rins, no rosto, nos olhos, nos braços e em outras partes do corpo, além de provocar seu sobrepeso. Ao mesmo tempo, o plasma sanguíneo e os fluidos linfáticos se congestionam e engrossam. A desidratação também afeta a fluidez natural da bile, promovendo a formação de cálculos biliares.

Chá, café, refrigerantes, especialmente derivados de cola, e chocolate são compostos da mesma toxina nervosa (estimulante), a *cafeína*. Esta, que penetra rapidamente no sangue, aciona uma poderosa resposta imunológica que auxilia o corpo no seu próprio contra-ataque e eliminação. Esse irritante tóxico estimula as glândulas adrenais e, até certo ponto, muitas das células, a liberarem os hormônios do estresse – adrenalina e cortisol – na corrente sanguínea. O aumento resultante na energia é comumente conhecido como uma "resposta de fuga ou ataque". Entretanto, se o consumo de estimulantes continuar regularmente, essa resposta natural de defesa se torna sobre utilizada e ineficaz. A quase constante secreção de hormônios do estresse, que por si sós são compostos altamente químicos, acaba alterando a química do sangue e danificando os sistemas imunológico, endócrino e nervoso, e as futuras respostas de defesa ficam debilitadas deixando o corpo predisposto a desenvolver mais infecções e outras doenças.

Depois de tomar uma xícara de café, o aumento na energia experimentado não é resultado direto da cafeína, mas da tentativa de o sistema imunológico eliminá-la. Um sistema imunológico extremamente excitado e inibido falha em fornecer os "energizantes" – adrenalina e cortisol – necessários para liberar o corpo da acidez da toxina nervosa conhecida como cafeína. A essa altura, as pessoas dizem estar "acostumadas" a um estimulante como o café. Então, tendem a aumentar seu consumo, para sentir tais "benefícios". A clássica frase "morro por uma xícara de café" reflete o perigo dessa situação.

Como as células do corpo têm de sacrificar continuamente parte da sua água para eliminar a toxina cafeína, que afeta o sistema nervoso, o consumo regular de café, chá e refrigerantes causa a sua desidratação. A cada xícara de café que bebemos, o corpo tem de usar duas ou três xícaras de água só para eliminar os estimulantes – um luxo que não podemos permitir. Isso também se aplica aos refrigerantes, às drogas e aos outros estimulantes, incluindo assistir à televisão durante muitas horas (ver mais sobre esse assunto no tópico *Causas Diversas*, neste capítulo). Como regra geral, todos os estimulantes têm forte efeito desidratante na bile, no sangue e nos sucos digestivos.

Perda rápida de peso

Indivíduos com sobrepeso são mais propensos a desenvolver cálculos biliares que as pessoas com peso médio. É fato indiscutível que perder peso traz importantes benefícios para a saúde. Muitas pessoas, por exemplo, podem normalizar a pressão sanguínea, o açúcar no sangue e o colesterol simplesmente perdendo peso.

Mas perder peso rapidamente, com dietas e programas que aconselham baixa ingestão de calorias por dia, aumenta o risco de formação de cálculos biliares, tanto no fígado como na vesícula. Algumas dietas de baixa caloria podem não conter gordura suficiente para que a vesícula obtenha a quantidade necessária para esvaziar sua bile. É necessário que uma refeição ou um lanche contenha aproximadamente dez gramas de gordura para que a vesícula funcione normalmente. Caso contrário, ela reterá a bile, o que leva à formação de pedras.

A obesidade está associada ao aumento na secreção do colesterol nos ductos biliares, tornando maior o risco do desenvolvimento de pedras de colesterol. Quando pessoas obesas se submetem a programas de perda substancial ou rápida de peso, seguindo uma dieta desequilibrada ou utilizando comprimidos para emagrecimento, o corpo, congestionado e desnutrido, procura utilizar os nutrientes e as gorduras dos seus depósitos de reserva, o que eleva rapidamente o nível de gordura no sangue e aumenta o risco de formação de pedras. A repentina formação de cálculos biliares depois de um programa de perda rápida de peso parece ser o resultado do aumento do colesterol e da diminuição dos sais biliares na bile.

Os cálculos biliares também são comuns em pacientes que perdem muito peso depois de uma cirurgia de derivação gástrica. (Nessa cirurgia, o tamanho do estômago é reduzido, para evitar que a pessoa coma em excesso.) Um estudo descobriu que mais de um terço (38%) dos pacientes, depois que se submeteram a essa cirurgia, desenvolveu cálculos biliares. Eles costumam aparecer nos primeiros meses após a cirurgia. Os resultados das pesquisas, todavia, referem-se unicamente a pedras na vesícula. O dano que esse procedimento causa ao fígado talvez seja muito maior que a simples produção de cálculos biliares na vesícula.

Se a rápida ou substancial perda de peso aumenta o risco do desenvolvimento de cálculos biliares, está claro que esse risco se reduz com uma perda de peso gradual. De fato, esse problema é resolvido quando os depósitos de detritos tóxicos, incluindo os cálculos biliares, são eliminados e a pessoa estabelece uma dieta apropriada e um estilo de vida equilibrado.[19] Nesses casos, a perda de peso não *aumenta* o risco de doenças na vesícula, e sim *reduz* os riscos de aparecerem. Ao eliminar todas as pedras do fígado e da vesícula, uma pessoa obesa pode melhorar notavelmente suas funções digestivas e recuperar toda a sua energia. Esse método elimina os efeitos adversos e prejudiciais que podem se associar à perda rápida de peso.

19. Para mais detalhes, ver o livro do autor, *Timeless Secrets of Health and Rejuvenation.*

Dietas com baixo índice de gorduras

A constante promoção das dietas com baixo índice de gorduras, como "as dietas mais saudáveis", pode ser considerada parcialmente responsável pelo aumento nas doenças do fígado e da vesícula nas populações de países desenvolvidos. Alimentos com altos teores de proteína ainda continuam sendo anunciados como os mais importantes para se obter vitalidade e força física. Por outro lado, as gorduras têm sido consideradas causadoras de muitas das doenças crônicas de nossos dias, incluindo a aterosclerose.

No início do século XX, os ataques cardíacos eram extremamente raros em qualquer lugar do mundo. Desde então, o consumo de gordura *per capita* tem se mantido praticamente o mesmo. O que aumentou em grande medida nas áreas do mundo consideradas mais ricas foi o consumo de proteínas, particularmente depois da Segunda Guerra Mundial. O consumo excessivo de alimentos proteicos nas nações industrializadas tem provocado uma taxa sem precedentes de doenças circulatórias e mortes por ataques cardíacos. Em comparação, esses problemas de saúde raras vezes aparecem nos grupos étnicos que consomem principalmente comida vegetariana. De fato, um informe publicado pela *American Medical Association* [Associação Médica Americana] afirmou que uma dieta vegetariana pode prevenir 97% dos casos de trombose que evoluem para ataques cardíacos.

Embora uma dieta vegetariana equilibrada possa conter mais quantidade de gorduras, elas não parecem ter efeito negativo algum no sistema circulatório (a não ser que estejam contaminadas por ácidos graxos trans prejudiciais). Ao contrário, comer proteínas de origem animal em excesso provoca o engrossamento dos vasos do fígado, acarretando a formação de cálculos biliares, que reduzem a produção de bile no fígado. A diminuição nas secreções de bile reduz a capacidade do corpo em digerir as gorduras. É recomendado a muitas pessoas que diminuam o consumo de gorduras para prevenir a indigestão, o aumento de peso e outros incômodos. Mas a única coisa que essa medida faz é impedir a vesícula de esvaziar seu conteúdo de bile, levando a maiores problemas na digestão das gorduras. Como consequência, o corpo consome totalmente as gorduras úteis essenciais e as vitaminas que nelas se dissolvem. Isso faz com que o fígado aumente sua produção de colesterol e aumente a formação de pedras.

Quanto menos gordura o corpo receber com os alimentos, pior fica a situação. Como as gorduras não podem ser digeridas corretamente, o corpo cai em um círculo vicioso que só pode ser detido quando expulsar *todos* os cálculos biliares do fígado e da vesícula, para depois aumentar gradualmente a ingestão de gorduras, até chegar a um nível normal.

O leite pobre em gorduras, por exemplo, pode ser considerado um dos responsáveis pelo início desse círculo vicioso. Em seu estado natural, o leite integral contém a mesma quantidade de gorduras requerida para a digestão das suas proteínas. Sem essa quantidade natural de gordura no leite, a vesícula não recebe estímulos para liberar a quantidade correta de bile de que necessita para digerir as suas proteínas e gorduras. Portanto, as proteínas e gorduras continuam a não ser digeridas no trato gastrintestinal. As proteínas se decompõem e as gorduras se tornam rançosas, levando a uma grave congestão linfática, como se pode ver nos bebês que sofrem de cólicas intestinais, como consequência de serem alimentados com leite em pó.[20] Ao invés de serem magros, os rostos desses bebês parecem luas, e seus braços, suas pernas e sua barriga ficam estufados e maiores. Esses bebês estão suscetíveis a resfriados e a outras infecções, apresentam problemas de sono e tendem a chorar muito. O leite não digerido ou a fórmula do leite pode ser a causa da formação de cálculos biliares no fígado de crianças muito pequenas. Mesmo o leite integral vendido nos supermercados teve seu teor de gordura reduzido, tornando-o indigerível pela maioria das pessoas.[21]

Substâncias farmacológicas

Terapia de reposição hormonal e pílulas anticoncepcionais

O risco de desenvolver cálculos biliares é quatro vezes maior nas mulheres que nos homens, especialmente nas que usaram ou usam pílulas anticoncepcionais e que passaram por terapia de reposição hormonal. De acordo com pesquisas médicas, os anticoncepcionais orais e outros estrógenos duplicam a probabilidade de desenvolvimento de

20. Essa congestão também pode ser observada em mulheres que pensam que precisam beber leite para manter seus ossos fortes.

21. Para mais detalhes sobre os riscos de ingerir alimentos pobres em gorduras ou *light*, assim como leite desnatado, ver o livro do autor, *Timeless Secrets of Health and Rejuvenation.*

cálculos biliares na mulher. O estrógeno, hormônio feminino contido nas pílulas anticoncepcionais e nos repositores hormonais, aumenta o colesterol biliar e diminui a contração da vesícula. Portanto, esse efeito do estrógeno pode ser não só o responsável pelos cálculos biliares no fígado e na vesícula, como também de muitas outras doenças que surgem a partir da diminuição das funções desses órgãos. Pesquisas médicas também relacionaram a existência de progestágenos contidos nos medicamentos utilizados na TRH no desenvolvimento de cálculos biliares.

Mulheres que passam pela menopausa podem encontrar alívio para seus sintomas por meio de uma série de limpezas hepáticas. A melhora no desempenho hepático e o aumento da produção de bile, particularmente, podem prevenir e reverter a osteoporose e outros problemas ósseos e articulatórios, com uma dieta e estilo de vida equilibrados.

Outros medicamentos farmacêuticos

Medicamentos prescritos a pessoas com o propósito de diminuir a gordura (lipídios) no sangue, incluindo *clofibrato* (Atromid-S) ou substâncias similares para baixar o colesterol, realmente aumentam as concentrações de colesterol na bile e, portanto, o risco de produção de cálculos biliares também é maior. Esses medicamentos realmente diminuem as gorduras no sangue – realizando seu propósito. Porém, isso faz com que as células do fígado suponham que o corpo está ficando sem gorduras, que, por sua vez, pode levar uma grave degeneração celular.

A *octreotida*, uma das novas gerações de medicamentos de "estatina", impede que a vesícula se esvazie depois de uma refeição rica em gorduras, deixando-a plena de bile, para formar cálculos. Os perigos que esse tipo de intervenções médicas implicam são evidentes e certamente mais sérios que elevar o nível de gordura no sangue. (Contrariamente à crença popular, não há evidência científica, até esta data, que demonstre que as doenças cardíacas são causadas pelo alto teor de gordura no sangue.)

Segundo diversos estudos publicados em várias publicações médicas, como a *The Lancet* (na Inglaterra), há certos antibióticos que também causam cálculos biliares. Um deles é a *ceftriaxona*, usada para tratar infecções do trato respiratório inferior, da pele e do trato urinário, doenças inflamatórias da pélvis, infecções ósseas e articulatórias e meningite. Similarmente, os medicamentos antirrejeição administrados a pacientes de transplantes de rins e de coração também aumentam a probabilidade de formação de cálculos biliares. As *tiazidas*, pílulas solúveis em água, utilizadas para controlar a pressão alta, podem provocar mais doenças na vesícula em pacientes com cálculos biliares. Do mesmo modo, crianças que tomam *furosemida* (Lasix) têm maiores probabilidades de desenvolvê-los, segundo pesquisas publicadas no *Journal of Perinatology*, e as *prostaglandinas*, que também são utilizadas para tratamento de pressão alta, não têm menor número de efeitos colaterais. Analgésicos como *aspirina* e *tylenol* mostraram recentemente aumentar a pressão sanguínea em até 34% e, consequentemente, danificar o fígado e outros órgãos.

Todos os medicamentos farmacêuticos são tóxicos por natureza, e o corpo requer desintoxicação pelo fígado. Desse modo, quando suas funções estão inibidas, muitos desses compostos venenosos entram na bile, alterando o equilíbrio natural dos seus componentes e desenvolvendo cálculos no fígado e na vesícula. É importante mencionar que os resultados colocados no tópico anterior se referem aos cálculos biliares na vesícula e não revelam a gravidade do dano que esses medicamentos causam ao fígado. Se eles geram alguns cálculos biliares na vesícula, supõe-se que produzam centenas, senão milhares, nos ductos biliares do fígado. Observei várias vezes que pessoas medicadas com essas substâncias no passado têm consideravelmente mais cálculos biliares que as que não as utilizaram.

O tratamento sintomático sempre chega com um preço a pagar; no caso, a inibição das funções básicas do fígado. É mais fácil e mais benéfico para o corpo eliminar todos os cálculos biliares, restaurar os valores sanguíneos normais e melhorar a digestão e a eliminação de resíduos que suprimir os sintomas de qualquer doença. Os sintomas *não* são a doença, somente indicam que o corpo está tratando de se recuperar e se proteger. Sinalizam que o corpo necessita de atenção, ajuda e cuidados. Tratar a doença como se ela fosse um inimigo, quando, na realidade, ela é uma tentativa de sobrevivência, sabota as habilidades de cura do corpo e lança sementes para outras doenças.

Envenenamento por fluoreto

Uma vez que o fígado não é capaz de decompor o fluoreto, ele tenta conduzir essa substância venenosa para os ductos biliares (a única alternativa que o fígado tem de lidar com ela), resultando na congestão do ducto biliar e em várias outras doenças. Nos Estados Unidos e em outros países, agrega-se fluoreto em 60% da água potável. Ele também é adicionado a amplo número de produtos, como derivados de soja, cremes dentais, comprimidos, dropes e gomas de mascar, chás, vacinas, produtos de limpeza doméstica, sal ou leite fluoretados, anestésicos, colchões emissores de gases de fluoreto, teflon e antibióticos. Também é encontrado no ar e nos aquíferos poluídos. Em razão de sua alta toxicidade, a Bélgica foi o primeiro país a proibir os suplementos de fluoreto, em agosto de 2002.

"A fluorização (...) é a maior fraude já cometida – e continua sendo – pelo maior número de pessoas", segundo o professor e doutor em Microbiologia, Albert Schatz, um dos descobridores da *estreptomicina*. Felizmente, 98% dos países da Europa ocidental têm rechaçado a fluoretação da água: Áustria, Bélgica, Dinamarca, Finlândia, França, Alemanha, Itália, Luxemburgo, Noruega, Países Baixos e Suécia. Numerosas pesquisas têm demonstrado que alguns tumores encontrados em animais de laboratório podem ser atribuídos diretamente à ingestão do fluoreto. Outros estudos em animais descobriram que o fluoreto se acumula na glândula pineal e interfere na produção de melatonina, hormônio que ajuda a controlar a chegada da puberdade, as funções tireoideas e outros processos fisiológicos básicos. Demonstrou-se que, nos humanos, o fluoreto causa artrite, osteoporose, fraturas nos quadris, câncer, infertilidade, mal de Alzheimer e danos cerebrais.

Até 1950, médicos europeus usaram fluoreto para tratar o hipertireoidismo (uma tireoide superativada). A dose diária de fluoreto que as pessoas de muitas comunidades recebem por meio da fluoretação excede, em muito, a que foi decretada como inibidora da glândula tireoide. Em função da fluoretação, milhões de pessoas sofrem, hoje, de hipotireoidismo (uma tireoide com pouca atividade), sendo atualmente um dos problemas mais comuns nos Estados Unidos. Atualmente, podem ser citados mais de 150 sintomas e associações como consequência do hipotireoidismo, e quase todos têm alguma correlação com sintomas de envenenamento por fluoreto. São eles: depressão, tonturas, fadiga, ganho de peso, dores musculares e articulares, perda de cabelo, dor de cabeça, enxaqueca, falta de ar, problemas gastrointestinais e menstruais, desequilíbrio da pressão sanguínea, mudanças bruscas de humor, aumento nos níveis de colesterol, alergias, insônia, ataques de pânico, arritmia e falhas cardíacas. Há um grande número de crianças e adultos na Índia e em outros países em desenvolvimento que sofrem de alguma deficiência física e estão com a dentição destruída em consequência do envenenamento por fluoreto proveniente da poluição industrial.

Para ajudar o corpo a combater todas as doenças causadas pelo fluoreto, incluindo o hipotireoidismo, é muito importante limpar os ductos biliares do fígado, evitar produtos que contenham essa substância e usar um sistema purificador de água que a elimine. A destilação e a osmose reversa são métodos eficientes para eliminar o fluoreto (e outros contaminantes). Recomenda-se entrar em contato com um distribuidor de filtros de água para encontrar o aparelho de filtração que mais lhe convenha ou verificar meu livro *Timeless Secrets of Health and Rejuvenation*.

Está comprovado que o boro é um mineral que elimina o fluoreto do corpo. Sua forma mais absorvente é a do boro iônico, fabricada e disponibilizada pela Eniva, por exemplo (ver *Lista de fornecedores* no Capítulo 8). Uma dieta descongestionante, segundo o tipo de corpo, os hábitos alimentares e o sono regular, além de um estilo de vida livre de estresse, são condições essenciais para a recuperação.

Estilo de vida

Interrupção do relógio biológico

A forma como organizamos e vivemos nossas vidas tem um tremendo impacto no funcionamento do nosso corpo. Sua eficiência e rendimento dependem de certos ritmos biológicos predeterminados e sincronizados com os chamados *ritmos circadianos* da natureza. Os ritmos circadianos estão intimamente ligados aos movimentos do nosso planeta ao redor do sol ou sobre seu eixo. Também recebem influência da lua e de outros planetas com relação à posição da Terra.

Nosso corpo segue mais de mil desses ritmos a cada 24 horas. Cada ritmo individual controla o tempo de um aspecto das funções do nosso corpo, incluindo o ritmo cardíaco, a pressão arterial, a temperatura corporal, os níveis hormonais, a secreção de sucos gástricos e também o limiar da dor. Todos esses ritmos estão bem coordenados um com o outro e são controlados pelo "marca-passo" cerebral, conhecido como *núcleo supraquiasmático*. Essa área do cérebro regula as descargas das células nervosas que aparentemente regulam o relógio do nosso ritmo biológico. Se um ritmo é interrompido de alguma maneira, os demais também se desequilibram. Há, de fato, numerosas doenças que resultam das interferências com um ou mais dos nossos ritmos biológicos, como decorrência dos "erros" em nosso estilo de vida.

Este tópico trata de alguns dos "desvios" mais comuns e que afetam particularmente o funcionamento do fígado. Ao sintonizar nossa rotina diária com o horário natural do nosso corpo, podemos ajudá-lo no seu esforço de se alimentar, limpar-se e mitigar doenças. Além disso, também podemos evitar que, no futuro, surjam novos problemas de saúde.

Os ciclos naturais de dormir e despertar

Nossos ciclos naturais de dormir e despertar e os processos bioquímicos básicos do corpo são regulados pelo dia e pela noite. A chegada da luz do dia provoca a descarga de poderosos hormônios (glucocorticoides), sendo os mais importantes o *cortisol* e a *corticosterona*. Sua secreção tem uma marcada variação circadiana. Esses hormônios regulam algumas das funções mais importantes do corpo, incluindo o metabolismo, o nível de açúcar no sangue e as respostas imunológicas. Os níveis máximos aparecem entre 4 e 8h e diminuem gradualmente, à medida que o dia avança. O nível mínimo se dá entre meia-noite e 3h30.

As pessoas mudam seu horário de dormir e de despertar diário de diversas formas, fazendo com que o pico do ciclo de cortisol também mude. Se, por exemplo, dormimos regularmente depois da meia-noite e não antes das 22h e/ou despertamos mais tarde, depois das 8 ou 9h da manhã, em vez de o fazermos com o nascer do sol ou antes dele, por volta das 6h, essa troca no horário hormonal pode criar condições caóticas no corpo. Os resíduos que tendem a se acumular no reto e na bexiga durante a noite normalmente são eliminados entre 6 e 8h. Com o ciclo de dormir/despertar alterado, o corpo não tem escolha a não ser reter esses resíduos e possivelmente reabsorver parte deles. Quando interrompemos nosso ciclo natural de dormir e despertar, os ritmos biológicos do corpo perdem a sincronia com os ciclos circadianos maiores, regulados pelas fases regulares de luz e escuridão. Isso leva a vários tipos de problemas, incluindo doenças hepáticas crônicas, doenças respiratórias e problemas cardíacos.

Um ciclo alterado de cortisol também pode provocar graves problemas de saúde. Na década de 1980, pesquisadores descobriram que a maioria dos infartos e dos ataques cardíacos ocorre pela manhã, mais que a qualquer hora do dia. Os coágulos de sangue são formados mais rapidamente por volta das 8h. A pressão sanguínea também se eleva pela manhã e assim se mantém por toda a tarde. Por volta das 18h, começa a baixar e chega a seu ponto mais baixo durante a noite. Para ajudar os ritmos hormonais e circulatórios básicos do corpo, é, portanto, melhor nos deitarmos cedo (antes das 22h) e nos levantarmos não mais tarde que o sol (idealmente por volta das 6h). (*Nota*: esses horários mudam com as estações. Durante o inverno, podemos necessitar de um pouco mais de sono; no verão, talvez de um pouco menos.)

Um dos mais poderosos hormônios da *glândula pineal* é o neurotransmissor *melatonina*, cuja secreção começa entre 21h30 e 22h30 (dependendo da idade), que induz ao sono. Alcança seus níveis máximos entre 1 e 2h da madrugada e baixa a seus níveis mínimos ao meio-dia. A glândula pineal regula a reprodução, o sono e a atividade motora, a pressão arterial, o sistema imunológico, as glândulas pituitária e tireoide, o crescimento celular, a temperatura do corpo e outras funções vitais. Todas dependem do ciclo regular da melatonina, que pode ser interrompido quando dormimos tarde ou trabalhamos em turnos da noite.

Além de produzir melatonina, o cérebro sintetiza a *serotonina*, um neurotransmissor/hormônio muito importante, relacionado ao nosso estado de bem-estar físico e emocional. Afeta os ritmos do dia e da noite, o comportamento sexual, a memória, o apetite, os impulsos, o medo e inclusive as tendências suicidas. Diferentemente da melatonina, a serotonina aumenta com a luz do dia; os exercícios físicos e o açúcar também a estimulam. Se nos levantamos tarde pela manhã, a resultante falta de exposição a uma quantidade suficiente de luz reduz nossos níveis de serotonina durante o dia. Como a melatonina é um produto resultante da serotonina, isso também diminui os seus níveis durante a noite.

Qualquer desvio do ritmo circadiano causa secreções anormais dos importantes hormônios do cérebro, melatonina e serotonina, resultando em ritmos biológicos desequilibrados, que podem alterar o funcionamento harmonioso do organismo inteiro – inclusive o metabolismo e o equilíbrio endócrino. Repentinamente, podemos nos sentir "fora de sincronia" e nos tornarmos suscetíveis a uma variedade de transtornos, que vão desde dores de cabeça e depressão, até a aparição de tumores.

A produção dos hormônios do crescimento – que estimulam o desenvolvimento das crianças e ajudam na manutenção dos tecidos conjuntivos e dos músculos dos adultos – também depende dos ciclos do sono adequados. O sono desencadeia a produção de hormônio do crescimento. A secreção máxima desses hormônios se dá por volta das 23h, desde que se durma antes das 22h. Esse curto período coincide com o dormir sem sonhos, também conhecido como "o sono profundo". Precisamente durante esse tempo, o corpo se limpa e se refaz, além de rejuvenescer. Quando somos privados do sono, a produção de hormônios do crescimento diminui demasiadamente. As pessoas que trabalham em períodos noturnos têm maior incidência de insônia, infertilidade, doenças cardiovasculares e problemas estomacais. Também durante a noite o rendimento diminui e as taxas de acidentes aumentam.

Horários naturais das refeições

A Ayurveda, *a ciência da vida*, declarou há milhares de anos que, para manter a saúde física e emocional, o corpo deve ser alimentado de acordo com o horário natural. Como muitas outras funções do corpo, o processo digestivo também é controlado por ritmos circadianos. A secreção da bile e de outros sucos gástricos chega em seu nível máximo ao meio-dia, alcançando seu ponto mínimo à noite. Por essa razão, é melhor fazermos a refeição mais importante ao meio-dia e somente refeições leves no café da manhã e no jantar. Isso permite que o corpo faça a digestão correta dos alimentos, e também absorva a quantidade apropriada dos nutrientes necessários para a manutenção das suas funções. Para evitar a interferência na secreção dos sucos gástricos na hora do almoço, recomenda-se tomar o café da manhã antes das 8h. A refeição noturna é digerida mais eficazmente se for feita entre 18h30 e 19h.

Qualquer interrupção desse ciclo durante muito tempo, causada por hábitos irregulares de alimentação ou por enfatizar o jantar e/ou o café da manhã, produz o acúmulo de alimentos não digeridos, além da congestão sanguínea e linfática. Isso também altera nosso instinto natural, pois, se ele estivesse completamente desperto e desenvolvido, tenderíamos a comer somente alimentos adequados ao nosso tipo de corpo, no melhor momento para digeri-los. Uma das principais causas da formação de cálculos biliares é o acúmulo de alimentos digeridos incorretamente no trato intestinal. Horários irregulares de refeições, ou ingestão de alimentos substanciais em horas do dia em que o corpo não está preparado para produzir quantidades apropriadas de sucos gástricos, geram mais resíduos do que ele pode eliminar (ver *Transtornos do sistema digestivo*, Capítulo 1).

Causas diversas

Ver televisão durante muitas horas

Pesquisas científicas têm demonstrado que ver televisão pode aumentar drasticamente a produção de colesterol no corpo. Além de ser um componente necessário da maioria dos tecidos e hormônios do corpo, o colesterol também é um hormônio do estresse e aumenta durante a tensão física ou mental. Na verdade, ele é um dos primeiros hormônios transportados para o local de uma lesão a fim de curá-la. O colesterol forma um componente essencial para todo tecido de cicatrização constituído durante a cura de uma ferida, seja uma lesão relacionada à pele ou uma lesão na parede de uma artéria.

Pode ser muito cansativo e estressante para o cérebro computar o movimento rápido de quadros de imagens por longos períodos de tempo. O "estresse da televisão" é observado principalmente nas crianças, que podem experimentar um aumento de até 300% de colesterol nas poucas horas em que assistiram à televisão. As secreções em excesso desse hormônio alteram a composição da bile, produzindo cálculos biliares no fígado.

Assistir à televisão é um grande desafio para o cérebro, pois sua capacidade não é suficiente para processar o fluxo de estímulos que emanam do exorbitante número de imagens móveis na televisão a cada segundo. A tensão e o estresse resultantes cobram seu preço: a pressão arterial aumenta para ajudar a transportar oxigênio, glicose, colesterol, vitaminas e outros nutrientes para o corpo todo, incluindo o cérebro. Tudo isso é rapidamente consumido pelo trabalho cerebral. Se somarmos a isso a tensão e o conteúdo de alguns programas (violência, suspense, barulho de tiros, carros e gritos), as glândulas adrenais respondem com doses de adrenalina, a fim de preparar o corpo para uma resposta de luta ou fuga, que faz com que os pequenos e grandes vasos sanguíneos do corpo se contraiam, causando escassez de água, açúcar e outros nutrientes. Essa escassez de nutrientes, por sua vez, pode criar o fenômeno da "fome insaciável", experimentado por muitas pessoas em frente ao aparelho de televisão.

Há vários tipos de sintomas resultantes desse efeito: podemos nos sentir cansados, exaustos, com rigidez no pescoço e nos ombros, com muita sede, letárgicos, deprimidos e até cansados demais para dormir. Sabe-se que o estresse dispara a produção de colesterol no corpo e, sendo este o ingrediente básico dos hormônios do estresse, as situações estressantes requerem grandes quantidades de colesterol para produzir esses hormônios. A fim de repor essa perda de colesterol, o fígado aumenta a produção dessa preciosa mercadoria. Se o corpo não se preocupasse em aumentar os níveis de colesterol durante esses estressantes encontros, teríamos milhões de "mortes por televisão". Entretanto, a resposta ao estresse vem acompanhada por uma série de efeitos colaterais, sendo um deles a formação de cálculos biliares.

A falta de exercício também pode levar à estase nos ductos biliares e, por consequência, causar cálculos biliares.

Estresse emocional

Ter um estilo de vida estressante pode alterar a flora natural (população bacteriana) da bile e causar a formação de cálculos biliares no fígado. Um dos principais fatores causadores de estresse é não ter tempo suficiente para nós mesmos. Se não nos dermos esse tempo, começaremos a nos sentir pressionados. A pressão contínua causa a frustração, que acaba se transformando em ira, um sério indicador de estresse. A ira tem um efeito extenuante no corpo, que pode ser medido pelas quantidades de adrenalina e noradrelina secretadas para a corrente sanguínea pelas glândulas adrenais. Em situações de estresse ou excitação, esses hormônios aumentam o ritmo de força dos batimentos cardíacos, elevam a pressão arterial e contraem os vasos sanguíneos nas glândulas secretoras do sistema digestório. Além disso, restringem o fluxo de sucos digestivos, incluindo os ácidos estomacais e a bile, retardam os movimentos peristálticos e a absorção de alimentos, além de inibir a eliminação da urina e das fezes.

Quando os alimentos não são digeridos corretamente, grandes quantidades de resíduos ficam impedidos de ser eliminados pelos órgãos excretores, e todas as partes do corpo são afetadas, inclusive o fígado e a vesícula. Essa congestão, resultante da resposta ao estresse, dá origem a um grande incômodo em nível celular, que é sentido como uma alteração emocional. O estresse crônico ou, melhor dizendo, a inabilidade para lidar com o estresse, é o responsável de 85 a 95% das doenças. Por isso, costuma-se falar de *doenças psicossomáticas*. As obstruções resultantes do estresse não só requerem uma profunda limpeza física – do fígado, do cólon e dos rins –, como também um novo enfoque de vida, que restaure o relaxamento.[22]

Durante o relaxamento, o corpo, a mente e as emoções operam de tal maneira que apoiam e aumentam as funções do corpo. Os vasos sanguíneos contraídos voltam a se expandir, os sucos gástricos tornam a fluir, os hormônios se equilibram e os dejetos são facilmente eliminados. Portanto, o melhor antídoto para o estresse e seus efeitos prejudiciais são os métodos de relaxamento: meditação, ioga, contato com a natureza, brincar com crianças ou animais de estimação, tocar algum instrumento, ouvir música, etc. Para suportar o ritmo da vida moderna e dar ao sistema nervoso tempo suficiente para relaxar e liberar qualquer tensão acumulada, é muito importante passar pelo menos uma hora por dia sozinho, de preferência, em silêncio.

Se há períodos de muito estresse em sua vida ou atualmente tem dificuldades para se acalmar e relaxar, a série de limpezas hepáticas lhe trará muitos benefícios. Ter cálculos biliares no fígado é, por si só, uma das principais causas das constantes respostas do corpo ao estresse. Ao eliminar essas pedras, você se sentirá naturalmente tranquilo e relaxado. Pode também descobrir que, com o fígado limpo, vai se sentir menos irado ou incomodado diante de certas situações, de outras pessoas ou de você mesmo, independentemente das circunstâncias.[23]

Tratamentos convencionais para cálculos biliares

Os tratamentos convencionais para cálculos biliares tentam dissolvê-los na vesícula ou retirar esse órgão por meio de cirurgia. No entanto, esses tratamentos não têm efeito nas grandes quantidades de pedras que estão congestionando os ductos biliares do fígado. É importante notar que todas as pessoas com cálculos biliares na vesícula os têm em muito maior quantidade no fígado. A remoção cirúrgica da vesícula ou de suas pedras *não* aumenta o fluxo da bile de modo substancial, porque as pedras alojadas nos ductos biliares do fígado continuarão a impedir a secreção adequada dessa substância.

22. No livro *It's Time to Come Alive* [É hora de despertar para a vida], o autor oferece eficientes e profundos métodos de relaxamento.

23. Para entender mais profundadamente as emoções e suas origens, e para se libertar das suas limitações, veja, do autor, *Lifting the Veil of Duality – Your Guide to Living Without Judgement* [Levantando o Véu da Dualidade – Seu Guia para Viver sem Julgamentos].

Mesmo no caso de uma cirurgia para a retirada da vesícula, a situação continua problemática para o corpo. Como o instrumento de bombeamento da bile (a vesícula) foi retirado, a pequena quantidade de bile que o fígado é capaz de expelir por seus ductos biliares congestionados flui a conta-gotas. Assim, tanto a secreção insuficiente da bile quanto o fluxo biliar descontrolado para o intestino delgado continuará sendo causa de grandes problemas na digestão e na absorção de alimentos, especialmente se contiverem gordura. O resultado é a crescente quantidade de detritos tóxicos que se acumulam no trato intestinal e no sistema linfático. A restrição na capacidade de digerir e assimilar as gorduras estimula as células hepáticas a aumentarem a produção de colesterol. O efeito colateral que surge dessa manobra de emergência do corpo é a criação de mais cálculos biliares nos ductos biliares do fígado. Portanto, retirar a vesícula não é solução para aliviar problemas digestivos, uma vez que isso se transforma em causa de maiores e mais graves complicações no corpo, como o câncer e as doenças cardíacas. A secreção equilibrada da bile, por outro lado, protege o corpo contra a maioria das doenças.

Qualquer tratamento da vesícula, não importando o quão avançado ou sofisticado seja, pode ser considerado uma gota no oceano, pois não elimina o problema principal: a congestão dos ductos biliares por centenas, ou milhares, de cálculos biliares no fígado.

A medicina convencional dispõe basicamente de três recursos para tratar cálculos biliares:

Dissolução de cálculos biliares

Tanto para pacientes com sintomas leves ou de pouca frequência como para aqueles que não desejam uma cirurgia, existem medicamentos disponíveis que garantem dissolver os cálculos biliares. Aparentemente, dissolvê-los gradualmente com medicamentos que contêm sais biliares (terapia oral de dissolução) parece uma boa ideia. Os pacientes tomam os medicamentos na forma de comprimido durante 12 meses, o que pode provocar uma diminuição dos níveis de colesterol na bile. Mas isso não é garantido. Segundo o *British Medical Journal*, o uso de sais biliares tem uma porcentagem de erro alta, de até 50%. Além disso, muitos pacientes "bem-sucedidos" simplesmente não experimentaram a dissolução completa dos cálculos biliares em sua vesícula. Outros agentes dissolventes, como o *éter metil-terc-butílico*, não oferecem maiores vantagens sobre os sais biliares. Os tratamentos infrutíferos podem levar a cirurgias.

Recentemente, os solventes são instilados diretamente na vesícula, por meio de um pequeno cateter colocado na pele. Foi comprovado que esse método é eficiente na dissolução de pedras de colesterol, mas não resolve o problema maior: o acúmulo de cálculos biliares no fígado. Entretanto, não há evidência científica suficiente para determinar os efeitos colaterais resultantes desse tratamento.

Ondas de choque

Outra alternativa à cirurgia é a *litotripsia* – técnica pela qual os cálculos biliares são literalmente golpeados por uma série de ondas de choque. Segundo um informe da *The Lancet* (uma conceituada publicação médica britânica) de 1993, essa terapia tem sérias complicações, pois pode provocar lesões nos rins e elevar a pressão arterial – riscos que se mantêm inalterados até hoje. Ambos os efeitos colaterais podem contribuir para o aumento do número de cálculos biliares no fígado (ver *Transtornos do sistema circulatório* e *Transtornos do sistema urinário*, Capítulo 1).

Além disso, esse procedimento, no qual os cálculos biliares são fragmentados por meio de ondas de choque, deixa resíduos tóxicos das pedras, que podem rapidamente se transformar em zona fértil, na qual se desenvolvem bactérias nocivas e parasitas e, portanto, infecções no corpo. Estudos recentes confirmaram que a maioria dos pacientes submetidos a esse tipo de tratamento experimenta sangramento interno, desde uma pequena hemorragia até perda de grande quantidade, que requer transfusões sanguíneas. Esse tratamento tem também alta taxa de recorrência de pedras.

Cirurgia

Em 1996, cerca de 700 mil norte-americanos se submeteram à cirurgia para retirada da vesícula. Desde então, o número de intervenções aumentou constantemente. Uma operação como essa custa entre oito e dez mil dólares, e leva de 40 a 45 minutos, caso consista em uma laparoscopia. Enquanto a cirurgia de vesícula aberta (colecistectomia) ainda é muito utilizada em pacientes com dores frequentes ou severas ou têm histórico de *colecistite*, a colecistectomia laparoscópica se transformou na técnica cirúrgica mais utilizada. Com a cirurgia tradicional, a vesícula é retirada por meio de uma técnica de cirurgia aberta, que requer incisão na pele e anestesia geral. Durante a colecistectomia laparoscópica, também chamada "cirurgia minimamente invasiva", a vesícula cheia de pedras é literalmente aspirada por meio de uma pequena incisão no abdômen. Quando a operação laparoscópica não é adequada, recorre-se, algumas vezes, à colecistectomia aberta.

Com a operação laparoscópica, os pacientes parecem se recuperar muito mais rapidamente; em geral, saem do hospital e voltam às suas atividades habituais em poucos dias. Entretanto, desde a sua introdução, esse tratamento *band-aid* da vesícula fez com que muitos pacientes se submetessem a uma operação de vesícula desnecessária, ou seja, para eliminar alguns sintomas incômodos persistentes.

Apesar de não haver nenhum efeito na taxa de mortalidade geral das doenças da vesícula, a cirurgia laparoscópica tem seus riscos. Tanto, que 10% dos pacientes saem da cirurgia com pedras ainda alojadas nos ductos biliares, de acordo com o *U.S. National Institute of Health* [Instituto Nacional de Saúde dos Estados Unidos] (*Nota*: os ductos biliares aos quais nos referimos neste tópico não são os ductos biliares do fígado). Segundo o informativo *Mayo Health Oasis* (da famosa Clínica Mayo), outros riscos incluem cálculos biliares perdidos na cavidade peritoneal, adesão abdominal e possivelmente uma *endocardite* infecciosa. E, segundo o *New England Journal of Medicine*, esse procedimento pode causar hemorragias, inflamação do pâncreas (uma condição potencialmente fatal) e perfuração na parede do duodeno. Também pode haver lesão e obstrução dos ductos biliares, assim como vazamentos da bile para o abdômen, aumentando a possibilidade de o paciente desenvolver uma grave infecção. Aproximadamente 1% dos pacientes se expõe ao risco de morrer nesse tipo de cirurgia.

As lesões nos ductos biliares aumentaram drasticamente em consequência do uso dessa cirurgia. Em Ontario, Canadá, onde 86% das operações de vesícula são feitas dessa maneira, o número de lesões nos ductos biliares aumentou em 300%, desde que esse método se tornou padrão, em meados da década de 1990.

Em certo número de pacientes, os cálculos biliares alojam-se no ducto biliar comum (o principal ducto biliar que leva ao duodeno). Em alguns casos, retirar a vesícula não alivia os sintomas dos cálculos biliares. Para melhorar essa situação, é colocado um tubo flexível na boca e conduzido até onde a bile comum entra no duodeno. Com esse procedimento, a abertura do ducto biliar é dilatada e as pedras são lançadas para o intestino delgado. Infelizmente, muitas delas se alojam no intestino delgado ou no grosso, transformando-se em fonte constante de infecção intestinal ou problemas similares.

Conclusão

Nenhum dos procedimentos mencionados trata da *causa* das doenças da vesícula. Na realidade, contribuem para continuar a interromper os processos digestivos e depurativos do corpo. O alívio em curto prazo que um paciente possa sentir depois da retirada da vesícula bem pode fazê-lo acreditar que esteja curado. Porém, a verdade é que continua a ter a mesma dor de quando tinham a vesícula. A piora contínua e frequente da secreção adequada da bile pelo fígado pode levar ao desenvolvimento de problemas mais sérios de saúde que as doenças da vesícula.

O próximo capítulo descreve um procedimento simples, mas que, de maneira eficiente, segura e indolor, elimina não só os cálculos da vesícula, como também, o que é mais importante, as centenas (ou milhares) de cálculos no fígado. É extremamente lamentável que milhões de pessoas tenham retirado a vesícula desnecessariamente ou que tenham perdido a vida em consequência de doenças do fígado ou da vesícula. Felizmente, existe um método simples, barato e sem riscos, para que toda pessoa possa restaurar de modo natural seu fígado e sua vesícula, a fim de prevenir futuras doenças.

4

A Limpeza do Fígado e da Vesícula

A limpeza do fígado e da vesícula e a eliminação dos cálculos biliares são um dos mais importantes e poderosos recursos para a melhora da saúde. A limpeza do fígado requer seis dias de preparação, seguidos de 16 ou 20 horas, tempo de duração da limpeza propriamente dita. Para eliminar os cálculos biliares, são necessários os seguintes itens:

Suco de maçã	Seis recipientes de 1 litro
Sais de Epsom* (ou citrato de magnésio)	4 colheres de sopa dissolvidas em três copos de 250 ml de água**
Azeite de oliva virgem extra, prensado a frio	Meio copo (125 ml)
Toranja*** (*grapefruit*) fresca (a rosa é melhor) ou limão e laranja frescos combinados	Quantidade suficiente para fazer ¾ de um copo de suco
2 frascos com capacidade para meio litro, um deles com tampa	

Notas:

*Procure por sais de Epsom (sulfato de magnésio). Em países de língua alemã, eles são conhecidos por *Bittersalz*. Nos Estados Unidos, são vendidos em farmácias ou lojas de produtos naturais. Algumas embalagens descrevem esse produto como laxante natural. Se não encontrar, use o citrato de magnésio.

** Escolhi "copo" em vez de "xícara" como unidade de medida para evitar confusão em relação ao significado de "xícara" nos diferentes continentes.

*** Se não tolerar o suco de toranja ou se ele lhe provocar náuseas, é possível usar quantidades iguais de laranjas e limões frescos. O efeito é o mesmo com qualquer uma das opções.

Preparação

→ **Tome um litro de suco de maçã diariamente, durante seis dias.** (Se você se sentir bem, pode tomar até mais.) O *ácido málico* do suco da maçã suaviza os cálculos biliares e facilita sua passagem pelos ductos biliares. O suco de maçã tem grande efeito limpador. Pessoas sensíveis podem sentir inchaço e, às vezes, apresentar diarreia, durante os primeiros dias, mas grande parte dela será bile estagnada, despejada pelo fígado e pela vesícula (indicada por uma cor amarela-amarronzada). O efeito fermentador do suco ajuda os ductos biliares a se expandirem. Se ele gerar mal-estar, pode diluir o suco de maçã com um pouco de água ou utilizar outras opções descritas posteriormente. Beba-o lentamente durante todo o dia, entre as refeições (evite tomá-lo antes, durante e até duas horas depois das refeições e à noite). O suco não elimina o consumo diário de água, de seis a oito copos. *Nota*: seria preferível usar suco de maçã natural, apesar de que, para os fins de limpeza, qualquer suco comercial concentrado de maçã ou sidra funciona bem. Seria conveniente enxaguar a boca com bicarbonato de sódio e/ou escovar os dentes várias vezes durante o dia, para que o ácido málico não danifique os dentes. (Em caso de alergia ou intolerância ao suco de maçã, ver o tópico *Intolerância ao suco de maçã*, neste capítulo.)

→ **Recomendações de dieta:** Durante toda a semana de preparação e limpeza, evite beber e comer alimentos e bebidas frias ou congeladas, uma vez que esfriam o fígado e minimizam a eficácia da limpeza. Todos os alimentos e bebidas devem ser quentes ou, pelo menos, estar na temperatura ambiente. Para ajudar o fígado no preparo da parte principal da limpeza, evite alimentos de origem animal, laticínios e frituras. Em vez disso, coma normalmente, mas evite comer demais.

→ **A melhor hora para a limpeza:** A parte inicial e a final da limpeza hepática são feitas durante um final de semana, quando você não estiver sob pressão e tiver tempo suficiente para descansar. Apesar de ser eficiente em qualquer momento do mês, a limpeza deve coincidir, preferencialmente, com um dia entre a Lua Cheia e a Lua Nova. Tente evitar fazer a limpeza real no dia de Lua Cheia (o corpo tende a reter mais fluidos e tecidos no cérebro nesse dia do que em outros). O dia de Lua Nova é o mais propício para limpeza e cura.[24]

→ **Se estiver tomando algum medicamento:** Durante a limpeza, evite tomar qualquer medicamento, vitaminas ou suplementos que não sejam absolutamente necessários. É importante não oferecer ao fígado trabalho extra que possa interferir em seus esforços de limpeza.

→ **Assegure-se de limpar o cólon antes e depois de cada limpeza hepática:** Evacuar com regularidade não indica necessariamente que seu intestino não está obstruído. A limpeza do cólon (que deve ser feita uns dias antes ou, idealmente, no sexto dia da preparação) ajuda a prevenir ou minimizar qualquer incômodo ou náusea que possam surgir durante a limpeza hepática. Impede o refluxo da mistura de óleos ou produtos de dejetos do trato intestinal e também assiste o corpo na rápida eliminação de cálculos biliares. A irrigação do cólon (ou hidroterapia do cólon) é o método mais simples e rápido de prepará-lo para a limpeza do fígado e da vesícula. O segundo método preferível é o produto *Colema Board* (ver *Mantenha seu cólon limpo*, no Capítulo 5).

→ **O que é necessário fazer no sexto dia de tomar o suco de maçã:** Beba 1 litro de suco de maçã pela manhã. Você pode começar a beber o suco logo após acordar.

24. Para obter explicação detalhada sobre influências lunares no corpo, ver *Timeless Secrets of Health and Rejuvenation.*

Caso sinta fome pela manhã, tome um café da manhã leve, como cereais quentes; aveia seria a opção ideal. Evite açúcar ou outros adoçantes, especiarias, leite, manteiga, óleos, iogurte, queijo, presunto, ovos, nozes e outras frutas oleaginosas, tortas, cereais gelados, etc. Pode consumir frutas e sucos. No almoço, coma verduras cozidas no vapor com arroz branco (de preferência arroz basmati) e use um pouco de sal não refinado de mar ou de pedra. Insisto: ***não coma alimentos proteicos, manteigas ou óleo***, pois pode se sentir mal durante a limpeza. ***Não coma nem beba (exceto água) depois das 13h30***, caso contrário está arriscado a expelir alguma pedra! Siga exatamente os horários que serão descritos para obter maior benefício da descarga hepática.

A limpeza real

Noite

18h: Adicione quatro colheres de sais de Epsom (sulfato de magnésio) a um total de 750 ml (três copos 250 ml) de água filtrada em um recipiente, obtendo quatro porções de ¾ de copo cada uma. Tome sua primeira porção nesse horário. Pode beber outro tanto de água em seguida, para tirar o gosto amargo, ou junte um pouco de limão para melhorar o sabor. Algumas pessoas bebem essa porção com canudo, para evitar o contato com as papilas gustativas da língua. Tampar o nariz enquanto se bebe também funciona para a maioria das pessoas. É recomendável escovar os dentes ou enxaguar a boca com bicarbonato de sódio. Uma das principais ações do sal de Epsom é dilatar (alargar) os ductos biliares, facilitando a passagem das pedras, além de limpar qualquer resíduo que possa obstruir sua passagem. (Se você é alérgico aos sais de Epsom ou não consegue engoli-lo, pode usar a segunda melhor opção: citrato de magnésio, na mesma dosagem.) Escolha a fruta cítrica que você usará depois e tire-a da geladeira, para que ela possa atingir a temperatura ambiente.

20h: Beba sua segunda porção (¾ de copo) de sais de Epsom.

21h30: Caso até essa hora não tenha evacuado e se não tiver efetuado limpeza do cólon nas 24 horas anteriores, aplique um enema (lavagem intestinal ou clister) de água; ele desencadeará uma série de evacuações.

21h45: Lave bem as toranjas (ou limões e laranjas). Esprema-as com as mãos e retire a polpa. Você precisará de ¾ de copo de suco. Misture o suco com ½ copo de azeite de oliva em um frasco. Feche-o bem e agite-o fortemente por aproximadamente 20 vezes ou até que a solução esteja aquosa. O ideal é tomar esse mistura às 22h, mas, se precisar ir ao banheiro por várias vezes, pode atrasar até dez minutos.

22h: Permaneça de pé, ao lado da sua cama (não se sente) e beba a mistura, se possível, sem interrupção. Há quem prefira tomá-la com canudo. Bebê-la com o nariz tampado parece funcionar melhor. Se for necessário, tome um pouco de mel entre os goles, para ajudar a mistura a descer com mais facilidade. A maioria das pessoas não tem problema em tomá-la de uma vez. Não leve mais de cinco minutos para bebê-la (somente pessoas idosas ou convalescentes podem demorar mais que esse tempo).

Deite-se imediatamente!

Isso é essencial para ajudar os cálculos a sair! Apague as luzes e deite-se de barriga para cima, com um ou dois travesseiros para levantar um pouco a sua cabeça – ela deve ficar em uma altura superior à do abdômen. Se essa posição estiver desconfortável, deite-se sobre o seu lado direito, com os joelhos dobrados em direção à sua cabeça. **Permaneça nessa posição por, pelo menos, 20 minutos e não fale!** Fique atento ao seu fígado. Algumas pessoas acham benéfico colocar óleo de mamona sobre a área do fígado.

Você pode sentir as pedras se movimentando pelos ductos biliares, como se fossem bolinhas de gude. Não sentirá nenhuma dor, porque o magnésio nos sais de Epsom mantém os ductos biliares abertos e relaxados, e a bile secretada com as pedras mantém os ductos bem lubrificados (o que é diferente de uma crise de dor da vesícula, na qual o magnésio e a bile não estão presentes). Se puder, durma.

Se, durante a noite, tiver necessidade de evacuar, faça-o. Verifique se há algumas pequenas pedras (de cor verde-ervilha ou café claro) flutuando no vaso sanitário. Pode sentir náuseas durante a noite ou logo nas primeiras horas da manhã. Isso se deve principalmente a uma repentina e forte efusão de cálculos biliares e toxinas do fígado e da vesícula, que empurram a mistura de azeite de volta para o estômago. As náuseas passarão durante a manhã.

A manhã seguinte

6h – 6h30: Quando acordar, mas não antes das 6h, beba sua terceira porção do copo de sais de Epsom (caso sinta muita sede, beba um copo de água morna ou à temperatura ambiente, antes de tomar os sais). Descanse, leia ou medite. Se tiver sono, volte para a cama, embora seja preferível que o corpo fique na posição vertical. A maioria das pessoas se sente absolutamente bem e prefere fazer exercícios suaves, como ioga.

8h – 8h30: Beba sua quarta e última porção do copo de sais de Epsom.

10h – 10h30: Você pode beber suco fresco, nesse momento. Meia hora mais tarde, pode comer uma ou duas porções de fruta fresca. Uma hora depois, pode ingerir alimentos sólidos (mas leves). No começo da noite ou na manhã seguinte, você deve voltar à rotina e começará a sentir os primeiros sinais de melhora. Continue fazendo refeições leves durante os próximos 2 ou 3 dias. Lembre-se: seu fígado e sua vesícula acabam de passar por uma grande "cirurgia", ainda que sem os prejudiciais efeitos colaterais e sem altos custos.

Nota: beba água sempre que sentir sede, exceto logo após beber os sais de Epsom e durante duas horas após a ingestão da mistura de azeite.

Os resultados que você pode esperar

Depois da limpeza, durante a manhã e talvez à tarde, você terá várias evacuações líquidas, que consistem inicialmente de cálculos misturados com resíduos de alimentos, e depois, simplesmente,

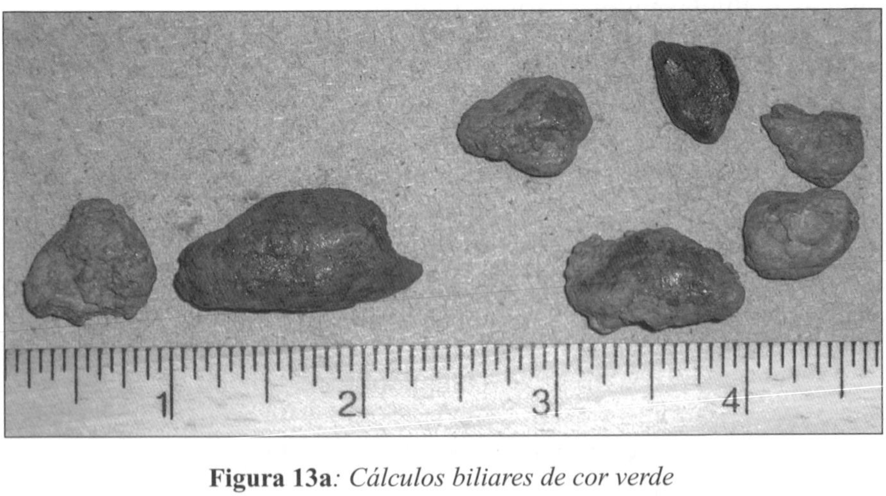

Figura 13a: *Cálculos biliares de cor verde*

de pedras misturadas com água. A maioria dos cálculos será de cor verde-ervilha e flutuará no vaso sanitário por serem compostos principalmente de bile (ver **figura 13a**). As pedras serão de diferentes tonalidades de verde, podendo ser de cores brilhantes e reluzentes, como pedras preciosas. Somente a bile do fígado pode provocar a cor verde.

Os cálculos vão se apresentar em diferentes tamanhos, cores e formas. As pedras de cor mais clara são as mais recentes, e as escuras, as mais antigas. Algumas são do tamanho de uma ervilha, ou ainda menores, e outras, de dois ou três centímetros de diâmetro. Pode haver dezenas e, algumas vezes, centenas de pedras (de diferentes tamanhos e cores) saindo ao mesmo tempo (ver **figura 13b**).

Figura 13b. *Cálculos biliares eliminados do fígado e da vesícula.*

Procure também as pedras de cor branca ou café claro: algumas destas podem afundar com as fezes no vaso sanitário. São pedras calcificadas que foram eliminadas da vesícula. Elas contêm substâncias tóxicas mais pesadas, com apenas pequenos vestígios de colesterol (ver **figura 13c**). Todas as pedras verdes e amarelas são tão tenras quanto a argila, graças à ação do suco de maçã.

Você encontrará também uma camada de "cascas" brancas ou marrom-claro ou "espuma" flutuando no vaso sanitário. A espuma é composta por diminutos cristais pontiagudos de colesterol, que podem romper os pequenos ductos biliares com facilidade. Eliminá-los também é muito importante.

Faça uma estimativa da quantidade de pedras que eliminou. Para curar permanentemente a bursite, as dores nas costas, as alergias ou outros problemas de saúde, assim como prevenir o surgimento de outras doenças, você precisa eliminar **todas** as pedras, o que requer de oito a 12 limpezas, que podem ser feitas em intervalos de três semanas ou mensais (Não faça a limpeza com mais frequência que essa!). O intervalo de três semanas entre as limpezas pode incluir a preparação de seis dias para a próxima limpeza do fígado, mas é mais ideal que ela seja iniciada após três semanas. Se não puder fazê-las com essa frequência, pode espaçá-las mais.

O importante é lembrar que, uma vez começada a limpeza do fígado, você deve dar continuidade a ela, até que não saiam mais pedras. Deixá-la pela metade durante um período muito prolongado (três meses ou mais) pode causar mais mal-estar do que não fazê-la.O fígado começará a funcionar eficientemente pouco depois da primeira limpeza, e você notará uma melhora repentina, às vezes, em poucas horas. As dores diminuirão, a energia voltará e sua clareza mental melhorará consideravelmente.

Entretanto, em poucos dias, as pedras do fundo do fígado se movimentarão "para frente" dos seus dois principais ductos biliares, fazendo com que alguns dos velhos sintomas de incômodo reapareçam. Na verdade, você pode se sentir decepcionado, pois a recuperação parecerá ter durado pouco tempo. Mas tudo isso mostra que ainda restam algumas pedras e que elas estão prontas para serem eliminadas com a limpeza seguinte. Apesar disso, a resposta de autorreparação e limpeza do fígado terá aumentado significativamente e propiciado um alto grau de eficiência a esse importantíssimo órgão do corpo.

Enquanto houver pequenas pedras movendo-se pelos milhares de pequenos ductos biliares para as centenas de ductos biliares maiores, elas podem se unir para formar pedras maiores e provocar sintomas já experimentados, como dores nas costas, dor de cabeça e de ouvidos, problemas digestivos, inchaço, irritabilidade, cólera e outros, embora menos intensos que anteriormente.

Se duas novas limpezas consecutivas já não produzirem pedras, o que acontece ao fim de seis ou oito limpezas (em casos graves, ela

Figura 13c. *Cálculos biliares calcificados e semicalcificados (partidos ao meio)*

deve ser feita de dez a 12 vezes), pode considerar seu fígado "livre de pedras". Entretanto, recomenda-se repetir a limpeza hepática a cada seis ou oito meses. Cada vez que for feita, dará maior impulso ao fígado e se encarregará de qualquer toxina ou novas pedras que possam ter se acumulado nesse intervalo de tempo.

Cuidado: Nunca limpe seu fígado quando estiver sofrendo de alguma doença aguda, mesmo que seja um simples resfriado. Porém, se sofrer de alguma doença crônica, submeter-se a uma limpeza hepática é a melhor coisa que você pode fazer por si mesmo.

Importante! Por favor, leia cuidadosamente:

A limpeza hepática é um dos métodos mais valiosos e eficazes para recuperar a saúde. Não implica riscos, se todas as instruções forem seguidas ao pé da letra. Por favor, leve a informação seguinte muito a sério. Muitas pessoas que se submeteram a uma receita de limpeza hepática obtida por meio de amigos ou pela internet sofreram complicações desnecessárias. Elas não tiveram conhecimento completo do procedimento e do modo como ele funciona e acreditaram que eliminar pedras do fígado e da vesícula era suficiente.

É provável que, durante o processo de expulsão, alguns cálculos biliares se alojem no cólon. Eles podem ser eliminados rapidamente por meio de uma hidroterapia do cólon. É ideal que essa irrigação seja feita no segundo ou no terceiro dia da limpeza hepática. Se restar cálculos no cólon, eles podem causar irritação, infecção, dores de cabeça, desconforto abdominal, problemas na tireoide, etc., e também se transformar em fonte de toxemia no corpo. Se não puder recorrer à hidroterapia do cólon, aplique um enema de café, seguido de um enema de água ou, ainda, faça duas ou três enemas consecutivos de água – o que, todavia, não garante que todas as pedras sejam eliminadas. Não há substituto para uma irrigação do cólon. Aplicar um enema Colema Board é o método mais próximo que existe de uma irrigação do cólon profissional. Se preferir algo mais simples, misture uma colher de chá de sais de Epsom a um copo de água morna e faça com que esta seja a primeira bebida no dia escolhido para a limpeza do cólon. (Para adquirir um Colema Board e assistir a um vídeo demonstrativo sobre seu uso, consultar a lista no final deste livro.)

Sobre a importância da limpeza do cólon e do rim

Embora a limpeza hepática por si só possa produzir resultados surpreendentes, o ideal é que ela seja feita após uma limpeza do cólon e dos rins – nessa ordem. A limpeza do cólon (ver o tópico *Preparação*) garante que os cálculos expelidos sejam eliminados do intestino grosso com facilidade, e a limpeza dos rins assegura que certas toxinas procedentes do fígado durante a limpeza hepática não impliquem maior carga para esses órgãos de eliminação. Entretanto, se você nunca teve problemas renais, pedras nos rins, infecções da bexiga, pode prosseguir com a sequência *limpeza do cólon – limpeza hepática – limpeza do cólon*. Mas assegure-se de limpar os rins posteriormente. Essa limpeza dos rins deve ser feita depois de duas a quatro limpezas hepáticas e, novamente, quando seu fígado estiver completamente limpo (ver *A limpeza renal*, no Capítulo 5). Você também pode beber uma xícara de chá para o rins (ver receita de *limpeza renal*) durante dois ou três dias posteriores a cada limpeza hepática. Siga as mesmas instruções da limpeza renal. As limpezas renal e hepática podem ser combinadas, mas assegure-se de não beber o chá para os rins no dia da limpeza hepática. Pessoas que sofrem de um cólon severamente congestionado ou com antecedentes de prisão de ventre, devem considerar a ideia de se submeterem a duas ou três limpezas do cólon, antes da limpeza hepática. Lembre-se: é muito importante limpar o seu cólon nos três dias seguintes ao término da limpeza hepática. A eliminação dos cálculos biliares do fígado e da vesícula pode deixar algumas pedras e outros resíduos tóxicos no cólon. É essencial para sua saúde expeli-los.

Nota sobre beber água durante a limpeza

Reiterando, você pode beber água em qualquer hora durante a limpeza hepática, exceto logo após e um pouco antes de ingerir os sais de Epsom (beba água cerca de 20 minutos antes ou depois da ingestão desses sais). Ainda, evite beber água das 21h30 até 2h da manhã, se acontecer de você se levantar. Com exceção dessas situações, você pode beber água sempre que estiver com sede.

Tem dificuldades com a limpeza?

Intolerância ao suco de maçã

Se por alguma razão você for intolerante ao suco de maçã, pode substituí-lo pelas seguintes ervas: lisimáquia (*lysimachia christinae*), de origem chinesa ou bupleuro, vendidas sob a forma de tintura. (Ver *Informações sobre produtos* no fim deste livro.)

O ácido málico no sumo da maçã trabalha excepcionalmente bem na dissolução da bile estagnada, tornando as pedras mais macias (ver detalhes sobre *ácido málico* na próxima página). O suco de oxicoco (*cranberry*) também contém ácido málico e pode ser usado no lugar do suco de maçã. (Ver abaixo.)

As ervas mencionadas também são eficientes na suavização dos cálculos biliares, podendo, portanto, ser usadas como ingredientes de preparação da limpeza hepática, embora talvez leve um pouco mais de tempo do que com o uso do suco de maçã ou de oxicoco. A dose correta para a tintura é de uma colher de sopa, uma vez ao dia, em jejum, meia hora antes do café da manhã. Esse regime deve ser seguido durante oito ou nove dias antes da limpeza hepática.

Intolerância aos sais de Epsom

Se você for alérgico aos sais de Epsom ou simplesmente não os tolera, pode substituí-los por citrato de magnésio, encontrado na maioria das farmácias, embora este não seja tão eficaz quanto os sais de Epsom.

Intolerância ao azeite de oliva

Se você é alérgico ao azeite de oliva ou não o tolera, pode substituí-lo por óleo de macadâmia, óleo de semente de uva prensado ou prensado a frio, óleo de girassol ou outros óleos prensados. Não use óleos de canola, de soja ou óleos similares processados. (Para obter mais informações sobre óleos saudáveis e nocivos, consulte o livro do autor: *Timeless Secrets of Health and Rejuvenation*. Esteja ciente, contudo, de que o azeite de oliva parece ser o mais eficiente para a limpeza hepática.

Se você tem doenças da vesícula ou já a retirou

Se você sofre de algum problema da vesícula ou já a tiver retirado, provavelmente precisará tomar o suco de oxicoco ou de lisimáquia, citados em tópico anterior, por um período de duas a três semanas (aproximadamente uma garrafa), antes da limpeza hepática. Para mais detalhes, consulte as seções anteriores e posteriores.

Como recomendação geral, você também pode considerar o uso de suplemento biliar. A maioria dos suplementos biliares contém bile bovina. Sem a vesícula, é possível que você nunca obtenha a quantidade certa de bile necessária para a digestão adequada dos alimentos. Se você apresentar sintomas de diarreia, diminuía a dose ou descontinue o uso do suplemento. Consulte seu médico sobre o produto mais adequado para você.

Pessoas que não devem tomar o suco de maçã

Há pessoas que podem ter dificuldades em beber suco de maçã nas grandes quantidades indicadas para a limpeza hepática, e, entre elas, as que sofrem de diabete, hipoglicemia, infecção por fungos (*Candida*), câncer e úlceras estomacais.

Nesses casos, o suco de maçã pode ser trocado por *ácido málico* em pó. Procure evitar o ácido málico em cápsulas, especialmente se contiverem outros ingredientes. É melhor que o ácido málico seja dissolvido antes de sua ingestão. O período de preparação é o mesmo de quando se toma suco de maçã, exceto que a quantidade de meia a uma colher de chá de ácido málico, misturada a quatro ou seis copos de 250 mililitros de água em temperatura ambiente, substituem um litro de suco de maçã por dia. Beba essa solução em pequenas quantidades durante o dia. O ácido málico em pó (sem ser misturado com magnésio e outros ingredientes) é muito barato e pode ser comprado pela internet ou em lojas especializadas em produtos naturais. Todos os produtores de vinho usam ácido málico para produzir essa bebida. (Ver *Informações sobre produto* no fim deste livro.)

O suco de oxicoco também contém muito ácido málico e pode ser usado para o período de preparação (uma parte de suco misturada a duas partes de água, de três a quatro vezes por dia, por seis dias). Ele também pode ser combinado com suco de maçã. Há benefícios adicionais se um pouco de suco de oxicoco é usado todos os dias por duas ou três semanas antes da limpeza hepática.

Outra alternativa é a lisimáquia. Use as mesmas instruções dadas para os que não toleram o suco de maçã. Você pode experimentar ácido málico ou suco de oxicoco durante uma limpeza e lisimáquia durante outra para observar qual dessas opções funciona melhor com você.

Uma quarta alternativa é o vinagre de cidra: misture uma ou duas colheres de sopa em um copo de água e beba quatro porções por dia, por seis dias.

Dores de cabeça ou náuseas nos dias seguintes à limpeza hepática

Na maioria dos casos, isso ocorre quando as instruções não foram seguidas corretamente (ver tópico anterior). Porém, em algumas raras exceções, os cálculos biliares podem continuar saindo do fígado depois de completar a limpeza hepática. Algumas toxinas emitidas por essas pedras podem entrar no sistema circulatório e causar incômodo. Se for esse o caso, é necessário beber cerca de 12 mililitros de suco de maçã durante os sete dias seguintes ou enquanto durar o incômodo, depois da limpeza hepática. Assegure-se de beber o suco pelo menos meia hora antes do café da manhã. Além disso, uma nova limpeza do cólon pode ser necessária para aliviá-lo de qualquer pedra que tenha chegado posteriormente. O método limpador de tecidos (água ionizada) mencionado ajuda a expulsar as toxinas em circulação. Se você adicionar um pequeno pedaço de gengibre fresco à garrafa, a água ionizada eliminará as náuseas rapidamente. Beber dois ou três copos de chá de camomila por dia igualmente ajuda a acalmar o trato digestivo e o sistema nervoso. A camomila também é um bom "triturador de pedras" de cálculos calcificados.

Mal-estar durante a limpeza

Se você seguiu corretamente todas as instruções do processo, mas algumas vezes se sentiu mal durante a limpeza hepática real, por favor, não se alarme nem pense que algo vai mal. Em muito raras ocasiões, pode ser que a pessoa vomite ou sinta náuseas durante a noite. Isso ocorre quando a vesícula, ao liberar bile e cálculos biliares com muita força, faz o azeite voltar ao estômago. É quando você se sente mal. Algumas vezes, pode sentir a expulsão das pedras. Não será uma dor aguda, somente uma pequena contração.

Durante uma das minhas 12 limpezas hepáticas, passei uma noite lamentável. Mas, apesar de vomitar a maioria da mistura de azeite, a limpeza foi tão eficiente quanto qualquer outra já realizada (quando vomitei, o azeite já havia feito o seu trabalho, ou seja, havia provocado a liberação de cálculos biliares). Se isso acontecer com você, lembre-se de que se trata apenas de uma noite incômoda. Em compensação, a recuperação de uma cirurgia convencional de vesícula leva várias semanas ou meses, além de poder acarretar grandes dores e sofrimento nos anos posteriores.

A limpeza hepática não atingiu os resultados esperados

Em alguns e muitos raros casos, a limpeza hepática não atinge os resultados esperados. Em seguida, você verá as duas principais razões, e os respectivos remédios, para essa eventualidade.

1. É provável que uma grave congestão em seus ductos biliares hepáticos, em razão das estruturas de pedras muito densas, impeça o suco da maçã de penetrar completamente durante a primeira tentativa de limpeza. Em algumas pessoas, as pedras podem levar duas ou três limpezas para começar a sair.

O quebra-pedra pode ajudar no preparo do fígado e da vesícula, possibilitando uma limpeza mais eficaz, especialmente se você tiver pedras na vesícula. Coloque 20 gotas de extrato de quebra-pedra (ver *Informações sobre produtos* no fim deste livro) em um copo de água, três vezes por dia, por pelo menos duas ou três semanas antes de sua próxima limpeza. O óleo de hortelã-pimenta, tomado em cápsula, também é muito útil para dissolver cálculos biliares calcificados ou reduzir seu tamanho; no entanto, pode ser difícil de encontrá-lo em sua forma pura, uma vez que, com frequência, é misturado a outros ingredientes que podem reduzir sua eficácia.

Beber dois ou três copos de chá de camomila por dia também ajuda na dissolução de pedras calcificadas.

Outro método útil para auxiliar o cuidado com o fígado e com a vesícula durante a limpeza e para estimular a liberação de mais pedras é embeber um pedaço de flanela com vinagre de cidra aquecido e aplicá-lo na área do fígado/vesícula durante um período de 20 a 30 minutos, permanecendo imóvel. Algumas pessoas também se beneficiaram com o uso de óleo de rícino aquecido em vez do vinagre.

A genciana (*Radix gentianae*) e o bupleuro auxiliam na quebra da congestão e podem, portanto, preparar seu fígado para uma limpeza bem-sucedida. Essas ervas são preparadas como tintura e são mais conhecidas por *Chinese Bitters*. (Ver *Informações sobre produtos* no fim deste livro.) A dose correta dessa tintura é de meia a uma colher, uma vez ao dia, em jejum, meia hora antes do café da manhã. Você deve seguir esse regime durante três semanas antes de começar a tomar o suco de maçã (ou de usar outras alternativas, mencionadas no tópico anterior). Qualquer reação desagradável à limpeza desaparecerá depois de três a seis dias. Essas reações podem ser minimizadas por meio do método de limpeza dos tecidos, com água quente ionizada e mantendo o cólon limpo com cápsulas de OxyFlush, OxyPowder, Colosan, um Colema ou um enema (ver Capítulo 5).

Outro método é beber 3 colheres de sopa de suco de limão não diluído, sem adoçar, entre 15 e 30 minutos antes do café da manhã diariamente, por uma semana. Isso estimula a vesícula e a prepara para uma limpeza hepática mais bem-sucedida.

2. Você pode não ter seguido corretamente as instruções. Omitir um passo do procedimento, alterar doses ou o tempo estabelecido para cada um deles pode impedir a obtenção completa dos resultados. Em algumas pessoas, por exemplo, a limpeza hepática não funciona antes que, primeiro, o intestino grosso seja limpo. O acúmulo de resíduos

e gases reduzem a quantidade adequada de secreção da bile e impede que a mistura de azeite se movimente facilmente no trato gastrintestinal. Em pessoas com prisão de ventre, a vesícula pode simplesmente se abrir durante a limpeza hepática. A melhor hora para uma irrigação do cólon ou um método alternativo é o dia da limpeza hepática real.

5

Regras Simples para Evitar a Formação de Cálculos Biliares

Quando você tiver eliminado todos os seus cálculos biliares por meio de uma série de limpezas, há várias práticas saudáveis que você pode aplicar facilmente e que ajudarão seu fígado a permanecer livre de cálculos.

Limpe seu fígado duas vezes ao ano

Recomendo muito que você limpe seu fígado duas vezes por ano. A melhor época para fazê-lo é cerca de 10 dias antes ou 10 dias depois da mudança de estação. Por exemplo, inicie suas limpezas por volta de 11 ou 31 de março, 11 ou 30 de junho. Repita a limpeza seis meses depois. Quando as estações mudam, o corpo também passa por grandes mudanças fisiológicas e está mais inclinado a liberar toxinas acumuladas e resíduos (isso pode ser visto em uma maior incidência de resfriados ou gripe). Uma vez que o sistema imunológico geralmente está naturalmente mais fraco durante os 20 dias de ajuste sazonal, a limpeza do fígado o apoia em seu esforço de manter o restante do corpo saudável.

Mantenha seu cólon limpo

Quando o intestino grosso está debilitado, irritado e congestionado, torna-se terreno fértil para o surgimento de bactérias, que simplesmente fazem o seu trabalho – decompõem resíduos potencialmente nocivos. Um efeito colateral dessas atividades protetoras são as substâncias tóxicas produzidas pelos micróbios. Algumas dessas toxinas produzidas pelas bactérias entram no sangue, que as leva diretamente ao fígado. A exposição constante das células hepáticas a essas toxinas inibe seu rendimento e reduz a quantidade de secreção biliar, levando a outras alterações das funções digestivas.

Quando ingerimos alimentos altamente processados, que foram despojados dos nutrientes e das fibras naturais, o cólon tem maiores dificuldades para movimentar o bolo alimentar ou quimo. Alimentos processados tendem a se transformar em quimo seco, duro ou pegajoso, que passa com dificuldade pelo trato intestinal. Normalmente os músculos que circundam o cólon podem apertar e empurrar o quimo fibroso e volumoso, mas, quando ele é uma massa sem fibra e pegajosa, há maiores dificuldades. Quando o quimo permanece no cólon durante longo tempo, fica seco e endurece. Se isso fosse a única coisa a acontecer (o quimo se transformar em fezes duras e secas), somente teríamos de nos preocupar com a prisão de ventre (que afeta milhões de pessoas) e tomar laxantes. Mas não é apenas isso, depois que o quimo fica incrustado nas paredes do cólon, sofre várias mudanças bioquímicas:

→ Fermenta, apodrece e endurece, transformando-se em campo fértil para o desenvolvimento de parasitas e agentes patológicos (causadores de doenças), e em suprimento para compostos tóxicos que contaminam o sangue e a linfa e, por consequência, envenenam gradativamente o corpo.

→ Forma uma barreira que impede o cólon de interagir com o quimo e de absorver seus nutrientes.

→ Restringe os movimentos peristálticos das paredes do cólon, tornando quase impossível que ele se contraia ritmicamente para poder estimular o quimo a percorrer seu caminho.

Como você poderia trabalhar, se estivesse coberto por uma camada de lodo? Apresentamos a seguir alguns dos sintomas resultantes do mau funcionamento do cólon:

- Dor na parte inferior das costas
- Dor no pescoço e nos ombros

- Dor nas partes inferior e superior dos braços
- Problemas de pele
- Dificuldade de concentração
- Fadiga ou apatia
- Resfriados e gripe
- Prisão de ventre ou diarreia
- Flatulência/gases ou inchaço abdominal
- Doença de Crohn
- Colite ulcerativa
- Síndrome do intestino irritável
- Diverticulite/diverticulose
- Permeabilidade intestinal aumentada (síndrome do intestino "perfurado")
- Dor na parte baixa do estômago (especialmente do lado esquerdo).

O intestino grosso absorve minerais e água. Se a sua membrana estiver coberta por uma placa, não pode assimilar nem absorver os minerais (bem como certas vitaminas). Um cólon congestionado desencadeia as doenças por deficiência de nutrientes, independentemente das quantidades de suplementos alimentares ingeridos. Quase todas as doenças são, na verdade, transtornos de deficiência e surgem quando certas partes do corpo sofrem desnutrição, especialmente de minerais (ver, neste capítulo, *Tome minerais essenciais ionizados*).

A seguir estão vários métodos de limpeza do cólon que eu recomendo em combinação com limpezas hepáticas:

1. Mantê-lo limpo com *irrigações do cólon*, por exemplo, é um método preventivo eficaz na proteção do fígado contra toxinas geradas no intestino grosso. A irrigação do cólon, também conhecida como *hidrocolonterapia*, é talvez uma das terapias mais eficazes. Em uma sessão de 30 a 50 minutos é possível eliminar grandes quantidades de detritos que podem ter se acumulado com os anos. Durante uma sessão, são usados de três a seis litros de água purificada ou destilada para lavar suavemente o cólon. Junto com uma suave massagem abdominal, os antigos *depósitos de fezes mucoides* se desprendem das paredes do cólon e, posteriormente, são eliminados com a água.

Esse procedimento, que tem efeito de alívio, em geral provoca sensação de leveza, limpeza e aumento da clareza mental, depois de aplicado. Porém, durante a irrigação em si, você pode, por vezes, sentir um leve desconforto, principalmente quando os dejetos se desprendem das paredes intestinais e vão para o reto.

Durante o procedimento, tubos de borracha conduzem a água para o cólon e os resíduos para fora dele. O material residual liberado pode ser visto flutuando por um tubo, que mostra o tipo e a quantidade do resíduo eliminado.

Uma vez que o cólon for limpo por duas, três ou mais irrigações, dietas, exercícios ou outros programas de saúde posteriores provavelmente serão muito mais eficazes. Estima-se que 80% de todo tecido imunológico se localize nos intestinos. Portanto, limpar o cólon de resíduos tóxicos imunossupressores e retirar os cálculos do fígado podem fazer toda a diferença no tratamento do câncer, das doenças cardíacas, da AIDS e de outras doenças graves.

A irrigação do cólon é um sistema seguro e higiênico de limpeza do cólon. As pessoas que nunca experimentaram uma irrigação ou que fazem outras pessoas desistirem de realizar esse procedimento são as que aumentam as preocupações sobre esse assunto.

2. Se não puder recorrer a um especialista do cólon, você pode se utilizar dos benefícios do Colema Board (ver *Informação sobre produtos* no fim deste livro) como segunda opção e limpar o cólon na comodidade de sua casa. É um autotratamento de fácil aprendizagem e aplicação.
3. *Colosan* é uma mistura de vários óxidos de magnésio, elaborados para nutrir suavemente o trato digestivo de oxigênio, com o propósito de limpá-lo. É um pó que se toma diluído em água ou suco de frutas cítricas ou em cápsulas, que é mais conveniente. Produz grande quantidade de oxigênio no trato intestinal, eliminando matéria fecal antiga, parasitas e muco endurecido (ver *Informações sobre produtos*). Oxypowder é um produto similar que também funciona bem.
4. Outro método de limpeza, que emprega sais de Epsom, não somente limpa o cólon, como também o intestino delgado. Isso pode ser necessário se você tiver muitas dificuldades com a absorção dos alimentos, sofrer de constante congestão renal ou da vesícula, prisão de ventre severa

ou simplesmente não puder fazer uma irrigação de cólon. Durante três semanas, misture uma pequena colherada de sais de Epsom orais (sulfato de magnésio) com um copo de água morna e faça com que seja a primeira bebida da manhã. Esse enema oral limpa completamente seu trato digestivo e cólon, do início ao fim, geralmente no prazo de uma hora, obrigando-o a evacuar várias vezes. Limpa grande parte da placa e dos dejetos das paredes intestinais, assim como parasitas ali alojados. Enquanto houver dejeto intestinal para expelir, suas fezes ficarão líquidas; só voltarão à forma e à consistência regulares depois que o trato intestinal estiver limpo. Esse tratamento pode ser feito duas ou três vezes ao ano. Não estranhe se às vezes tiver algumas câimbras ou gases: são resultado da limpeza (expulsão de toxinas). Sua língua pode ficar coberta por uma substância branca e ficar mais espessa que o normal. Isso indica um aumento da limpeza intestinal. Os sais de Epsom não são tolerados por todos.

5. O óleo de rícino é um excelente e tradicional remédio utilizado para limpar o intestino. É menos irritante que os sais de Epsom e não provoca efeitos colaterais além das reações normais de limpeza. Tome de uma a três colheres de chá de óleo de rícino diluídas em 1/3 de copo de água morna pela manhã, em jejum, ou à noite, antes de dormir (dependendo de qual opção funcione melhor para você). Esse tratamento também é muito bom para casos graves de prisão de ventre e pode ser ministrado a crianças (em doses menores). Porém não se recomenda trocar os sais de Epsom por nenhum outro laxante durante a limpeza hepática; no caso de alergia a ele, citrato de magnésio ou óleo de rícino pode ser utilizado.
6. O suco de aloe vera também é um método eficiente para o trato gastrintestinal, embora não deva ser utilizado como substituto da irrigação do cólon nem de colemas, antes ou depois da limpeza hepática. A aloe vera tem efeitos limpadores e nutritivos. Uma colher de sopa de seu suco diluída em um pouco de água antes das refeições, ou pelo menos uma vez pela manhã, antes do café da manhã, ajuda a processar antigos depósitos de dejetos e fornece nutrientes para as células e os tecidos. As pessoas que ainda

sentirem o fígado emitindo muitas toxinas dias depois da limpeza hepática, devem tomar suco de aloe vera pode ser muito benéfico.

A aloe vera tem demonstrado sua eficácia em quase todas as doenças, incluindo câncer, problemas cardíacos e AIDS. Ajuda no tratamento de todo tipo de alergias, doenças de pele, transtornos sanguíneos, artrite, infecções, candidíase, cistos, diabete, problemas dos olhos, problemas digestivos, úlceras, doenças hepáticas, hemorroidas, pressão alta, pedras nos rins e derrames, para citar só alguns exemplos. Contém mais de 200 nutrientes, incluindo as vitaminas B1, B2, B3, B6, C, E, ácido fólico, ferro, cálcio, magnésio, zinco, manganês, cobre, bário, sulfato, 18 aminoácidos, importantes enzimas, glucosídeos e polissacarídeos, entre outros. Assegure-se sempre de comprar aloe vera pura e sem diluir, encontrada em lojas de alimentos naturais. Uma das melhores marcas é produzida pela companhia *Lily of the Desert*, em Denton, no estado norte-americano do Texas. É composto por 99,7% de suco de aloe vera orgânico, e não contém água.

Aviso: Ingerindo suco de aloe vera regularmente, os diabéticos podem melhorar a habilidade pancreática de produzir mais de sua própria insulina. Por isso, os diabéticos devem consultar o médico para monitorar sua necessidade de insulina extra, uma vez que insulina demais é perigoso. Muitos diabéticos afirmam uma redução da quantidade de insulina necessária. Tenha certeza de comprar apenas suco de aloe vera não diluído.

Se tiver diarreia depois de tomar esse suco, tente reduzir a dose. Nem todos se beneficiam com a aloe vera.

7. Pequenos tratamentos com enema (em comparação com irrigações de cólon ou colemas) envolvem a introdução de líquidos no reto (geralmente, só conseguem alcançar essa extensão) com o objetivo de limpar e nutrir. Um enema possui um efeito imediato em quase todas as partes do corpo. Alivia a prisão de ventre, inchaço, febre crônica, resfriado comum, dores de cabeça, desordens sexuais, cálculos renais, dores na área do coração, vômitos, dor na parte inferior das costas, rigidez e dor no pescoço e ombros, desordens nervosas, hiperacidez e cansaço. Além disso, desordens como artrite, reumatismo, ciática e gota podem ser beneficiadas por um enema. Líquidos recomendados incluem água filtrada, alguns chás de ervas, café ou óleo. (Para uma descrição detalhada de cada tipo de enema,

consulte o livro do autor *Timeless Secrets of Health and Rejuvenation*).

A limpeza renal

No caso de se encontrar cálculos biliares no fígado ou outra situação que tenha possibilitado o desenvolvimento de grânulos, gordura e pedras nos rins ou na bexiga, deve-se planejar uma limpeza renal. Os rins são órgãos muito delicados que filtram o sangue, mas se congestionam muito facilmente, em razão de vários fatores: desidratação, dieta pobre, digestão deficiente, estresse e estilo de vida desordenado. As principais causas da congestão renal são as pedras renais. Entretanto quase todas as gorduras, os cristais ou as pedras renais são demasiadamente pequenos para serem detectados por instrumentos de diagnóstico, como os raios-X. Eles são chamados com frequência de pedras "silenciosas" e não parecem incomodar muito as pessoas. No entanto, quando se tornam maiores, são capazes de provocar uma aflição considerável e prejudicar os rins e o resto do corpo. Para evitar problemas renais e doenças relacionadas aos rins, é melhor eliminar os cálculos renais antes que eles provoquem uma crise. Você pode detectar a presença de grânulos ou pedras nos rins puxando a pele sob os olhos para o lado, em direção aos ossos zigomáticos. Qualquer inchaço, protrusão, espinhas vermelhas ou brancas ou descoloração da pele indica a presença de grânulos ou pedras renais.

As ervas mencionadas a seguir, quando ingeridas durante um período de 20 a 30 dias, podem ajudar a dissolver e a expelir todos os tipos de pedras renais, inclusive cristais de ácido úrico, ácido oxálico, fosfatos e aminoácidos. Se você tem um histórico de pedras nos rins, provavelmente precisará repetir as limpezas algumas vezes, em intervalos de seis semanas.

Nome brasileiro	Nome científico	Quantidades
Manjerona	*Origanum majorana*	30g
Unha-de-gato	*Uncaria tomentosa*	30g
Raiz de confrei	*Symphytum officinale*	30g
Sementes de erva-doce	*Foeniculum vulgare*	60g
Chicória	*Chicorium intybus*	60g

Uva-ursina	*Arctostaphylos uva-ursina*	60g
Raiz de hortênsia	*Hydrangea arborescens*	60g
Ulmária (rainha-dos-prados)	*Flipendula ulmaria*	60g
Raiz de malva	*Malva silvestris*	60g
Vara-de-ouro	*Solidago virgaurea*	60g

Instruções

Meça 30g de cada uma das três primeiras ervas da tabela, 60 g do restante e misture-as bem. Coloque-as em uma vasilha e tampe-a hermeticamente e, se quiser, pode colocá-la na geladeira. Antes de se deitar, coloque três colheres de sopa da mistura em dois copos de água, cubra o recipiente e deixe-o repousar por toda a noite. Na manhã seguinte, ferva a mistura e coe-a. Se você esquecer de deixar as ervas em repouso à noite, ferva a mistura pela manhã e deixe-a em fogo brando por 10 ou 15 minutos antes de coar.

Beba de seis a oito porções em pequenos goles durante o dia. Esse chá não precisa ser bebido nem quente nem morno, mas não o esfrie e também não o adoce com açúcar nem com adoçantes. Deixe passar pelo menos uma hora após a refeição antes de dar os goles seguintes.

Repita o procedimento durante 20 dias. Caso sinta algum incômodo ou alguma rigidez na parte inferior das costas, será por causa dos cristais de sal das pedras renais passando pelos canais da uretra no sistema urinário. Qualquer odor forte ou escurecimento da urina, no princípio ou durante a limpeza, indica grande liberação de toxinas dos rins. Geralmente, essa liberação é gradual e não mudará muito a cor nem a textura da urina. **Importante**: Ajude seus rins durante a limpeza, bebendo uma quantidade maior de água, pelo menos de seis a oito copos por dia, a menos que a cor da urina esteja amarelo-escuro (nesse caso, você precisará beber uma quantidade ainda maior).

Durante a limpeza, evite ingerir produtos de origem animal, incluindo carne, laticínios (exceto manteiga), peixe, ovos, chá, café, álcool, refrigerantes, chocolates e qualquer outro alimento que contenha conservantes, adoçantes e corantes artificiais, etc. Além de beber esse chá para os rins diariamente, você também pode mastigar um pedaço pequeno de casca de limão orgânico, no lado esquerdo da boca, e um pequeno pedaço de cenoura no lado direito, de 30 a 40 minutos. Isso estimula as funções renais. Assegure-se de que tenha transcorrido pelo menos meia hora entre cada "ciclo".

Faça uma limpeza renal após três ou quatro limpezas hepáticas.

E, ainda, as pessoas que sofrem com grandes cálculos renais podem se beneficiar bebendo o suco de um a dois limões (diluídos com água) por dia por cerca de dez a 14 dias. Depois disso, beba o suco de meio limão por dia por tempo indeterminado.

Beba água ionizada com frequência

Beber água ionizada tem um profundo efeito limpante em todos os tecidos do corpo. Ajuda a reduzir a toxicidade geral, melhora as funções circulatórias e equilibra a bile. Ao ferver água durante 15 ou 20 minutos, ela se torna mais fina (seus conjuntos moleculares são reduzidos de um número normal de cerca de 10.000 para um ou dois conjuntos) e se carrega e se satura de íons negativos de oxigênio (hidróxido, OH^-). Quando bebemos pequenos goles dessa água durante o dia, começamos a limpar sistematicamente os tecidos do corpo e estamos ajudando a eliminar certos íons carregados positivamente (aqueles associados à acidez e às toxinas).

A maioria das toxinas e dos detritos tem carga positiva e, portanto, naturalmente tendem a se anexar ao corpo, que está carregado negativamente. À medida que os íons negativos de oxigênio entram no corpo, são atraídos para o material tóxico carregado positivamente transformando os detritos e as toxinas em matéria fluida, que é facilmente expelida pelo corpo. Durante os dois primeiros dias, por vezes até semanas depois de limpar os tecidos dessa maneira, sua língua pode adquirir uma camada de cor branca ou amarela, dando indícios de que o corpo está eliminando muitos resíduos. Se estiver com excesso de peso, esse método de limpeza pode ajudá-lo a perder vários quilos de resíduos corporais em curto espaço de tempo, sem os efeitos colaterais que normalmente acompanham a perda repentina de peso.

Instruções: Ferva água durante 15 a 20 minutos e coloque-a em uma garrafa térmica – as de aço inoxidável são boas –, para manter a água quente e ionizada durante o dia. Beba um ou dois goles a cada meia hora durante o dia e beba água tão quente quanto a que usa para fazer chá. Esse método pode ser utilizado a qualquer momento em que não se sinta bem, tenha necessidade de se descongestionar, queira manter o sangue fino ou simplesmente queira se sentir mais energizado e limpo. Algumas pessoas fazem esse procedimento durante um tempo determinado, em geral de três a quatro semanas; outras o fazem continuamente.

Os íons de oxigênio são gerados pelas bolhas de água fervente, da mesma maneira que a água de uma cachoeira que cai no solo ou que quebra à beira-mar. Em uma garrafa térmica, a água se manterá ionizada por 12 horas ou enquanto permanecer quente. A quantidade total de água que você precisa ferver para obter água quente e ionizada suficiente por um dia é de 0,6 a 1,2 litro. Essa água não deve substituir a ingestão regular de água, pois não hidrata as células como a água comum; o corpo a utiliza apenas para limpar os tecidos.

Tome minerais essenciais ionizados

Nosso corpo é como um terreno fértil. Se tiver minerais suficientes e elementos com que trabalhar, pode ser alimentado e produzir tudo de que necessita para viver e crescer. Esses materiais essenciais, entretanto, podem se reduzir facilmente, se não os ingerirmos em quantidades suficientes por meio de nossa alimentação. Séculos de uso constante das mesmas terras agrícolas tornaram os alimentos altamente deficientes de nutrientes. A situação piorou ainda mais com o uso de fertilizantes químicos, que fazem crescer rapidamente as plantações sem nenhuma consideração com a disponibilidade de nutrientes. Quando os minerais e outros elementos ficam escassos no corpo, algumas importantes funções não podem ser sustentadas ou têm a capacidade reduzida. As doenças geralmente são acompanhadas pela falta de uma ou mais dessas substâncias fundamentais.

Em razão da situação pouco natural da redução de minerais em nosso solo e, portanto, em nossos corpos, é uma boa ideia tomar suplementos com minerais. A pergunta crucial é se os minerais vendidos nas lojas especializadas em nutrição ou farmácias são capazes de restaurar e prover as células do corpo de minerais. A resposta é: "Muito pouco provável!".

Os minerais são disponibilizados em três formas básicas: cápsulas, comprimidos e água mineral coloidal. Antes do empobrecimento dos solos, as plantas eram o fornecedor ideal de minerais. Quando uma planta cresce em ambiente e terra saudáveis, absorve os minerais coloidais existentes e os transforma em matéria solúvel e ionizada. Os minerais iônicos têm um ângstrom de tamanho, enquanto os minerais coloidais, também conhecidos como minerais inorgânicos metálicos, são cerca de 10 mil vezes maiores (em mícron). Os minerais vegetais iônicos, solúveis em água, são absorvidos rapidamente pelas células do corpo. Em contraste, as partículas coloidais condensadas em compostos complexos e entregues em forma de pílula têm menos de

1% de chance de ser absorvidas. Os minerais encontrados em águas minerais coloidais não são melhor absorvidas. Eles não são solúveis em água, mas simplesmente suspensos entre moléculas de água.

As partículas coloidais comuns, tais como os compostos carbonato de cálcio e picolinato de zinco, tendem a ser presos na corrente sanguínea e são, posteriormente, depositados em várias partes do corpo. Na forma de depósitos, elas podem causar grandes danos mecânicos, estruturais ou funcionais. Muitos problemas de saúde, hoje, incluindo a osteoporose, doenças cardíacas, câncer, artrite, desordens cerebrais, cálculos renais, cálculos biliares, etc., são o resultado direto da ingestão desses minerais metálicos.

Felizmente, há um modo muito eficiente de se obter minerais de tamanho e características de minerais vegetais. Quando vaporizados em uma câmara a vácuo (sem oxigênio), os minerais são poupados da oxidação e formam estados complexos. Uma vez vaporizados, os minerais podem ser combinados com água purificada, tornando-se prontamente disponíveis para as células do corpo. Uma companhia localizada em Minnesota conseguiu criar um processo de entrega capaz de converter coloides em 99,9% de minerais iônicos solúveis em água. A empresa Eniva tem esses minerais disponíveis para distribuição (ver *Informações sobre produtos* no fim deste livro).[25] Mais empresas oferecem agora minerais iônicos similares; você pode localizá-las facilmente na internet.

Beba água suficiente

Para produzir a quantidade correta de bile (de 1 litro a 1,5 litro) que o corpo requer diariamente para digerir os alimentos, o fígado precisa de muita água, e grande parte dela é usada para manter o volume normal de sangue, hidratar as células e os tecidos conjuntivos, eliminar as toxinas e realizar, literalmente, milhares de outras funções. Como o corpo não pode armazená-la da mesma forma que armazena gorduras, necessita e depende de uma fonte constante e suficiente de água.

Para manter a correta produção e a consistência da bile, tanto como o equilíbrio sanguíneo, precisamos tomar de seis a oito copos de água todos os dias. O momento mais importante para bebê-la é

25. O autor recomenda os minerais Eniva aos seus clientes como método de prevenção e promoção de boa saúde. Para comprar produtos Eniva (www.eniva.com), você precisará ser indicado por alguém, fornecendo seu nome e identificação. Pode usar o nome e a identificação do autor: Andreas Moritz, nº 13462.

logo após nos levantarmos. Primeiro, beba um copo de água morna para facilitar a expulsão da urina concentrada nos rins. Isso é de grande importância porque a urina está altamente concentrada pela manhã; se ela não for diluída apropriadamente, os resíduos urinários podem se fixar nos rins e na bexiga. O segundo copo de água morna (que pode ser misturada com o suco de uma rodela de limão e uma colherinha de mel) ajuda a limpar o trato gastrintestinal.

Outros momentos importantes para beber um copo de água (em temperatura ambiente ou morna) é aproximadamente meia hora antes e duas horas e meia depois das refeições. É justamente nesses momentos que um corpo bem hidratado dará sinais de sede. Ter água disponível assegura que o sangue, a bile e a linfa permaneçam com fluidos suficientes para realizar suas respectivas atividades no corpo. Como a fome e a sede se manifestam de maneira similar, se você sentir fome nesses momentos pode ser que, na realidade, esteja desidratado. Portanto é uma boa ideia tomar primeiro um copo de água (na temperatura ambiente ou morna) para ter certeza de que sua fome diminuiu.

Se você sofre de pressão alta e está em tratamento médico, controle a pressão arterial com frequência. Com o aumento do consumo de água, ela pode voltar aos seus níveis normais em um período de tempo relativamente curto, o que tornaria a ingestão de medicamentos desnecessária e até prejudicial. Tomando água suficiente, seu peso também baixará, se tiver sobrepeso, ou aumentará, se estiver abaixo do peso normal.

É igualmente importante escolher um sistema de tratamento de água que forneça água fresca e saudável. O tratamento de água H_2O, por exemplo, é muito eficiente e promove a saúde, mas é um tanto caro. Sua tecnologia única até remove pesticidas e herbicidas e deixa sua água de beber, do banho e da piscina tão fresca e limpa quanto a água pura da montanha.

O *H_2O Concept 2000* usa impulsos elétricos para quebrar o bicarbonato de cálcio e o bicarbonato de magnésio, sais que são as principais causas da água dura, em carbonato de cálcio e carbonato de magnésio, sendo o dióxido de carbono (CO_2) o seu subproduto. O CO_2 é dissipado na torneira em quantidades pequenas. O carbonato de cálcio e o carbonato de magnésio são formas solúveis desses dois minerais. Em seu estado solúvel, esses compostos de minerais não podem aderir a superfícies internas de canos, turbinas de aquecedores de água, superfícies de vidro, torneiras, etc. Portanto, a formação de minerais e de crostas é impossível. O *H_2O Concept 2000* também reduzirá significativamente qualquer crosta existente com o tempo. Isso dará uma vida útil mais longa e eficiente a todos os aparelhos que utilizam água em sua casa. Embora tenha um valor alto no começo, esse sistema de tratamento de água resulta em uma economia no final, além de virtualmente não precisar de manutenção. Alguns outros filtros parecidos estão disponíveis agora; alguns são mais baratos, outros, ainda mais caros. Uso um filtro de água caseiro *Puritec*, similar ao *H_2O Concept 2000*. Quando você escolher um sistema de tratamento de água, assegure-se de que ele tenha uma tecnologia de filtragem **KDF/GAC** mista.

Além de muito eficazes e excelentes para pessoas que não apenas estão interessadas em hidratação adequada, mas também querem limpar o corpo de toxinas, os ionizadores de água são muito acessíveis. Eles estão amplamente disponíveis na internet.

Os métodos mais comumente utilizados para retirar o cloro e vários outros contaminantes de sua água de beber (e possivelmente da água do chuveiro) são a filtragem e a osmose reversa. Embora esses sistemas também possam ser caros, ainda assim são uma opção acessível se você considerar o custo de sofrer com o aparecimento de um câncer. Para repor alguns dos minerais perdidos ao utilizar esses dois tipos de sistemas, acrescente alguns grãos de arroz basmati crus ao jarro ou frasco (evite recipientes plásticos) e deixe o arroz nesse recipiente por até um mês por vez. Adicionar uma pitada de sal marinho não refinado a um copo de água também o ajuda a recuperar os minerais perdidos.

A água destilada, que é a mais próxima da água da chuva natural, é excelente para hidratar as células do corpo, mas, diferente da água da chuva, ela não tem vida. Acrescentar três ou quatro grãos de arroz basmati crus a aproximadamente quatro litros de água destilada dá a ela minerais e vitaminas (ou utilize a opção do sal marinho) e, além disso, expor a água diretamente à luz solar ou colocar um cristal de quartzo claro por uma hora na água ajuda a restaurar sua vitalidade. A única máquina que eu sei que produz água destilada saudável e energizada é a "Cristal Clear electron water/air machine™", desenvolvida por John Ellis (johnellis.com). Sua água elimina até o odor em fossos e sistemas sépticos (mata apenas bactérias prejudiciais).

E, evidentemente, o velho método de ferver a água que se bebe por vários minutos faz com que o cloro evapore.

Outro método barato para eliminar a maior parte do cloro é usar vitamina C. Um grama de vitamina C neutralizará 1ppm (parte por milhão) de cloro em 380 litros de água. Isso é bastante útil se você quiser permanecer na banheira sem sofrer efeitos de irritação do cloro em sua pele e em seus pulmões.

Prill beads [grãos de prill] são outra forma menos dispendiosa de tratamento de água. Mesmo que eles não possam substituir um filtro de água, limpam a água que você vai beber e a tornam mais "leve". Isso tem um efeito positivo no sangue, na linfa e em processos celulares básicos. *Prill beads* estão disponíveis na internet (ver as listas de fornecedores no fim deste livro). Posso atestar o bom sabor da água, sua "leveza" e seus excelentes efeitos de hidratação e limpeza.

Um outro bom tratamento de água é a MRET [Tecnologia do Efeito em Ressonância Molecular] – um dispositivo que altera o estado organizacional da água e de outras substâncias líquidas. A água MRET apresenta muitas propriedades especiais que a tornam ideal para ajudar o corpo a aumentar sua porcentagem de água estruturada. A água ativada por MRET lembra a água celular no corpo e, portanto, é biodisponível. A água MRET é produzida por meio de um processo biosseguro de ativação da água. Durante esse processo, um campo eletromagnético de baixa frequência sutil é fixado na água. É similar ao campo geomagnético da Terra, encontrado em fontes especiais de cura. Testei a MRET básica e concluí ser muito benéfica, ainda que requeira uma filtragem separada. Essa tecnologia está amplamente disponível na internet.

Reduza o consumo de álcool

O álcool é um açúcar refinado e altamente produtor de ácido, portanto consome os minerais do corpo. O órgão mais afetado por ele é o fígado. Se, por exemplo, uma pessoa saudável toma duas taças de vinho em uma hora, o fígado não é capaz de se desintoxicar de todo o álcool. Boa parte dele se transforma em depósitos graxos e, finalmente, em cálculos biliares no fígado. Se o fígado e a vesícula já tiverem acumulado certa quantidade de cálculos biliares, o consumo de álcool fará com que essas pedras cresçam e outras se formem em menor período de tempo.

Como o café e o chá, o álcool tem forte efeito desidratante. Reduz a quantidade de água das células do corpo, do sangue, da linfa e da bile – inibindo sua circulação e a eliminação de resíduos. Os efeitos da desidratação do sistema nervoso central são delírio, visão turva, perda de memória e orientação, tempos de resposta lentos, além do que geralmente se conhece como "ressaca". Sob a influência do álcool e a consequente desidratação, os sistemas nervoso e imunológico decaem, levando a uma diminuição dos processos digestivo, metabólico e hormonal do corpo. Tudo isso contribui para o desenvolvimento de mais pedras no fígado e na vesícula.

Para pessoas com histórico de cálculos biliares, o melhor é evitar o álcool. Muitos dos meus pacientes que deixaram de tomar qualquer tipo de bebida alcoólica, incluindo cerveja e vinho, recuperaram-se naturalmente de problemas como crises de pânico, arritmia, transtornos respiratórios, alterações cardíacas e do sono, crises de vesícula, infecção do pâncreas, aumento da próstata, colite e outras doenças inflamatórias. Se você sofre de alguma dessas doenças, o melhor é se manter afastado de bebidas desidratantes como álcool, café, refrigerantes, principalmente os derivados de cola (em especial os dietéticos); assim, o corpo pode direcionar toda sua energia e recursos para curar as suas partes afetadas.

Evite comer em excesso

Uma das grandes causas dos cálculos biliares é a *superindulgência com a comida*. Comer mais do que o estômago pode processar sem sofrer de indigestão ou de "estufamento" faz com que o fígado secrete quantidades excessivas de colesterol na bile do fígado, que, por sua vez, leva ao desenvolvimento de cálculos biliares nos ductos biliares. Logo, um dos métodos mais eficazes para prevenir cálculos biliares é comer menos.

Alimentar-se com moderação, com um dia ocasional de refeições muito leves ou apenas de jejum líquido (idealmente uma vez por semana), ajuda na eficiência do sistema digestório e permite que ele processe a maioria dos depósitos de alimentos não digeridos. Líquidos incluem sopas de vegetais, sucos de frutas e verduras, chás e água. Levantar-se da mesa com um pouco de fome mantém um saudável apetite por alimentos nutritivos. Comer em excesso, porém, provoca congestão intestinal, proliferação de bactérias destrutivas e fungos e anseios por comidas e bebidas "energizantes", como açúcares, doces, farinhas brancas, batatas fritas, chocolate, café, chá e refrigerantes. Todas essas comidas e bebidas levam à formação de cálculos biliares.

Siga um horário regular para as refeições

O corpo está controlado por numerosos ritmos circadianos que regulam suas funções mais importantes, de acordo com intervalos de tempo programados. O sono, a secreção de hormônios e sucos digestivos, a eliminação de dejetos, tudo segue uma rotina diária específica. Se ela é frequentemente interrompida, o corpo perde o equilíbrio e não pode realizar suas funções essenciais naturalmente alinhadas e que dependem da programação marcada pelos ritmos circadianos.

Seguir um horário regular de refeições torna o corpo facilmente preparado para produzir e secretar quantidades corretas de sucos digestivos por refeição. Hábitos irregulares, além de confundirem o corpo, fazem com que ele perca seu poder digestivo ao ter de se ajustar a horários diferentes a cada refeição. Comer em horários variados ou suprimir refeições interrompe os ciclos de produção de bile nas células hepáticas. O resultado é a formação de cálculos biliares.

Quando uma rotina alimentar é mantida, os 60–100 trilhões de células podem receber sua ração diária de nutrientes de acordo com um horário, contribuindo para que o metabolismo celular seja eficiente e não tenha contratempos. Muitos transtornos metabólicos como o diabete ou a obesidade são decorrência de hábitos alimentares irregulares e podem melhorar, a partir do momento em que os horários das refeições forem equiparados aos ritmos circadianos. É melhor fazer a refeição mais forte por volta do meio-dia e só fazer refeições leves no café da manhã (antes das 8h da manhã) e no jantar (no máximo às 19h).

Siga uma dieta vegetariana/vegana

Seguir uma dieta balanceada vegetariana/vegana é uma das maneiras mais eficientes de prevenir a formação de cálculos biliares, doenças cardíacas e câncer. Caso sinta que não pode se alimentar somente com alimentos de origem vegetal, tente pelo menos substituir as carnes vermelhas por frango, coelho ou peru durante algum tempo. Depois, vai conseguir fazer um regime vegetariano completo. Todos os tipos de proteína animal diminuem a solubilidade da bile, fator de alto risco na formação de cálculos biliares.

Você pode reduzir esse risco, ao acrescentar mais vegetais, saladas, frutas e carboidratos complexos à sua alimentação. Beber de 60 a 90 mililitros de suco de cenoura diariamente antes do almoço evita que os cálculos sejam formados. Queijos curados, iogurte comercial, assim como alimentos altamente processados e refinados são a causa do desequilíbrio na constituição da bile. Evite frituras ou alimentos encharcados de óleo. Consumir óleos aquecidos (com nocivas gorduras trans) utilizados em restaurantes de refeições rápidas (restaurantes *fast food*) são a via, também rápida, para a produção de cálculos biliares.

Para completar as diretrizes de como ter uma dieta saudável e sustentável de acordo com seu biótipo, consultar o livro *Timeless Secrets of Health and Rejuvenation.*

Evite produtos *light*

Existem vários estudos científicos que mostram que os alimentos *light* estimulam o apetite, e a ingestão de alimentos em excesso e **não** reduzem peso. Antes de serem introduzidos na cadeia alimentar humana, os "alimentos *light*" foram dados a animais, que, posteriormente, começaram a ganhar peso mais rápido que o normal. O mesmo aconteceu com humanos quando começaram a ingerir esses alimentos artificiais com regularidade.

O diretor do estudo de Framingham,[26] dr. William Castelli, publicou essa citação surpreendente em julho de 1992 – edição dos *Archives of Internal Medicine* [Arquivos de Medicina Interna]: "Em Framingham, notamos que as pessoas que ingeriram mais gordura saturada, mais colesterol e mais calorias pesavam menos, eram mais fisicamente ativas e apresentavam os menores níveis de colesterol sérico".

Quanto mais *energia enzimática* tem o alimento, mais rápido nos sentimos saciados e mais eficientemente ele se transforma em energia utilizável e em nutrientes biodisponíveis. Ao contrário, os alimentos baixos em calorias ou *light* inibem a secreção biliar, a digestão e as funções excretoras. Os elevados níveis de gordura no sangue indicam que as secreções biliares são baixas, as paredes dos vasos sanguíneos estão engrossando e as gorduras não são corretamente digeridas nem absorvidas. Então, uma pessoa com alto nível de gordura no sangue, na realidade, passa a sofrer de deficiência de gordura. Uma alimentação baixa em gorduras pode, inclusive, elevar a produção de colesterol no fígado, como resposta direta ao aumento da demanda de gorduras nas células e tecidos. Os efeitos colaterais dessa manobra de sobrevivência

26. O estudo de Framingham é o mais longo, mais caro e é a maior amostra de estudo em doenças cardíacas da história.

do corpo são o desenvolvimento de cálculos biliares, aumento de peso e/ou fraqueza.

As dietas baixas em gorduras e calorias são prejudiciais para a saúde da pessoa e somente devem ser prescritas em casos de graves transtornos do fígado e da vesícula, em que a digestão e a absorção de gorduras estão seriamente alteradas. Depois de eliminar todos os cálculos biliares e de normalizar as funções hepáticas, é necessário aumentar gradualmente o consumo de gorduras e calorias, para cobrir as necessidades energéticas do corpo. A presença de cálculos biliares no fígado e na vesícula inibe a sua capacidade de digerir gorduras e demais alimentos ricos em energia. O escasso consumo desses alimentos durante um período prolongado afeta alguns dos processos metabólicos e hormonais mais básicos do corpo, o que pode ter importantes repercussões na saúde. Manter uma alimentação baixa em proteínas, bem como limpar o fígado e a vesícula e a ingestão normal e equilibrada de gorduras não constitui maior risco no desenvolvimento de problemas hepáticos ou vesiculares.

Consuma sal marinho sem refino

O sal refinado não tem praticamente nenhum benefício para o corpo. Pelo contrário, é responsável por numerosos problemas de saúde, incluindo os cálculos biliares. O único sal que o corpo pode digerir, assimilar e usar de maneira apropriada é o sal marinho, não processado nem refinado, e o sal de pedra. Para que o sal seja útil ao corpo, precisa penetrar no alimento – isto é, a umidade de frutas, verduras grãos e legumes precisa dissolver o sal. Se for usado em estado seco, entrará no corpo de forma não ionizada e provocará sede (um sinal de envenenamento). Causa danos ainda maiores quando não é assimilado nem utilizado adequadamente (ver Capítulo 3).

Pode-se dissolver uma pitada de sal em uma pequena quantidade de água e adicionar às frutas e outros alimentos que normalmente não são cozidos. Isso ajudará o organismo a digeri-los e contribuirá para diminuir a acidez do corpo. Adicionar uma pitada de sal à água de beber gera propriedades alcalinas, além de lhe acrescentar importantes minerais e outros elementos.

É justo mencionar, nesse ponto, que os alimentos teriam um sabor delicioso se não lhes fosse acrescentado sal. As pessoas com tipo de corpo *Pitta* e *Kapha* precisam de menos sal que as outras.[27] (Para

27. Para determinar seu tipo de corpo segundo a Ayurveda, consulte o livro *Timeless Secrets of Health and Rejuvenation*.

comprar sal marinho não tratado nem refinado, ver *Informações sobre produtos* no fim deste livro.)

Principais funções do sal marinho no corpo:

- Estabiliza os batimentos cardíacos e regula a pressão arterial – em conjunto com a água.
- Extrai o excesso de acidez das células do corpo, especialmente as cerebrais.
- Equilibra os níveis de açúcar no sangue, o que é particularmente importante para os diabéticos.
- É essencial para a geração de energia hidroelétrica nas células do corpo.
- É vital na absorção de nutrientes por todo o trato gastrintestinal.
- É necessário para limpar os pulmões de mucos e catarros pegajosos, especialmente nos casos de asma e fibrose cística.
- Limpa o catarro e a congestão dos seios paranasais.
- É um potente anti-histamínico natural.
- Pode prevenir câimbras musculares.
- Previne a excessiva produção de saliva. A saliva que flui da boca enquanto dormimos pode ser indicadora de deficiência de sal.
- Auxilia na rigidez óssea. Aproximadamente 27% do sal do corpo se encontra nos ossos. As deficiências do sal e/ou comer sal refinado no lugar de sal marinho são as principais causas da osteoporose.
- Regula o sono, atuando como sonífero natural.
- Previne a gota e a artrite gotosa.
- É vital para manter a libido e a sexualidade.
- Pode prevenir varizes e telangiectasias ("veias de aranha") nas pernas e nos músculos.
- Fornece ao corpo 80 minerais essenciais. O sal refinado – o sal de mesa comum – é despojado de todos esses elementos, salvo dois. Também contém aditivos prejudiciais, como silicato de alumínio, um dos principais causadores do mal de Alzheimer.

A importância da *Arte Ener-Chi*

A *Arte Ener-Chi* é um método de rejuvenescimento único, que ajuda a restaurar o fluxo equilibrado do *Chi* (energia vital) pelos órgãos e sistemas do corpo, em menos de um minuto. Considero esse enfoque curativo como uma ferramenta muito importante que viabiliza resultados mais satisfatórios que os diversos métodos naturais de cura. Quando o *Chi* flui corretamente pelas células do corpo, elas podem eliminar resíduos metabólicos com mais eficiência, absorver mais facilmente todo o oxigênio, a água e os nutrientes dos quais necessitam e realizar qualquer trabalho de reparação com mais rapidez. O corpo pode restaurar sua saúde e vitalidade rapidamente, quando o *Chi* é contínuo e está disponível sem restrições. Apesar de eu considerar a limpeza hepática uma das ferramentas mais eficazes para o corpo recuperar o equilíbrio do seu funcionamento, ela muito provavelmente não é suficiente por si só para restaurar a energia vital, desgastada por anos de congestão e deterioração. Resultados de testes demonstraram que a *Arte Ener-Chi* pode preencher essa lacuna.

O uso das *Pedras Ionizadas de Ener-Chi* é outra ferramenta prática e eficaz para melhorar sua saúde e vitalidade. (Para mais informações sobre a *Arte Ener-Chi* e as Pedras Ionizadas, ver *Informações sobre outros produtos*, no final deste livro.)

Durma o suficiente

O cansaço precede todo tipo de doença, seja o câncer, um problema cardíaco ou a AIDS. Além das funções hepáticas enfraquecidas, a baixa imunidade e a ingestão de alimentos em excesso também podem causar fadiga, o que, em muitos casos, é consequência da falta do bom sono, ou seja, de dormir antes da meia-noite.

Alguns dos processos mais vitais de purificação e rejuvenescimento do corpo se iniciam e transcorrem durante as duas horas de sono anteriores à meia-noite. Fisiologicamente, existem dois tipos de sono distintos, segundo foi verificado ao se medir as ondas cerebrais: o *sono anterior à meia-noite* e o *sono posterior à meia-noite.* O sono durante as duas horas anteriores à meia-noite inclui o sono profundo, também considerado "reparador". Ele transcorre durante uma hora e geralmente ocorre das 23h até a meia-noite. Durante esse período, estamos em estado de consciência sem sonhos, no qual o consumo de oxigênio cai em aproximadamente 8%. O descanso e o relaxamento que obtemos durante essa hora de sono é três vezes mais profundo que o obtido em um período igual de sono depois da meia-noite (quando o consumo de oxigênio no corpo aumenta novamente).

O sono profundo raramente chega depois da meia-noite e só acontece quando dormimos pelo menos duas horas antes desse momento. Se você perde horas de sono profundo com frequência, seu corpo e sua mente se tornam muito cansados, e suas respostas ao estresse serão anormalmente altas. As respostas ao estresse incluem as secreções dos hormônios do estresse, *adrenalina, cortisol* e *colesterol* (uma parte do colesterol secretado durante uma resposta ao estresse pode se transformar em cálculos biliares). Para manter essa energia criada artificialmente, você provavelmente necessitará de estimulantes como cigarro, café, chá, doces, refrigerantes de cola ou álcool. Quando as reservas energéticas finalmente se esgotam, o resultado é a fadiga crônica.

Quando estamos cansados, todas as células também estão, não só a mente. De fato, nossos órgãos, sistemas digestório e nervoso, etc. também sofrerão a falta de energia e não funcionarão de maneira apropriada. Se estamos cansados, o cérebro deixa de receber as quantidades adequadas de água, glicose, oxigênio e aminoácidos, que são suas principais fontes de suprimento. Essa situação pode ocasionar inúmeros problemas no corpo, na mente e no comportamento.

Médicos da Universidade da Califórnia, em San Diego, descobriram que perder horas de sono não só faz com que nos sintamos cansados no dia seguinte, como também afeta nosso sistema imunológico, inibindo, possivelmente, a capacidade de o corpo combater infecções. Como a imunidade diminui com o cansaço, nosso corpo não pode se defender das bactérias, dos micróbios e dos vírus, do mesmo modo que não conseguirá enfrentar o acúmulo de substâncias tóxicas no corpo. Dormir suficientemente, portanto, é um importante requisito para restaurar a saúde do corpo e da mente. Procure dormir antes das 22h e levantar-se entre 6 e 7h, ou até mais cedo, de acordo com suas necessidades de sono. O melhor é não usar despertador, para permitir que os ciclos de sono se ajustem naturalmente. Expulsar todos os cálculos biliares do fígado e da vesícula, assim como dormir o suficiente, reduzirá qualquer cansaço que possa haver durante o dia. No caso de o problema persistir, você provavelmente precisará limpar os rins (para dissolver pedras nos rins, ver *A limpeza renal*, neste capítulo).

Evite o excesso de trabalho

Trabalhar muito intensamente, durante muitas horas, sobrecarrega nosso sistema energético e, principalmente, estressa o fígado. Para suportar a extensiva demanda de energia pelo cérebro ou por outras partes do corpo, o fígado tenta transformar a maior quantidade possível de açúcares complexos em açúcares simples (glicose). Se houver uma queda da energia ou se ela simplesmente se esgotar, o corpo tem de recorrer a um sistema de resposta ao estresse emergencial, disponibilizando energia adicional, mas, ao mesmo tempo, interrompe as funções imunológicas e circulatórias.

A contínua secreção de adrenalina e de outros hormônios do estresse em uma pessoa que "nunca para de trabalhar" pode finalmente a transformar em *workaholic*, uma pessoa viciada em trabalho, condição na qual o trabalho se torna a maior fonte de entusiasmo da sua vida. Esse entusiasmo é resultado do "efeito da emoção", trazido pelos hormônios do estresse.

Para não exaurir o fígado nem danificar o sistema imunológico, procure ter um tempo para si mesmo. Reserve uma hora do dia para fazer meditação, ioga, exercícios, ouvir música, ter atividades artísticas ou passear em meio à natureza. O corpo não é uma máquina que pode funcionar constantemente sem descanso. De qualquer maneira, forçar o corpo e a mente demandará mais tempo de recuperação depois de qualquer doença. A longo prazo, o excesso de trabalho como forma de fazer tudo mais rapidamente ou de ganhar dinheiro não só lhe tira alguns anos de vida, como também tira a vida dos seus anos, como diz o ditado.

O fígado está programado para prover energia durante determinado tempo; superdimensionar esse "serviço" prejudica-o ou o destrói prematuramente. Quando adquirir hábitos moderados em relação à alimentação, ao sono e ao trabalho, o corpo pode manter um sistema de energia eficiente e vital ao longo da sua vida. Há outro ditado que recomenda gastarmos um terço da nossa vida dormindo, outro trabalhando e o terço restante em atividades de lazer. Essa sábia fórmula mantém o equilíbrio em todos os níveis de vida: mente, corpo e espírito; o excesso de trabalho, em compensação, altera esse estado.

Faça exercícios regularmente

Nossos avanços tecnológicos e econômicos têm propiciado um estilo de vida cada vez mais sedentário, que requer formas adicionais de movimentos físicos para manter nossos corpos saudáveis e vigorosos. Os exercícios regulares ajudam a aumentar nossa capacidade de digerir alimentos, eliminar impurezas físicas, equilibrar nossas emoções, promover a rigidez e a flexibilidade e reforçar nossa habilidade de controlar situações de estresse. Quando praticados com moderação, os exercícios servem como grandes estimulantes imunológicos e melhoram a integração neuromuscular em todas as faixas etárias. Aumentar a segurança e a autoestima é um dos importantes efeitos secundários dos exercícios, além de ser um resultado da melhora na distribuição de oxigênio para as células – para não mencionar a melhora na autoestima que vem com a perda do excesso de gordura, a visualização da definição dos músculos, a sensação de estar mais forte e, geralmente, com uma boa aparência. Tudo isso resulta em um grande bem-estar físico e mental.

O fígado, em especial, parece se beneficiar dos exercícios aeróbicos. A maior disponibilidade de oxigênio durante e após os exercícios melhora a circulação e ajuda o fluxo de sangue venoso, especialmente do fígado em direção ao coração. Um estilo de vida sedentário faz com que esse processo seja mais lento, causando a estagnação do fluxo sanguíneo, o que provoca o desenvolvimento de cálculos biliares. Por essa razão, exercitar-se regularmente, sem chegar à exaustão, pode impedir a formação de novos cálculos.

Por outro lado, o esforço físico resultante do excesso de exercícios provoca a secreção de quantidades excessivas de hormônios de estresse e deixa o corpo inquieto e trêmulo. Quando a energia do corpo é esgotada, ele não consegue fazer a recuperação necessária após uma sessão de exercícios extenuante, e o sistema cardiovascular se torna debilitado e vulnerável a outros fatores de estresse. Esse esforço excessivo também tem efeito prejudicial no timo que, especificamente, ativa os *linfócitos* (células imunológicas que nos defendem de doenças) e controla a distribuição de energia, que diminui em tamanho, fazendo com que o corpo se torne agitado e vulnerável a qualquer tipo de problema de saúde. Frente a isso, é melhor escolher uma forma de exercício que lhe proporcione satisfação e alegria. Quando se exercitar, assegure-se de respirar sempre pelo nariz e manter a boca fechada, para evitar a prejudicial "respiração de adrenalina". (Uma repiração rápida pela boca geralmente ocorre durante uma resposta de luta ou fuga e pode desencadear a liberação de hormônios de estresse e isso pode ter o mesmo efeito, ainda que não haja uma resposta de estresse.) Os exercícios aeróbicos são eficientes e benéficos, se respirarmos pelo nariz (nunca pela boca). Se tiver falta de ar, diminua o ritmo ou pare de se exercitar. Só continue os exercícios quando sua respiração voltar ao normal. Esse simples conselho pode preveni-lo de danos potenciais, como o esgotamento ou a produção excessiva de ácido láctico, que pode resultar do excesso de exercícios.

Sendo os exercícios cruciais para ter corpo e mente saudáveis, procure praticá-los diariamente, nem que seja só por 10 minutos. É importante, entretanto, não exceder 50% da sua capacidade de se exercitar. O principal é não se cansar; se pode nadar meia hora antes de se cansar, nade por 15 minutos. Com o tempo, sua capacidade para se exercitar melhorará. Lembre-se de que fazer exercícios de maneira excessiva, bem como a falta deles, debilitam o sistema imunológico, inibem as funções hepáticas e inundam o sangue com compostos tóxicos.

Um simples exercício ou uma simples massagem na mão é útil para evitar problemas e ajudar no tratamento do fígado e da vesícula. Massageie a borda de cada mão, próxima à base do dedo mínimo – massageando toda a parte macia ali. Isso estimula um fígado e uma vesícula lentos.

Tome sol com regularidade

Nosso corpo é capaz de sintetizar a vitamina D por um processo em que os raios ultravioletas do sol interagem com um tipo de colesterol presente na pele. Já está comprovado que a exposição habitual à luz solar regula os níveis desse hormônio. Mas, diferentemente dos medicamentos para controlá-lo, a luz solar *não* o aumenta na bile – sendo ele um importante agente na formação de cálculos biliares. A luz solar tem efeito holístico, o que significa que todas as funções do corpo se beneficiam ao mesmo tempo. Foi comprovado também que a luz ultravioleta faz baixar a pressão arterial, melhora o rendimento cardíaco, aumenta o armazenamento de glicogênio (açúcar complexo) no fígado, equilibra o açúcar no sangue, melhora a resistência do corpo a infecções (demonstrado pelo aumento do número de linfócitos e fagócitos), a capacidade de o sangue transportar oxigênio, além de aumentar a produção de hormônios sexuais, entre outros efeitos benéficos para a saúde.

Entretanto, tomar sol pode ser prejudicial para pessoas que têm uma alimentação baseada em alimentos altamente processados, formadores de ácido e gorduras ou óleos refinados ou produtos que as contenham. O álcool, o tabaco e outras substâncias minerais e redutoras de vitaminas, como os medicamentos alopatas e os alucinógenos, podem tornar a pele vulnerável à radiação ultravioleta. Depois de limpar o fígado e a vesícula de todos os cálculos biliares, uma exposição moderada ao sol não trará efeitos prejudiciais; na verdade, isso é essencial para uma boa saúde.

Mais de 42% dos americanos sofrem de deficiência de vitamina D e 47% das mulheres grávidas apresentam deficiência severa desse importante hormônio. Seus filhos tendem a ter ossos fracos que se quebram com facilidade ainda durante a infância. Muitas doenças crônicas também se devem a essa deficiência, incluindo a osteoporose, o câncer e a depressão.

Não é possível superar a deficiência de vitamina D tomando suplementos. A luz do sol é a única solução real. Para produzir quantidades de vitamina D suficientes, as pessoas com a cor de pele escura precisam passar pelo menos de duas a três vezes mais tempo ao sol do que os caucasianos. A pele escura absorve os raios solares de modo menos eficiente, por isso precisa ficar exposta ao sol por períodos mais longos. O fato de homens afro-americanos não ficarem expostos à luz solar por tempo suficiente, por exemplo, faz com que corram muito mais risco de desenvolver câncer de próstata do que americanos brancos. O uso de protetores solares, incluindo óculos de sol, multiplica o risco.

Durante o verão, é melhor evitar a exposição direta ao sol entre 10 e 15h, enquanto, durante o inverno, a primavera e o outono esse intervalo de tempo pode ser benéfico para o corpo, especialmente para os que vivem em latitudes mais altas.

Para maximizar os benefícios, recomendo tomar uma ducha antes de se expor ao sol. Contrariamente à crença popular, é importante *evitar* filtros solares, pois *não* impedem o câncer, e sim podem *causá-lo*, além de anularem por completo os efeitos positivos do sol.[28]

Inicie seu tratamento de luz solar expondo o corpo inteiro (se possível) à luz direta do sol durante alguns minutos e vá aumentando, progressivamente, o tempo de exposição, até alcançar 20–30 minutos a cada vez. Você também pode, alternativamente, caminhar sob o sol durante uma hora, pois terá benefícios similares. Isso lhe proporcionará luz solar suficiente para manter seu corpo e sua mente saudáveis, desde que também adote os pontos básicos de uma dieta saudável e estilo de vida equilibrados. O corpo pode armazenar vitamina D suficiente durante os dias ensolarados do ano para que ela dure também nos meses de inverno.

28. Para saber mais sobre os efeitos benéficos da luz solar e os efeitos maléficos dos filtros solares, ver *Timeless Secrets of Health and Rejuvenation*.

Fitoterapia para o fígado

Certas plantas podem ajudar a melhorar o rendimento do fígado e a mantê-lo nutrido e com vitalidade. Pode-se fazer uma mistura delas e preparar um chá para ser tomado durante dez dias, a cada mudança de estação ou quando tiver doenças agudas. Embora sejam inúmeras as plantas que ajudam as funções hepáticas e mantêm o sangue limpo, as que mais se destacam são as seguintes:

Nome brasileiro	Nome científico	Quantidade
Raiz de dente-de-leão	*Taraxacum officinale*	30g
Raiz de confrei*	*Symphytum officinale*	15g
Raiz de alcaçuz	*Glycyrrniza glabra*	30g
Agrimônia	*Agrimonia eupatoria*	30g
Raiz de inhame silvestre	*Dioscorea villosa*	30g
Casca de uva-espim	*Berberis vulgaris*	30g
Polymnia uvedalia	*Polymnia uvedalia*	30g
Casca de carvalho	*Quercus robur*	30g
Cardo mariano	*Silybum marianum*	30g

*1. Diferentemente da opinião de alguns médicos naturalistas, nunca vi nenhuma evidência dos supostos efeitos colaterais prejudiciais, apenas benefícios, especialmente para o fígado.

Para maior eficácia, o melhor é usar uma mistura de todas essas ervas: reúna-as em partes iguais, exceto a raiz de confrei (15g), adicione duas colheres de sopa e dissolva-as em 0,75 litro de água. Deixe repousar por seis horas ou durante a noite. Depois, ferva a mistura e deixe-a por 5 ou 10 minutos em fogo brando antes de coá-la. Se você esquecer de preparar esse chá na noite anterior, ferva a mistura pela manhã e deixe-a em fogo brando, como indicado acima, antes de coá-la. Beba duas xícaras por dia, se possível, em jejum.

O chá de casca de ipê-roxo tem poderosos efeitos sobre o fígado e o sistema imunológico. A erva indígena norte-americana chamada chaparral (*larrea tridentada*), apesar do seu sabor amargo, é também um excelente purificador do fígado e do sangue.

Aplique a terapia do azeite diariamente

A terapia do azeite é um método simples, mas surpreendentemente eficiente, para limpar o sangue, tendo demonstrado sua eficácia em numerosos transtornos, como doenças sanguíneas pulmonares e hepáticas, doenças dos dentes e das gengivas, dores de cabeça, doenças de pele, úlcera gástrica, problemas intestinais, falta de apetite, doenças cardíacas e renais, encefalites, alterações nervosas, memória fraca, transtornos femininos, rosto inchado e bolsas sob os olhos. A terapia consiste em tomar pequenos goles de azeite e movimentá-lo na boca.

Para realizar essa terapia, é necessário azeite (ou óleo) de girassol ou de gergelim, prensado a frio, não refinado e de cultivo ecológico. Pela manhã, antes do desjejum, coloque uma colher de sopa de azeite na boca, mas não o engula. Lentamente, passe-o em sua boca, mastigue-o e faça-o passar por seus dentes, durante três ou quatro minutos. Ele se mistura à saliva e ativa as enzimas liberadas, que retiram as toxinas do sangue. Por esse motivo, é importante cuspir o azeite depois desse tempo, para evitar que as toxinas sejam reabsorvidas. Observe que o azeite adquire uma coloração branco-leitosa ou amarela (saturado pelas toxinas e pelos bilhões de bactérias destrutivas).

Para melhores resultados, repita esse processo por mais duas vezes. Depois, enxágue a boca com meia colher de chá de bicarbonato de sódio ou meia colher de chá de sal marinho sem refino, ambas as substâncias dissolvidas em uma pequena quantidade de água. Essa solução elimina todo o azeite restante e as toxinas. Escove os dentes em seguida, para se certificar de que sua boca fique limpa. Recomenda-se escovar também a língua.

Entre os efeitos visíveis dessa terapia, estão a eliminação do sangramento das gengivas e o clareamento dos dentes. Durante uma doença, esse procedimento pode ser feito três vezes ao dia, mas sempre com o estômago vazio. A terapia de azeite alivia e ajuda as funções hepáticas, ao retirar as toxinas do sangue que o fígado não pôde eliminar ou purificar. Isso beneficia o organismo inteiro.

Substitua todas as peças e obturações dentárias metálicas

As peças dentárias metálicas são uma constante fonte de envenenamento e, possivelmente, de reações alérgicas no corpo. Todo metal corrói com o tempo, especialmente na boca, onde há alta concentração de ar e umidade. As amálgamas de mercúrio liberam seus compostos extremamente tóxicos e vapores para o corpo, razão pela qual, na Alemanha, os dentistas não podem, por lei, aplicá-las em mulheres grávidas. Esse produto foi proibido em vários países europeus.

Se o mercúrio é considerado perigoso para a mãe e para o bebê, também deve sê-lo para nós. O fígado e os rins, em particular, têm de lidar com essas substâncias nocivas, como as liberadas pelos preenchimentos em metal, que gradualmente se tornam tóxicas. O cádmio, por exemplo, usado para dar o tom rosado às dentaduras, é cinco vezes mais tóxico que o chumbo. Não é preciso grande quantidade para elevar a pressão sanguínea a níveis anormais. O tálio, também encontrado nas amálgamas de mercúrio, causa dores nas pernas e até paraplegia, além de afetar a pele e os sistemas nervoso e cardiovascular. Todos os testes para envenenamento por metais, feitos com pacientes em cadeiras de rodas, deram positivo, indicando a presença de tálio. Muitas pessoas que se achavam presas a cadeiras de rodas por vários anos, em razão de terem recebido amálgamas de metal, recuperaram-se completamente, depois de eliminarem o metal das suas bocas. O tálio é letal, em doses de 0,5–1grama.

Outros elementos contidos nas amálgamas de metal são conhecidos por seus efeitos cancerígenos. Entre eles, estão o níquel – que também é usado nas coroas de ouro, nos aparelhos ortodônticos, nas coroas para crianças – e o cromo. Todos os metais corroem (inclusive o ouro, a prata e a platina) e o corpo absorve essa corrosão. Mulheres com câncer de mama frequentemente acumularam grandes quantidades de metais dissolvidos em seus seios. Se a boca estiver livre de todos os metais, eles abandonarão os seios. Muitos dos cistos também se encolherão e desaparecerão por si sós.

O sistema imunológico do corpo responde naturalmente à presença de metais tóxicos, desenvolvendo reações alérgicas, que podem aparecer como alterações dos seios paranasais, zumbidos nos ouvidos, aumento do pescoço e das glândulas, inchaço, aumento do baço, manifestações artríticas, dores de cabeça e enxaquecas, doenças dos olhos e algumas complicações mais sérias, como a paralisia ou ataques do coração. A maneira óbvia de melhorar todas essas condições é substituir as restaurações dentárias metálicas por restaurações *sem* metal. [29] Se você precisar de atendimentos odontológicos mais complexos, como para colocar uma coroa, uma ponte ou um implante ou realizar um tratamento de canal, é melhor procurar um dentista alternativo que utilize os procedimentos menos nocivos disponíveis. Além disso, limpe

29. Para detalhes sobre obturações, ver *Timeless Secrets of Health and Rejuvenation,* do mesmo autor.

o fígado e os rins e beba chá de ervas para o fígado (ver receita descrita anteriormente) durante 10 dias após a substituição das obturações.

Equilibre sua saúde emocional

Em um nível mais profundo, toda doença física *é* uma emoção desequilibrada. As emoções são sinais de bem-estar ou de desconforto que nosso corpo envia em todos os momentos de nossa existência consciente. Elas contêm vibrações específicas que atuam como uma espécie de informe meteorológico, dizendo como nos sentimos com nós mesmos, em relação aos outros e sobre o que é "bom" ou "mau", "certo" ou "errado" em nossas vidas e em nosso mundo. As emoções são como reflexos em um espelho: revelam tudo de que precisamos saber para passar por provas e tribulações em nossa vida. Nosso corpo, que não pode somente ser *sentido*, é precisamente o espelho ou mensageiro de cada emoção. Um espelho sujo reflete somente certas partes de nós ou nos distorce. Se estamos emocionalmente bloqueados e não podemos entender o que acontece, é porque não abrimos ou não escutamos nem entendemos as mensagens que nosso corpo está tentando nos enviar.

Todos os problemas emocionais indicam falta de consciência. Se não estamos completamente conscientes do porquê dessas emoções e/ou desses desafios físicos, não estamos em contato com nós mesmos e, portanto, somos incapazes de fazer mudanças positivas em nossa vida. Muitas pessoas estão tão desconectadas dos seus sentimentos que sequer sabem *o que* sentem. Praticar exercícios de consciência conduz nossa atenção para onde estamos e o que somos. Ao permanecer *com* nossas emoções, enquanto durarem, podemos liberar os poderes criativos que permanecem dentro de nós. As emoções não devem ser julgadas nem reprimidas, estão aí para serem entendidas e aceitas. Quando aprendermos a vê-las, começaremos a entender seu verdadeiro significado. Ao invés de *reagir* inconscientemente a uma situação ou a uma pessoa difícil, podemos *atuar* conscientemente, com o nosso livre-arbítrio.

As emoções devem ser reconhecidas porque são a única forma que o corpo tem de nos dizer como nos sentimos em relação a nós mesmos e aos outros. Ao aceitarmos todos os nossos sentimentos e emoções, em vez de reprimi-los, começamos a experimentar uma realidade diferente na vida, que nos oferece liberdade dos julgamentos e libertação da dor. Começaremos a ver um sentido e um propósito em tudo que nos acontece, independentemente do que seja "certo" ou "errado", "bom" ou "mau". Isso elimina o medo e todas aquelas emoções que surgem diariamente. Equilibrar nossas emoções é uma das formas não físicas mais importantes de alcançar um saudável estado de saúde, felicidade e calma.

Os enfoques, mensagens e arte contidos no meu livro *Lifting the Veil of Duality* [Levantando o Véu da Dualidade] foram planejados para trazer equilíbrio à sua vida emocional. Na verdade, sua completa percepção dos problemas, das limitações, das doenças, da dor e do sofrimento podem mudar profundamente depois de ler esse livro. Além disso, o que anteriormente levou você a um envelhecimento prematuro ou, talvez, até a uma doença física, pode se transformar rapidamente em oportunidades para gerar felicidade, abundância, vitalidade e rejuvenescimento, ao longo da sua vida. Meu sistema de cura, *Sacred Santémony* [Santémony Sagrada], descrito no fim desse livro, é um método altamente eficaz para equilibrar as causas-raiz de desequilíbrios emocionais.

Enquanto isso, você pode se beneficiar, realizando o seguinte procedimento, muito simples, para equilibrar suas emoções: retorne ao belo período em que era uma criança muito pequena, com três anos de idade. Lembre-se do quanto era livre e feliz. Não tinha noções preconcebidas do que era certo ou errado, bom ou mau, feio ou bonito. Veja a si mesmo relacionando-se com outras pessoas com grande admiração, facilidade e inocente abertura. Você está interessado em tudo, sente-se seguro, alimentado e amado. Agora, avance no tempo até uma situação em que já não se sentia dessa forma, quando sentia falta de afeto ou se sentia ignorado, severamente repreendido, criticado, insultado. Note o retraimento e a frieza do seu coração. Novamente, regresse ao espírito inocente da sua infância e transmita-o a uma situação que tenha lhe causado muita dor. Preencha-se da inocência e da felicidade dos seus três anos e transmita-as à sua volta. Verá como todos se preencherão com a mesma felicidade. Agora, vá a outro fato da sua vida que tenha lhe causado infelicidade e repita esse processo. Regresse a cada experiência difícil ou negativa da sua vida e a alivie com a felicidade de quando você tinha três anos.

Esse exercício é muito eficaz porque, na realidade, o tempo linear não existe. Ele é somente um conceito que usamos para separar fatos já ocorridos, que ocorrem hoje e podem ocorrer no futuro. Portanto, os fatos do passado têm efeito tão poderoso em nós, hoje, como o tiveram outrora. Por essa razão, nosso mundo está cheio de temor, tensão, estresse, ira, conflito e violência. A maioria das pessoas não pode esquecer suas experiências passadas, então, recria cenários similares para enfrentá-los de uma forma ou de outra. Mas, ao corrigir o impacto negativo por meio desse simples exercício, podemos mudar literalmente nosso passado e, portanto, nossas realidades presente e passada.

Pode levar de duas a três semanas (em sessões diárias de 20 a 30 minutos) para revisar e aliviar todas as emoções desequilibradas do passado dessa forma, mas vale a pena. Quando reagimos negativamente a um fato de nossa vida, significa que tivemos uma emoção desequilibrada anterior a esse momento. Ao equilibrar todas as experiências ocorridas entre nossa infância e o momento atual, poderemos, literalmente, eliminar as raízes de todos os problemas emocionais, mentais, físicos e espirituais, e prevenir o surgimento de outros.

6

O que Esperar de uma Limpeza do Fígado e da Vesícula?

Uma vida livre de doenças

As doenças não fazem parte do planejamento do corpo. Os sintomas de doenças simplesmente indicam que o corpo está tentando impedir um dano grave ou, inclusive, que uma situação que coloque nossa vida em risco ocorra. Ficamos doentes quando nosso sistema imunológico está suprimido e sobrecarregado de resíduos tóxicos acumulados. No momento em que a congestão atinge seu clímax, o corpo tenta eliminar as toxinas diversas e, geralmente, de formas desagradáveis. Os métodos de autodefesa e de limpeza do corpo frequentemente causam dores, febres, infecções, inflamações e úlceras. Nos casos mais sérios, o câncer e o acúmulo de placa no interior das paredes arteriais ajudam a prevenir a falência iminente.[30] Quase todos os tipos de "asfixia" interna são precedidos ou acompanhados de um bloqueio dos ductos biliares no fígado. Quando esse órgão – principal fábrica e centro de desintoxicação do corpo – fica congestionado por cálculos biliares, o resultado mais provável são as doenças.

Ao limpar os ductos biliares no fígado de toda obstrução e ao adotar e manter uma alimentação e um estilo de vida equilibrados, o

30. Para aprender mais sobre as quatro causas de doenças, como se desenvolvem, as verdadeiras razões do câncer, das doenças cardíacas, do diabete e da AIDS, ver, do mesmo autor, *Timeless Secrets of Health and Rejuvenation*.

corpo volta naturalmente ao estado de equilíbrio (homeostase), que geralmente se conhece como "boa saúde". O velho ditado, segundo o qual "mais vale prevenir que remediar", aplica-se muito apropriadamente ao fígado. Se ele se mantiver livre de cálculos, será muito difícil alterar esse estado de equilíbrio. Ter um fígado limpo significa basicamente ter um bom estado de saúde.

Os convênios de saúde e seus clientes beneficiariam-se bastante, de diversas maneiras, com a limpeza do fígado e da vesícula; poderiam reduzir consideravelmente a taxa de seus planos e as despesas com reembolsos, enquanto a população conveniada desfrutaria melhor saúde, menos dias de licença do trabalho e estaria livre do medo e da dor que normalmente acompanham as doenças. As pessoas mais velhas não seriam consideradas um peso, pois poderiam cuidar cada vez mais de si mesmas – e não cada vez menos. Os custos relacionados aos cuidados com a saúde reduziriam drasticamente, o que poderia se transformar na única maneira de assegurar o contínuo progresso e a prosperidade em países como os Estados Unidos e o Reino Unido. Se a atual tendência de aumentos nos gastos com a saúde continuar crescendo nos Estados Unidos, como tem acontecido nas últimas décadas, as grandes corporações provavelmente irão à falência. Em 2001, esse gasto excedeu o limite de US$ 1 trilhão de dólares nos Estados Unidos e, em 2004, essa marca excedeu US$ 1,9 trilhão. Isso representou 16% do PIB americano e essa tendência parece não ter fim em vista. Há uma projeção de que os gastos com a saúde dobrarão para US$ 4 trilhões na próxima década.

A boa saúde não pode ser medida pela quantidade de dinheiro que se gasta com o tratamento dos sintomas das doenças, pois isso requer, inevitavelmente, mais tratamentos, uma vez que as suas origens são desconhecidas e esses sintomas ficariam piores sem cuidados. De acordo com a premissa da medicina moderna, para tratá-los de maneira satisfatória – o que implica suprimir os esforços de cura do próprio corpo – é necessário que os pacientes tomem remédios potentes ou se submetam a radiações e cirurgias. Todas essas formas de intervenção médica têm graves efeitos colaterais, que, por sua vez, se transformam na causa de novas doenças, as quais requerem novos tratamentos. Esse enfoque de "arranjos rápidos" e repressão dos sintomas das doenças são a principal causa das enfermidades crônicas e, sem dúvida, dos custos crescentes com saúde. Cerca de 900 mil pessoas morrem por ano desnecessariamente como consequência de efeitos colaterais de tratamentos médicos caros. Em comparação, é relativamente barato curar realmente as doenças e prevenir o surgimento de outras. O cuidado convencional da saúde está se tornando cada vez mais oneroso para a maioria das pessoas no mundo inteiro e, provavelmente, tornar-se-á um raro privilégio para poucos no futuro. Se a limpeza do fígado e da vesícula fosse prescrita pelos médicos nos Estados Unidos, ainda que só para pacientes com doenças de vesícula, esses 20 milhões de pacientes que sofrem com cálculos seriam ajudados a levar uma vida normal e mais cômoda, eliminando ou prevenindo outras numerosas doenças.

A limpeza hepática faz muito mais que simplesmente restaurar as funções adequadas da vesícula e do fígado; ajuda as pessoas a assumirem um cuidado ativo de sua própria saúde pelo resto da vida. Assinar uma apólice de seguro contra doenças não pode garantir uma vida livre delas. A boa saúde desenvolve-se de maneira natural, quando mantemos nosso corpo livre de cálculos biliares e de outros depósitos de resíduo tóxico, e quando cumprimos os requisitos mais básicos para manter nossa juventude e vitalidade ao longo da vida.

Melhora na digestão, na energia e na vitalidade

O significado de "boa digestão" compreende três processos básicos no corpo:

- Os alimentos que consumimos são reduzidos a seus componentes nutricionais;
- Os nutrientes são absorvidos, distribuídos às células e eficazmente metabolizados;
- Os resíduos derivados da redução e do uso dos alimentos são completamente eliminados pelos sistemas e órgãos secretores.

O corpo precisa de uma boa digestão para garantir a rotação contínua e eficiente dos seus 60-100 trilhões de células. Para manter o estado de homeostase, ele tem de criar 30 bilhões de novas células todos os dias, a fim de substituir o mesmo número de células velhas, desgastadas ou danificadas. Se isso acontecer sem contratempos, dia após dia, ano após ano, as novas células serão tão eficazes e saudáveis quanto as anteriores. Embora certas células, como as cerebrais e as cardíacas, não possam ser substituídas (teoria que está a ponto de se tornar obsoleta), seus componentes (átomos de carbono, oxigênio, hidrogênio e nitrogênio), que constituem o ar que respiramos, renovam-se continuamente.

A rotação natural das células ou átomos, entretanto, não é completa nem eficaz na maior parte das pessoas que vive em um mundo acelerado, com pouco tempo para um estilo de vida saudável e uma alimentação equilibrada. Hoje, as pessoas não são saudáveis porque comem alimentos não saudáveis, considerando que uma dieta nutritiva é composta de alimentos naturais, não contaminados e de água fresca e limpa. Somente algumas poucas sociedades que vivem em áreas remotas e reclusas, como nas montanhas na região de Abcásia, no sul da Rússia, nas montanhas do Himalaia, na Índia, no Tibete, na China, nos Andes, na América do Sul, ou no norte do México, conseguem manter a vitalidade e a saúde em todas as faixas etárias. Sua alimentação é composta somente de alimentos puros e frescos. Mas não é preciso viver em áreas remotas do mundo para ser saudável. Na verdade, é muito normal, por exemplo, as pessoas terem vasos sanguíneos limpos com 100 anos ou mais (ver **figura 14**).

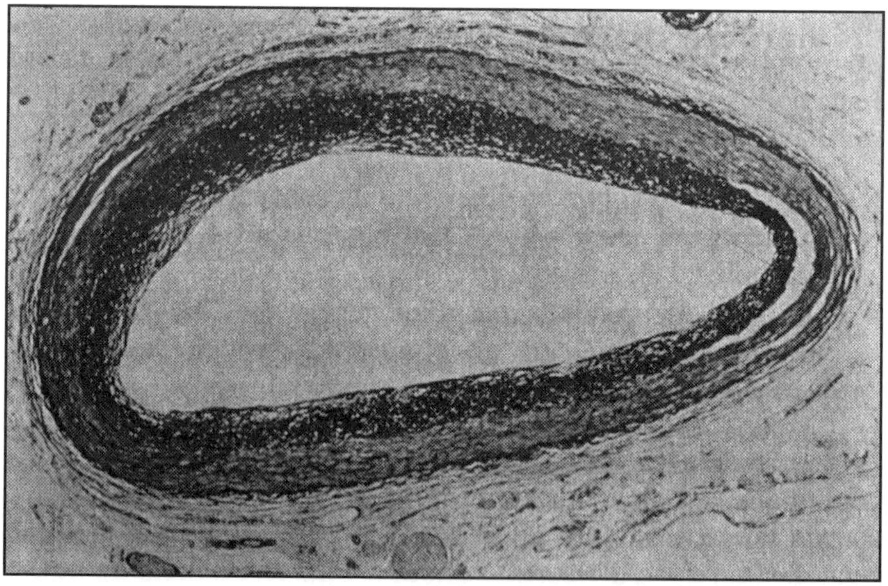

Figura 14: *A artéria aberta de uma mulher norte-americana de 100 anos.*

Limpando o corpo e dando-lhe o melhor tratamento possível, todos podemos elevar nossa qualidade de vida a um alto nível de energia e de vitalidade, que, aliás, é o estado natural de saúde que todo ser humano merece. Um sistema digestório que funcione corretamente e um fígado livre de cálculos biliares propiciam as condições principais pelas quais o corpo pode regular a harmoniosa rotação das células, sem acumular toxinas. Esse é o melhor antídoto contra a velhice e as doenças que qualquer pessoa possa ter.

Liberdade da dor

A dor é o sinal que o corpo utiliza para identificar e corrigir certos problemas ou o mau funcionamento de algum órgão ou sistema, dos músculos e das articulações. Ela não é uma doença em si, mas é sinal de uma resposta imunológica a uma situação anormal, que pode significar congestão da linfa, do sangue e a presença de resíduos. Qualquer congestão física leva a um fornecimento deficiente de oxigênio, e a sua falta nos tecidos quase sempre causa dor. Quando ela desaparece de maneira natural, sem o uso de medicamentos paliativos, o corpo indica que voltou ao estado de equilíbrio. A 3 indica que a resposta imunológica e a habilidade de autolimpeza do corpo não são suficientes e que o problema ainda está ativo e intacto.

Limpar o fígado e a vesícula de todos os cálculos biliares pode ajudar a reduzir e a eliminar a dor no corpo, não importando se ela está localizada nas articulações, na cabeça, nos nervos, músculos ou nos órgãos. O corpo é tão saudável quanto o sangue ou a linfa e, se eles contiverem grandes quantidades de toxinas, como no caso de um fígado congestionado, pode haver irritação, inflamação e infecção, células ou tecidos danificados nas partes mais fracas do corpo. Se as funções digestivas e metabólicas e a eliminação de resíduo do corpo estiverem inibidas devido ao rendimento hepático deficiente, o *sistema imunológico* não pode trabalhar a cura do corpo.

A resposta de cura depende da eficiência do sistema imunológico, cuja maior parte está localizada no trato intestinal. O fígado, principal órgão controlador da digestão e do metabolismo celular, deve estar livre de toda obstrução (cálculos biliares), para evitar a sobrecarga do sistema imunológico. Se a imunidade estiver baixa nos intestinos, ela também estará baixa em outras partes do corpo. O alívio da dor é automático, quando a congestão é reduzida e o sistema imunológico volta a seu poder e à sua eficiência total. A dor não requer tratamento, a menos que seja insuportável. Você não tentaria lutar contra a escuridão da noite quando tudo de que você precisa fazer é acender a luz. Na verdade, não é sensato matar o mensageiro (dor) que tenta alertá-lo sobre um inimigo que se aproxima. Como a dor crônica é causada por uma congestão também crônica; o fígado, os intestinos, os rins e o sistema linfático devem ser limpos, antes de tentar tratar a dor. Em quase todos os casos, esse procedimento resulta em alívio e restaura a boa saúde e as próprias funções imunológicas.

Um corpo mais flexível

A flexibilidade física é uma medida do quanto os órgãos, músculos, articulações, tecidos conjuntivos e células estão nutridos pelos alimentos que ingerimos, pela água que bebemos e pelo ar que respiramos. Os processos metabólicos e digestivos que disponibilizam esses elementos para as células precisam estar em ótimas condições, para que a saúde seja uma realidade duradoura. Rigidez nas articulações e nos músculos indica a presença de resíduos metabólicos ácidos nessas partes do corpo, em consequência do mau funcionamento das funções digestiva e excretora.

Qualquer pessoa que pratique ioga, ginástica ou qualquer outra forma de exercício e faça uma ou mais limpezas hepáticas, notará um aumento na flexibilidade da espinha dorsal, das articulações e dos músculos. Os depósitos de sais minerais na área do pescoço e dos ombros começam a diminuir, e as dores e a rigidez desaparecem. O corpo inteiro sente-se mais "conectado", como consequência de os tecidos conjuntivos, que mantêm as células juntas, terem recuperado sua flexibilidade e fluidez.

Um rio de água pura e limpa flui com mais facilidade e menos atrito que um rio que tenha "engrossado" pelo acúmulo de grande quantidade de sujeira e de lodo. Uma das funções mais importantes do fígado é manter o sangue fino para que possa distribuir nutrientes às células, coletar os resíduos e garantir que os hormônios "mensageiros" cheguem ao seu destino a tempo. O sangue espesso é o denominador comum da maioria das doenças e pode ser reconhecido quando há falta de flexibilidade em certas partes do corpo, entre outros sintomas, incluindo cansaço. Se a espinha dorsal e as articulações estão em permanente estado de rigidez e dor, é sinal de que a maioria dos órgãos internos está sofrendo de problemas circulatórios. A circulação sanguínea melhora consideravelmente quando os cálculos biliares deixam de congestionar o fígado, levando à maior flexibilidade e à mobilidade do corpo. Um programa adequado e regular de exercícios ajuda a manter e a dar continuidade à recém-encontrada flexibilidade.

Um corpo flexível sugere uma mente aberta e adaptável. Um corpo rígido, ao contrário, sinaliza uma mente tensa e temerosa. À medida que o corpo for abastecido de sangue mais fino e as estruturas endurecidas começarem novamente a se abrandar, a atitude mental também se tornará mais expansiva e complacente. Isso aumenta nossa habilidade de fluir com as oportunidades da vida no momento presente, transmitindo grande alegria a cada um dos nossos dias.

Deter o processo de envelhecimento

Muitas pessoas veem o envelhecimento como um fenômeno que, como uma doença, inevitavelmente as afetará. Mas esse ponto de vista é aplicado somente a suas consequências "negativas". O envelhecimento também pode ser visto como um processo de crescimento, que torna a vida mais rica, aumenta a sabedoria, amplia a experiência e a maturidade, aspectos que raramente são encontrados na juventude. O aspecto negativo do processo de envelhecimento, com o qual a maioria da população se identifica, é um transtorno metabólico que se desenvolve gradualmente ao longo do tempo.

Os efeitos indesejados do envelhecimento são o resultado de mau funcionamento celular. Quando as células do corpo não são capazes de remover de modo rápido seus resíduos metabólicos diários, alguns deles se alojam nas membranas celulares. Na realidade, elas se transformam em "latas de lixo" celulares. As células não podem, por si sós, desfazer-se dos seus resíduos porque o tecido conjuntivo que as circunda também está congestionado por outros resíduos (em consequência de um bloqueio linfático). Com o tempo, essa operação ineficaz de eliminação se torna mais pronunciada e aparente. O "lixo" retido gradualmente bloqueia o fornecimento de oxigênio, nutrientes e água das células, aumentando a espessura das membranas. As membranas celulares de um recém-nascido são muito finas, quase incolores e transparentes. Hoje, uma pessoa de 70 anos tem membranas celulares que são, pelo menos, cinco vezes mais grossas que as encontradas no corpo de um bebê; a cor das membranas é, em geral, marrom e, em alguns casos, negra. Esse processo celular degenerativo é o que geralmente denominamos "envelhecimento".

Até mesmo durante o envelhecimento normal, que começa logo no começo de nossa vida, todas as células do corpo continuam a ser substituídas por novas células. Entretanto, durante o envelhecimento irregular, as novas células não são tão saudáveis como as anteriores. Os tecidos afetados ou grupos de células tornam-se debilitados e sofrem de desnutrição, o que dá às novas células um nascimento enfraquecido. Consequentemente, e não depois de muito tempo, as membranas das novas células também ficam congestionadas, sem ter a oportunidade de se desenvolver como células jovens e saudáveis. Como cada vez mais células e tecidos conjuntivos circundantes ficam saturados com substâncias tóxicas, órgãos inteiros do corpo começam a se deteriorar e envelhecer.

A pele, o maior órgão do corpo, começa, desse modo, a sofrer de desnutrição. Como consequência, ela pode perder um pouco de elasticidade, mudar sua cor natural, tornar-se seca e endurecida, assim como desenvolver manchas que consistem de produtos de resíduo metabólico. Nessa etapa, o aspecto negativo do envelhecimento torna-se visível. Portanto, é bastante evidente que o envelhecimento externo, resultado de um metabolismo celular defeituoso, aconteça primeiro no interior do corpo.

As principais causas do metabolismo celular ineficaz são a fraqueza nas funções digestivas e hepáticas. Ambas melhoram muito quando *todos* os cálculos biliares do fígado e da vesícula são eliminados e outras substâncias tóxicas são expelidas dos órgãos, dos tecidos e das células, por meio de métodos simples de limpeza (como os apresentados neste livro). Assim que as células começam a descartar sua "pele escura" (um resultado natural da limpeza), a absorção de oxigênio, de nutrientes e de água aumenta, assim como a eficiência e a vitalidade celular. À medida que a digestão e o metabolismo continuam se recuperando, em vez de se sentirem velhas e cansadas, as células tornam-se, novamente, jovens e dinâmicas. Precisamente aqui, o processo real de envelhecimento é detido e retrocede. E os seus aspectos positivos começam a predominar.

Beleza interna e externa

Os resultados da melhora constante do metabolismo celular afetarão sua autoestima tanto quanto for visível no seu exterior. As pessoas idosas ficam radiantes e joviais quando estão verdadeiramente saudáveis. Os jovens podem ficar envelhecidos, caso seus corpos estejam cheios de toxinas e se sentirem cansados. Naturalmente, se você quer alcançar a beleza exterior, deve primeiro desenvolver sua beleza interior.

Se o seu corpo tiver acumulado muitos detritos, não será capaz de lhe acrescentar beleza e valor. Contudo, há grupos indígenas vivendo nos mais remotos lugares do mundo que ainda desfrutam perfeita saúde e vitalidade. Conseguem-no purgando seus fígados, rins e intestinos com óleos, ervas e líquidos. Essas práticas foram perdidas nas sociedades modernas, que insistem em melhorar a aparência física superficial e, em caso de doença, remediar os sintomas antes de eliminar as causas.

Pessoas que realizaram uma série de limpezas hepáticas comentam que se sentem muito melhor com seus corpos, suas vidas e com o ambiente que as rodeia. Em muitos casos, a autoestima e a habilidade de apreciar as outras pessoas melhoram, na medida em que o corpo se torna altamente purificado. A limpeza do fígado e da vesícula pode contribuir em muito para desenvolver sua vitalidade e beleza interior. Isso não só ajudará a retardar ou a reverter o processo de envelhecimento, como também fará você se sentir mais jovem e atraente, não importando a sua idade.

Melhora da saúde emocional

A limpeza hepática tem implicações diretas na forma como nos sentimos com relação a nós mesmos e com os outros. Sob estresse, tendemos a nos irritar, a nos ofender, a nos frustrarmos ou ainda a nos tornar irascíveis. A maioria das pessoas supõe que o estresse tem algo a ver com os problemas externos que enfrentam na vida. Isso é apenas parcialmente verdadeiro. Nossa resposta a certas questões, situações ou pessoas torna-se negativa porque não podemos enfrentá-las.

O fígado, que mantém as funções do sistema nervoso ao alimentá-lo com nutrientes básicos, também determina nossa resposta ao estresse. Os cálculos biliares impedem a correta distribuição desses nutrientes, obrigando o corpo a recorrer a várias medidas de emergência, incluindo uma secreção excessiva de hormônios do estresse. Essa medida de primeiros socorros ajuda, ainda que por pouco tempo, a manter as funções do corpo, mas, cedo ou tarde, seu equilíbrio é prejudicado e o sistema nervoso se altera. Frente a esse estado de desequilíbrio, qualquer pressão externa ou desafio pode desencadear uma resposta exagerada de estresse, o que, em dado momento, lhe dará a sensação de se sentir estressado ou sobrecarregado.

Nossa saúde emocional está intimamente ligada à nossa saúde física. Limpar e manter o fígado limpo ajuda a preservar nosso equilíbrio emocional. Ao eliminar os cálculos biliares, também nos livramos de qualquer sentimento reprimido de ira e ressentimento que possa ter se alojado durante um longo tempo (o corpo detém várias emoções em diferentes partes). O alívio ao deixar o passado e as situações não resolvidas irem embora lhe dará nova sensação de estar vivo. Esse sentimento de liberdade e euforia, experimentado quase imediatamente após uma limpeza hepática, é somente uma amostra do que espera por você, quando tiver limpado completamente o seu fígado.

Clareza mental e melhora da criatividade

Clareza mental, boa memória, criatividade e capacidade de se concentrar e focar a atenção dependem do quanto o cérebro e o sistema nervoso estão alimentados. Um sistema circulatório ineficaz tem efeito de supressão e tristeza sobre todos os processos mentais, o que aumenta o estresse e a tensão no sistema nervoso.

A cada nova limpeza hepática que realizar, notará uma melhora contínua em suas faculdades mentais. Muitas pessoas relatam que a mente se tornou mais relaxada e menos confusa. Outras mencionaram um repentino fluxo de ideias que as ajudou a melhorar seu rendimento no trabalho e em suas produções criativas. Artistas notam, geralmente, que há abertura de uma nova dimensão em suas expressões criativas, incluindo a percepção de cores, formas e figuras.

As pessoas envolvidas com técnicas de crescimento pessoal ou autoajuda notaram que a eliminação dos cálculos biliares no fígado as ajudou a alcançar áreas mais profundas e recônditas em seu interior e a usar mais seu potencial mental. A limpeza hepática ajuda especificamente a equilibrar o *chacra do plexo solar*. O plexo solar representa o centro de energia no corpo que se encarrega da vontade, da absorção e da distribuição de energia, assim como das funções do fígado, da vesícula, do estômago, do pâncreas e do baço. Essa parte central do corpo e as emoções que a acompanham adquirem mais desenvoltura depois de uma série de limpezas hepáticas.

7

O que as Pessoas Falam da Limpeza do Fígado e da Vesícula

"A limpeza hepática, que diferença ela faz! Sou uma mulher de 46 anos e venho sofrendo problemas de saúde praticamente a vida inteira. Quando criança, esses problemas eram pequenos, mas numerosos e constantes. Já adulta, esses pequenos problemas ficaram sérios. Meu caminho para uma boa saúde tem sido longo e particularmente difícil. Introduziram-me sondas com câmeras, espetaram-me com agulhas, submeti-me a radiografias e tomografias com contrastes e sofri cinco intervenções cirúrgicas. Prescreveram e fizeram com que eu me consumisse com grandes quantidades de medicamentos, em diversas dosagens, de altas a muito altas, particularmente de antibióticos. Sempre melhorava por algum tempo, mas meus problemas continuavam e cada vez reapareciam em diferentes partes do corpo, com sintomas ainda piores.

Finalmente, depois de eu ter me esgotado com o sistema de saúde e não saber mais o que fazer, decidi experimentar a terapia natural. Li tudo que pude, deixei de tomar medicamentos, mudei minha alimentação e me submeti a uma série de tratamentos de hidroterapia do cólon. Isso começou a funcionar. Minha saúde melhorou muitíssimo, mas eu ainda precisava de mais. Não tinha energia e minha dieta tinha de ser estrita para evitar que meus problemas digestivos voltassem. Um dia, uma amiga – que Deus a abençoe! – me deu um livro por pensar que eu me interessaria em ler. O livro era *Limpeza do fígado e da vesícula*! Desde então, concluí seis limpezas. Ainda não estou totalmente recuperada, mas a diferença é tão notória que posso falar dela com segurança. Os últimos seis meses têm sido realmente maravilhosos.

Até agora, eliminei cerca de 2 mil cálculos, cujos tamanhos variam entre o de uma ervilha até o de uma bola de golfe. Também obtive outros benefícios, ao expulsar um pequeno tumor e vários tipos de parasitas. Minha mudança de uma pessoa enferma e frágil para uma mulher forte e vigorosa é incrível. Minha digestão mudou de tal forma, que agora é como a de qualquer pessoa normal, e isso é algo que eu nunca havia experimentado. Sofro de problemas de sinusite desde que consigo me lembrar. E agora, à medida que minhas alergias estão desaparecendo, eles estão gradualmente se normalizando. Meus amigos e minha família são testemunhas dessas espetaculares mudanças, e quase não acreditam na quantidade de energia que tenho agora. Minhas mudanças físicas e mentais são tão extraordinárias que simplesmente tenho vontade de falar sobre elas para o mundo inteiro. Não há nada melhor do que isso! Agradeço por isso todos os dias e me sinto obrigada a compartilhar *Limpeza do fígado e da vesícula* com todas as pessoas que desejam ajudar a si mesmas de maneira natural, assim como se permitirem uma nova vida. O que sinto é tão novo para mim que, algumas vezes, acordo pela manhã pensando que foi um sonho. Mas meu sonho tornou-se realidade! Uma vida sem saúde não é vida! Isso é mesmo incrível e eu comecei, finalmente, a viver!"

Debbie Perez, Alemanha

"Terminei minha décima limpeza hepática há umas três semanas e, nessa última ocasião, não eliminei nenhum cálculo. Expeli mais de 9 mil pedras, em um período de 12 meses. Minha saúde está muito melhor, não sofro de fadiga e tenho muita energia. Durante os 12 meses anteriores ao início das limpezas, padeci de doenças atrás de doenças, inumeráveis infecções de panarício herpético nos dedos, o que me obrigou a uma internação hospitalar para receber anticorpos por via intravenosa. Depois sofri de varicela, seguida de herpes, ficando com sérios problemas de cicatrizes. Logo depois, tive encefalite e minha visão ficou afetada. Devo admitir que chegou um momento em que meus desejos de recuperação não eram muito fortes. Tive intestino solto durante muito tempo. Também sofri uma forte infecção bucal que, segundo meu dentista, corroeu minha mandíbula. Mas agora me sinto muito bem, graças a você e a seu maravilhoso livro. Receba os meus melhores agradecimentos."

Robert M., Reino Unido

"Um dos meus clientes, um homem de 33 anos, teve um tumor benigno do cérebro retirado há dois anos. Ele vinha sofrendo de dores de cabeça desde que tinha 10 anos. Doze meses após a cirurgia, a dor ainda era um problema. Passava dias sem ir trabalhar e ficava de cama, com suores frios e tremores. Seu cirurgião abriu-lhe novamente a cabeça para "aliviar a pressão de fluidos" (como terapeuta craniossacral, não posso fazer isso com minhas mãos!). As dores de cabeça continuaram, assim como as crises, experimentando ondas de formigamento de até 30 segundos, algumas vezes, todos os dias, o que era um sério problema na hora de dirigir. Sugeri a ele que fizesse a limpeza hepática e ele já realizou duas. As três semanas seguintes à ultima limpeza têm sido "as melhores em muitos anos", sem dores nem formigamentos na cabeça, seu aspecto é luminoso e saudável, seus olhos, brilhantes e claros, e ele se sente muito bem. Chegou a expelir milhares de cálculos nessa segunda limpeza; ele nem podia acreditar. Está realmente agradecido e satisfeito com os resultados e com o livro."

Geoffrey M., Terapeuta, Reino Unido

"Pensei que gostaria de ver o último relatório do meu cardiologista, com o qual me consultei segunda-feira passada, justamente porque fazia um ano que tive infarto." Assim começava o *e-mail* que Susan, uma paciente minha do Arizona, de 62 anos, enviou-me recentemente. "À primeira vista, ele estava um pouco preocupado", continuou, "porque eu disse que não estava tomando nenhum medicamento desde agosto passado. Ele comentou que provavelmente me receitaria dois medicamentos, mas que, antes, queria que eu fizesse um ecocardiograma e um exame de estresse".

"Submeti-me a ambos os exames, que foram feitos no seu consultório. Quando estava caminhando na esteira ergométrica, senti-me muito cansada e falei com seus assistentes, que me responderam: 'Talvez você esteja cansada, mas o seu coração, não!'. Comentaram que tanto o ecocardiograma quatro o exame de estresse estavam dentro dos parâmetros normais. Quando o cardiologista voltou à sala, disse: 'Estou totalmente surpreso, totalmente surpreso mesmo! Esses exames revelam um coração saudável, sem problema algum. Assim que voltar para casa, continue o que está fazendo e volte em seis meses'. Não voltou a falar em medicamentos".

Seu e-*mail* terminava dizendo o quão agradecida ela estava por ter recebido os conselhos e as recomendações que a impulsionaram a recuperar a saúde cardíaca. Susan é uma das milhares de pessoas diagnosticadas como pacientes cardíacas incuráveis que, por meio da limpeza hepática e das mudanças na alimentação e no estilo de vida, melhoraram sua situação.

Susan M., Arizona

"Tive cálculos biliares durante aproximadamente 15 anos. A primeira vez que fiz a limpeza, expeli, literalmente, milhares de pedras. As últimas saíram aglomeradas, formando uma pedra do tamanho do meu punho. Todo esse processo foi absolutamente indolor."

P. B., Espanha

"Tenho 46 anos e sou gerente de uma empresa de desenvolvimento, na região central dos Estados Unidos; preciso de medicamentos para o hipertireoidismo, o que me obriga a fazer exames de sangue duas vezes por ano, para monitorar meu sistema endócrino. Há dois anos, os exames de sangue também acusaram um nível elevado de colesterol, na casa de 229 mg% (200 mg para cada 100 ml). Meu endocrinologista queria começar um tratamento com uma medicação chamada Lipitor,[31] que eu prontamente recusei.

Depois disso, consultei-me com Andreas Moritz, para saber como ajustar minha alimentação e limpar meu fígado. Ao final da segunda limpeza hepática, meu nível de colesterol no sangue baixou para 177 mg%. Meu médico de 65 anos não podia acreditar no resultado. Nunca vira uma recuperação tão rápida. Estava intrigado e queria saber mais sobre a limpeza hepática.

Além disso, a dose recomendada de Synthyroid® para meu hipotireoidismo foi reduzida de 0,175 para 0,125 mg, durante os dois últimos anos, e prevejo reduções ainda maiores. Recentemente, concluí minha sexta limpeza e continuo atento à constante melhora da minha saúde e vitalidade."

Bryant Wangard, Minnesota, Estados Unidos

"No dia seguinte à minha irrigação do cólon, e depois de eliminar aproximadamente 150 pedras, senti que algo caiu no meu cólon de maneira repentina. Depois notei que essa massa se mexia lentamente,

31. Para mais informações sobre Lipitor e colesterol alto, ver Capítulo 1.

por todo o meu cólon, o que foi bastante estranho. De qualquer forma, essa massa chegou ao final, mas não saía. Esperei dois dias e, como nada acontecia, tomei Colosan.[32] No terceiro dia, tive uma evacuação que estava praticamente diluída pelo Colosan; porém, ao remover as substâncias fecais, vi que, dentro delas, havia um cálculo biliar do tamanho de uma bola de golfe, assim como outros, do tamanho de uma moeda de R$ 0,25. Não podia acreditar. Chamei minha terapeuta e lhe pedi outra sessão de irrigação do cólon, pois pensei que não houvesse terminado. Depois da irrigação, eliminei outras cem pedras do tamanho de moedas de R$ 0,01. Pensei que, seguramente, essa seria a última expulsão, mas durante os quatro dias seguintes, continuei a expelir mais pedras em cada evacuação. Finalmente, creio ter expelido algo em torno de mil pedras, no total, que eram grandes, médias e pequenas. Que alívio! Foi toda uma experiência; quem diria que pedras tão grandes pudessem se alojar em um corpo pequeno! Meu nível de energia aumentou de forma espetacular e a área do meu abdômen está plana e suave. Valho meu peso em ouro!"

D. P., Alemanha

"Recentemente, terminei minha nona limpeza hepática e estou bastante entusiasmado com os resultados. No fim do dia dessa sessão de limpeza, eliminei um cálculo calcificado de 6,3 cm de comprimento por 3,8 cm de largura (ver **figura 6b**), seguido de cerca de cem cálculos pequenos, mas igualmente calcificados. Aparentemente, esses cálculos biliares ocuparam completamente minha vesícula durante vários anos, não permitindo que meu fígado desintoxicasse meu sangue e meu corpo de maneira adequada. Depois de cada limpeza, expeli centenas de pedras e o impacto imediato foi tremendo: olhos mais limpos e brilhantes, um sentimento de felicidade e notável queda nos sentimentos de ira e de frustração, assim como a melhora da capacidade digestiva. Mas nada podia me preparar para o que aconteceria na minha nona limpeza. As dores e mal-estares que tive durante muitos anos desapareceram da noite para o dia, inclusive a rigidez crônica dos ombros e do pescoço, das costas e das articulações. Se, durante uma sessão de massagem, shiatsu ou de ajuste quiroprático, houvesse pressão leve, todo o corpo respondia com uma forte dor. Agora, a dor desapareceu completamente.

Antes de começar esse regime de limpeza, tomava mais de uma dúzia de remédios e suplementos vitamínicos. Depois da primeira

32. Colosan é um limpador de cólon eficaz, descrito em *Timeless Secrets of Health and Rejuvenation*.

limpeza hepática, pude deixar de lado meu medicamento para a tireoide, que vinha tomando há cinco anos.

Como uma mulher madura, que está entrando na menopausa, o fato de o meu ciclo menstrual reaparecer imediatamente após as limpezas me surpreendeu, pois sugeriu que minha prematura entrada na menopausa pode ter sido acelerada pelo cólon e pelo fígado congestionados. Outros surpreendentes e maravilhosos benefícios têm sido o aumento do apetite sexual e minha sensibilidade a esse respeito, além da redução na vontade de comer "bobagens" e, em geral, uma atitude mais jovial, muito mais feliz e otimista, que nos últimos dez anos. Minha total gratidão a Andreas Moritz, por nos permitir conhecer essa valiosa ferramenta e, no meu caso, por salvar minha vida."

L. M., Califórnia, Estados Unidos

"Até a limpeza número 11, na realidade, não tinha muito que dizer, a não ser que havia expelido mais de duas mil pedras. Entretanto, desde a última limpeza, meu rosto está completamente livre de acne, durante mais de 13 dias (e continua), pela primeira vez, desde que tinha 14 anos. Essa é uma grande mudança para mim, pois, durante 22 anos, evitei me olhar no espelho a cada manhã. Embora, ao ficar adulto, a acne tenha sido relativamente amena, continuava me incomodando. Meus anos no Ensino Médio foram particularmente dolorosos, em razão da grave erupção cutânea. Considero um verdadeiro milagre poder olhar alguém nos olhos sem me sentir consciente do aspecto do meu rosto. Faz-me sentir fantástico!"

P. V., Minnesota, Estados Unidos

"Fiz quatro limpezas e expeli um grande número de pedras. Sugeriram que eu me submetesse a uma cirurgia de emergência, em outubro passado, mas a dor desapareceu e minha digestão continua melhorando."

Alexi, Estados Unidos

Minha história

"Quando tinha 8 anos, meu tio – o iridologista[33] mais proeminente da Alemanha, nessa época – examinou meus olhos e disse que

33. Iridologia ou ciência da interpretação é um método de diagnóstico aceito pela medicina na Alemanha e em vários outros países. Pode revelar rapidamente a existência e causas de

eu tinha 'pedras' no fígado. Aos 6 anos, comecei a ter dificuldades em digerir os alimentos. Durante os 12 anos seguintes, desenvolvi grande variedade de problemas, como artrite reumatoide juvenil, arritmia, prisão de ventre crônica, enxaquecas e dores de cabeça crônicas, pesadelos, doenças de pele e uma ligeira escoliose. A cada quatro ou cinco semanas, durante uma missa na igreja, ou enquanto esperava na fila do banco ou de alguma agência de correio, os desmaios tornaram-se cada vez mais intensos e foram sendo seguidos de vômitos e diarreia. Ficava de cama durante vários dias depois de cada um desses episódios. Nenhum médico conseguia explicar esses sintomas, que cada vez mais me debilitavam.

Aos 15 anos, comecei a estudar o sistema digestório e modifiquei minha alimentação várias vezes, com o propósito de descobrir se minhas escolhas alimentares contribuíam de alguma forma para os meus transtornos. Finalmente, dei-me conta de que estivera envenenando meu corpo com alimentos de origem animal (carne, peixes, frango, ovos, queijo, leite). Depois de abolir esses alimentos por completo, a maioria dos sintomas desapareceu, incluindo a artrite e a arritmia. Entretanto, meu fígado parecia fraco, a escoliose continuava e estava predisposto a sofrer outros episódios como os anteriores. Cerca de dez anos depois, meus desmaios progrediram para crises de vesícula. As pedras que meu tio vira anos atrás haviam crescido e se multiplicado. [*Nota*: Se as pedras não forem totalmente expelidas, continuam bloqueando o fluxo de bile, o que aumenta a formação de cálculos biliares.] No total, sofri mais de 40 crises, extremamente dolorosas, que duravam de três a dez dias. Geralmente, vinham acompanhadas de vômitos e diarreia, dores de cabeça, fortes dores nas costas e noites em claro. Como nunca havia tomado calmantes, medicamentos nem vacinas em minha vida, esses produtos não representavam uma opção para mim. Além disso, estava determinado a descobrir a verdadeira solução para o meu problema.

Comecei a fazer experiências com diferentes ervas, tratamentos e métodos de limpeza hepática existentes em diversas culturas ao longo de milhares de anos. De todos os métodos que pesquisei, experimentei e tentei, descobri que o procedimento descrito neste livro era o melhor para mim. Durante minha primeira limpeza hepática real, expeli mais de 500 cálculos biliares. As crises de vesícula desapareceram a partir desse mesmo dia. Outros sintomas, como as dores de cabeça e nas articulações, a escoliose e os problemas digestivos, melhoraram

transtornos físicos pelo estudo cuidadoso da íris.

a cada limpeza. Depois de 12 limpezas e 3.500 cálculos biliares, meu fígado ficou completamente limpo e, por fim, minha saúde chegou ao ponto que eu sempre desejei. Hoje, as pessoas se admiram com a minha vitalidade e o meu gosto pela vida, e do meu corpo flexível e saudável, algo com que vinha sonhando há 30 anos."

Andreas Moritz

8

Perguntas Frequentes

A seguir, apresentamos as perguntas mais frequentes sobre temas relacionados a cálculos biliares, limpeza hepática e saúde do cólon e suas respectivas respostas.

Pergunta – É natural ou vantajoso ter certa quantidade de cálculos biliares no fígado?

Resposta – Definitivamente, não. A função dos ductos biliares é transportar a bile das células hepáticas para o trato intestinal, de modo similar a uma tubulação que leva água a uma casa ou a um campo. A obstrução dos ductos biliares também significa interromper a distribuição de oxigênio e nutrientes às células hepáticas, o que vai contra o planejamento natural do corpo. Então, não há nenhuma vantagem em ter os ductos biliares obstruídos. Como a bile também transporta toxinas para fora do fígado, se ele estiver congestionado pelos ductos biliares essa função vital fica impedida de ser realizada, e esse órgão ficará danificado, o que contribuirá para a toxicidade generalizada do corpo. A única "razão" de os cálculos estarem no fígado é prender e neutralizar toxinas que, de outra forma, poderiam entrar e danificar os intestinos. No entanto, como demonstrei várias vezes nos capítulos anteriores, isso impede o funcionamento do fígado, levando a efeitos prejudiciais no corpo todo.

P. – Expeli pedras vários dias depois da irrigação do cólon, após a última limpeza hepática, e senti cansaço até que todas fossem expelidas. Como posso ter certeza de que as pedras eliminadas pelo fígado também serão expelidas pelo meu corpo?

R. – A maioria das pessoas elimina as pedras restantes durante a irrigação do cólon posterior à limpeza hepática. Se você continuar sentindo a cabeça pesada, cansaço e outros sintomas de toxicidade no corpo, utilize algum laxante natural, como Colosan, suco de aloe vera, óleo de rícino, entre outros. Deixe de usá-los quando o incômodo desaparecer. Em alguns casos de constrição intestinal ou outras congestões maiores, pode ser necessária uma terceira irrigação no cólon. Essas dificuldades, embora raras, geralmente se devem ao "cólon espástico", uma condição crônica em um segmento do intestino grosso que impede as evacuações.

P. – Estou grávida. Tudo bem se eu fizer uma limpeza hepática?

R. – Apesar de a limpeza do fígado não apresentar efeitos colaterais na mãe ou no bebê, para prevenir, é melhor adiá-la para até seis semanas depois do parto. Entretanto, para futuras gestações, recomendo-lhe que elimine todos os cálculos biliares por meio de várias limpezas antes da concepção. Isso garantirá boa saúde tanto sua quanto do bebê, durante a gravidez e também depois do parto.

P. – Não tolero suco de maçã. Há alguma alternativa?

R. – O ácido málico no sumo da maçã parece ter as melhores propriedades para deixar o fígado e a vesícula aptos a expelirem cálculos biliares de maneira fácil e eficiente. Tente beber o suco bem lentamente e/ou diluído em água. Se ainda assim não o tolerar, pode substituí-lo por 1500-2000mg de ácido málico em pó, diluído em dois copos de água. O suco de oxicoco (*cranberry*), a erva lisimáquia e o vinagre de cidra são outras boas alternativas (ver detalhes no Capítulo 4).

P. – O que é melhor: fazer as limpezas a cada duas semanas ou a cada dois ou três meses?

R. – Depende de você. Quando começar a fazer a limpeza hepática, recomendo que continue fazendo-a em intervalos regulares até que todos os cálculos sejam removidos. Às vezes, não fazer a limpeza por dois meses ou mais pode fazer com que a próxima limpeza se torne mais difícil e menos bem-sucedida. Depois de uma limpeza hepática, leva duas semanas, aproximadamente, para que um número suficiente de cálculos biliares se movimente do fundo do fígado até os ductos biliares hepáticos (saindo do fígado) para fazer outra eliminação que valha a pena. Você pode, se quiser, fazer a limpeza a cada três semanas, até que as pedras não sejam mais expelidas, ou então aumentar o intervalo entre as limpezas. Se decidir fazê-las a cada duas semanas, comece a beber suco de maçã duas semanas depois da última eliminação principal. A maioria das pessoas prefere fazer a limpeza uma vez por mês. Em qualquer caso, é importante expelir *todas* as pedras, grandes e pequenas. Lembre-se de que, mesmo umas poucas e pequenas pedras agrupadas em um dos ductos biliares maiores podem provocar sintomas de incômodos no corpo, como indigestão, inchaço, dores nas costas, entre outros.

P. – Devo evitar fazer a limpeza durante a menstruação?

R. – Embora a limpeza hepática seja eficaz durante a menstruação, é mais conveniente e cômodo para as mulheres fazê-la depois do ciclo menstrual. Além disso, o sangramento menstrual é também uma forma de limpeza do corpo, e é melhor que ele não limpe duas áreas ao mesmo tempo.

P. – É realmente necessário fazer uma irrigação do cólon antes e depois de cada limpeza hepática?

R. – Para melhores resultados, a limpeza hepática sempre deve ser precedida e seguida de alguma forma de limpeza do cólon (ver *Mantenha seu cólon limpo*, no Capítulo 5). O método mais rápido e confiável de liberar o cólon de áreas espásticas ou congestionadas é a irrigação colônica. Assim que o seu terapeuta do cólon disser que ele está limpo, você pode pular a etapa da irrigação anterior à limpeza hepática, substituindo-a por algum dos outros métodos para limpá-lo. Mas continue submetendo-se a irrigações colônicas depois de cada limpeza hepática, preferivelmente nos três dias seguintes. A irrigação do cólon feita depois da limpeza elimina qualquer cálculo que ali tenha se alojado. A experiência indica que sempre restam algumas pedras, e elas podem se transformar em fonte de irritação ou inflamação. Recomendo que não faça a limpeza hepática se não puder passar por uma irrigação colônica ou usar Colema depois.

P. – Concluí a terceira limpeza e até agora eliminei entre 900 e mil pedras, de todos os tamanhos e cores. A maioria delas saiu na segunda e na terceira limpezas. Quando meu fígado vai melhorar?

R. – Suas funções hepáticas começaram a melhorar desde o momento em que expeliu os primeiros cálculos. As pedras que congestionam os ductos biliares têm efeito sufocante nas áreas adjacentes às células hepáticas. Expelir pedras por meio da primeira limpeza hepática ajuda-as a "respirar" novamente, a produzir mais bile e a desintoxicar o sangue com mais eficácia. Embora os grandes ductos biliares continuem obstruídos, à medida que os canais menores expelem pedras, todos acabam limpos (com repetidas limpezas). Uma vez que todas as pedras tenham sido expelidas, o fígado pode se refazer e restabelecer suas funções normais. Será quando você notará os benefícios mais duradouros.

P. – Quanto tempo, aproximadamente, é necessário para receber os benefícios totais, depois que se completa uma série de, digamos, seis a oito limpezas hepáticas?

R. – Assim que seu fígado expelir os últimos cálculos biliares, suas funções digestivas melhorarão significativamente, beneficiando todas as partes do corpo, além de dar a ele a oportunidade de se limpar e reparar os malefícios causados pelo acúmulo de cálculos no fígado e na vesícula. Qualquer reação à limpeza que possa resultar da eliminação das pedras deve ser considerada como efeito positivo. Se outras causas de doenças também foram anuladas (ver Capítulo 5), essa fase será de curta duração e substituída por uma renovada sensação de bem-estar e vitalidade. Depois que o fígado estiver limpo, leva aproximadamente seis meses para que todas as funções hepáticas voltem ao normal. Ter um fígado limpo é uma das melhores garantias de uma vida livre de doenças.

P. – Tenho 76 anos e sofro de osteoporose, problemas digestivos e outras doenças. Alguém da minha idade pode beneficiar-se com a limpeza hepática?

R. – Idade não é impedimento para que o corpo seja saudável. Enquanto o fígado estiver vivo, a limpeza hepática pode ajudar a melhorar suas funções e, desse modo, aumentar o suprimento de nutrientes e de energia a todas as células. O aspecto negativo do envelhecimento é somente um estado progressivo de desnutrição e toxicidade, que pode ser remediado com uma série de limpezas hepáticas e um ajuste na alimentação. Os anciãos respondem muito bem às limpezas hepáticas e mostram melhora na energia, na mobilidade física, na clareza mental, no apetite, nas sensações e no senso sobre si mesmos. Além da melhora física e mental, comentam frequentemente que *"se sentem renascer"*. Nenhum ancião deveria morrer de doenças degenerativas. Se a limpeza hepática fosse introduzida nas instituições especializadas em terceira idade, haveria como ajudar a restaurar a saúde, a dignidade e a autossuficiência dessas pessoas e, inclusive, elas poderiam iniciar uma nova e vibrante etapa de suas vidas.

P. – Exames de ultrassom têm mostrado que meu fígado é graxo. Todo meu corpo está inchado e tenho vários caroços nos meus seios e na tireoide. Meu nível de colesterol no sangue está elevado e constantemente vomito alimentos. Será que uma limpeza hepática pode me ajudar?

R. – Não existe um tratamento médico que elimine depósitos graxos do fígado. Mas você pode provar ao seu médico que você mesma consegue reduzir e, inclusive, eliminar os depósitos graxos no fígado, ao limpar seus ductos biliares de todos os cálculos. O fígado pode ter acumulado esses depósitos por várias razões, como o excesso de proteínas, consumo de açúcar e álcool, estresse e falta de um bom sono. Seja qual for a causa da congestão do seu fígado, ao limpá-lo repetidamente, melhorará de forma gradual e se reconstituirá na medida das suas possibilidades. Considere um novo exame (embora eu não os recomende) depois da sua sexta ou oitava limpeza, e deixe que seu médico o compare com o anterior. A diferença será assombrosa. Uma vez que seu fígado esteja livre das gorduras acumuladas, depósitos similares também desaparecerão de outras partes do corpo, como, por exemplo, do peito, da tireoide, das artérias, etc. Tudo isso desde que, obviamente, você mantenha uma dieta equilibrada, pobre em proteínas, preferencialmente vegana, e um estilo de vida saudável.

P. – Tomar sais de Epsom pode ter algum efeito colateral? Em mim causa irritação no ânus durante a limpeza.

R. – Os sais de Epsom (sulfato de magnésio) podem ser encontrados nas regiões montanhosas e fazem parte dos sais marinhos. Também pode ser fabricado sinteticamente, combinando minerais naturais. Enquanto seu fígado estiver congestionado, os sais de Epsom não causam efeitos colaterais. A irritação em seu ânus é decorrente das fortes toxinas que se desprendem durante a limpeza, não dos sais de Epsom. Se o seu trato gastrintestinal estiver completamente limpo de materiais tóxicos, o magnésio nos saisl de Epsom seria simplesmente absorvido e não causaria maiores evacuações (o magnésio é um poderoso laxante). Não haveria irritação e, portanto, nenhum efeito colateral, como câimbras, gases e mau hálito. Essas formas incômodas somente se devem à eliminação de toxinas que, ao passarem pelo intestino delgado, alteram os sais de Epsom quimicamente, o que significa que, ao chegar ao cólon, ele não está mais no mesmo estado que foi ingerido.

Se sentir que, durante uma limpeza satisfatória, as últimas oito ou dez evacuações são constituídas somente de água, sem pedras nem sedimentos brancos de colesterol, reduza pela metade a dose das duas últimas porções de sais de Epsom. Se for alérgico ou intolerante aos sais, tente algum outro limpador natural do cólon, como óleo de rícino, *Colosan* e *OxyPowder*, que é composto por uma mistura de vários óxidos de magnésio. (Ver *Informações sobre Produtos* no fim do livro.)

A desvantagem em relação à maioria dos outros limpadores de cólon é que, diferentemente dos sais de Epsom, eles não abrem os ductos biliares para liberar cálculos biliares no trato intestinal, sendo essa a parte essencial da limpeza.

P. – Há algum azeite de oliva próprio para a limpeza hepática?
R. – O azeite de oliva deve ser virgem ou 100% puro. Em geral, o que apresenta o rótulo "azeite de oliva extravirgem" é o melhor. Entretanto, leia o rótulo cuidadosamente. Entre outros itens, deve mencionar que não foi misturado com outros tipos de azeite. Infelizmente, em alguns países, o azeite de oliva é vendido como extravirgem, mas contém 80% de óleo de soja. O azeite de oliva real é de cor esverdeada. Evite os que apresentem cor dourada. O azeite orgânico tem o melhor sabor. Se não tiver certeza da sua autenticidade, teste-o por meio do teste muscular de *cinesiologia*.[34] Outros azeites também podem ser usados, mas não são tão eficazes quanto o azeite de oliva.

P. – Li na Internet que as pedras que expelimos durante a limpeza hepática simplesmente são grumos de azeite de oliva. Isso é correto?
R. – Há alguns herbalistas, médicos e estabelecimentos bem conhecidos que se esforçam para fazer com que os efeitos benéficos da limpeza hepática caiam no descrédito, dizendo que os cálculos biliares são, na realidade, "pedras de sabão" feitas por azeite de oliva ou produzidas pelo fígado em resposta à repentina e grande ingestão desse azeite. Esses indivíduos devem ter suas razões para fazer essas declarações, e não cabe a mim comentá-las. Mas é evidente que nunca fizeram uma limpeza hepática, pois, de outro modo, veriam do que realmente são formadas as pedras, e o que aconteceria com seus corpos quando a realizassem. Seguem abaixo respostas para cada uma dessas afirmações:

1. O azeite de oliva não tem o odor fétido que emana dos cálculos biliares. O cheiro é diferente daquele produzido pela matéria fecal.
2. O azeite de oliva não pode se solidificar em estruturas relativamente duras ou densas, mesmo que fosse alterado quimicamente ou manipulado em um laboratório. Isso

34. Há vários livros e vídeos disponíveis que podem ensinar como aplicar esse método simples de teste. O teste muscular de cinesiologia permite que sintamos imediatamente se um produto é adequado ou não ao nosso organismo. Há também uma descrição exata para o procedimento do teste em meu livro *Timeless Secrets of Health and Rejuvenation*.

é ainda mais impossível devido ao pouco tempo que ele tem para passar pelo trato gastrintestinal e a total ausência de agentes que os engrossam.

3. A análise dos cálculos expelidos revela a presença dos ingredientes básicos que compõem o líquido biliar. A matéria orgânica também pode estar presente. Muitas dessas pedras consistem de camadas e camadas de bile velha e de coloração verde-escura, o que não acontece da noite para o dia. O resto das pedras são típicos cálculos biliares calcificados encontrados na vesícula. As pedras de bilirrubina vermelho-escuras ou negras, que algumas pessoas expeliram em suas limpezas, certamente não podem ser interpretadas como "pedras de sabão".
4. A mistura de azeite de oliva sequer passa pelo fígado, como aconteceria, caso se combinasse com alimentos. Portanto, durante a limpeza hepática, o fígado não expele nada além de cálculos biliares e bile. Nem o fígado nem o intestino podem atuar como uma fábrica de sabão.
5. Uma vez que o fígado e a vesícula estejam completamente limpos, deixam de expelir cálculos biliares depois de ingerida a mistura azeite de oliva/sucos cítricos. Se essas pedras estivessem formadas por azeite de oliva, também estariam presentes depois que os ductos biliares estivessem limpos e abertos. Mas não é o caso. A limpeza hepática não produzirá mais cálculos quando o fígado estiver limpo, dependendo do quanto de azeite a pessoa ingerir. Além disso, o azeite de oliva consumido durante as limpezas hepáticas nem sempre produzem os mesmos resultados. Durante uma limpeza, apenas 50 cálculos podem ser expelidos, sendo que, durante a próxima, esse número pode chegar a mil.
6. Devido à intolerância ao azeite, algumas pessoas têm usado, por exemplo, óleo de macadâmia de cor clara durante as suas limpezas e produzido os mesmos cálculos de cor verde. Os cálculos de colesterol que se relacionam a esses cálculos verdes podem ser encontrados nos ductos de fígados dissecados.
7. Se os cálculos são apenas gotas de azeite, por que muitas pessoas ficam curadas de doenças crônicas como asma,

alergias, câncer, doenças cardíacas, diabete e até de paralisia, depois de expelirem várias "pedras de sabão" durante as lavagens?

8. Muitas pessoas liberaram cálculos de diferentes colorações: preta, vermelha, verde, branca, amarela e marrom-claro. O azeite não contém agentes pigmentadores; portanto, não é capaz de produzir cálculos de cores diferentes.
9. As pessoas que enviaram seus cálculos para análise química receberam relatórios de que quase todas as pedras eram constituídas por colesterol e sais. Esses componentes são idênticos aos dos cálculos de colesterol em vesículas que foram removidas. Um número muito pequeno de "cálculos" era constituído por matéria orgânica de origem desconhecida. Eles poderiam ser facilmente presos em ductos biliares associados a vesículas.
10. Poucas pessoas, incluindo eu, às vezes expelem cálculos na noite da limpeza, mesmo antes de tomar a mistura de azeite. Outras, que já fizeram várias limpezas hepáticas, afirmaram ter cálculos expelidos durante a fase do suco de maçã, todas sem auxílio do azeite. O formato, a cor e o odor dos cálculos que saem por conta própria não diferem daqueles liberados durante as limpezas reais.
11. Foi a medicina convencional, e não o autor, que provou a presença de cálculos de colesterol nos ductos biliares do fígado. O termo médico para esses cálculos é "cálculos intra-hepáticos" ou "cálculos biliares". Esses cálculos verdes, constituídos por colesterol e alguns componentes biliares, são, na verdade, gordurosos e se decompõem quando expostos ao ar quente e ao oxigênio. O próprio colesterol consiste em cerca de 96% de água. Esses cálculos de colesterol são decompostos rapidamente por bactérias destrutivas quando liberados no meio ambiente. No entanto, isso não ocorre enquanto eles estiverem presos nos ductos biliares do fígado.
12. Muitas fotografias de fígados dissecados, indicando a presença desses cálculos nos ductos biliares do fígado, têm sido tiradas e mantidas em arquivos médicos de hospitais universitários.
13. É um fato médico comprovado que milhões de pessoas eliminam uma substância verde que consiste às vezes de

dúzias de cálculos de colesterol verdes, em resposta à grande ingestão de alimentos gordurosos. Esses cálculos **não** são compostos por óleos ou gorduras ingeridos. Eles são forçados a sair do fígado e da vesícula com a bile expelida. Infelizmente, diferente do que ocorre durante a limpeza hepática, alguns dos cálculos são capturados no ducto biliar comum ou mesmo no ducto pancreático. Não há diferença entre os cálculos expelidos involuntariamente e os expelidos voluntariamente durante uma limpeza hepática.

A limpeza hepática não é o resultado de um efeito placebo. Os cálculos calcificados expelidos pela vesícula, geralmente depois de cinco a oito limpezas hepáticas, são idênticos àqueles encontrados em vesículas dissecadas. Eles não se desintegram e permanecem como cálculos rígidos. Apenas cálculos semicalcificados podem diminuir com o tempo, ainda que a parte externa permaneça intacta.

Sofri cerca de 40 crises de vesícula durante um período de mais de 10 anos, e minha vesícula foi compactada com os cálculos, causando uma pequena, mas dolorosa, escoliose. Desde a minha primeira limpeza hepática, nunca mais tive outra crise. A escoliose, entre outros problemas de saúde, sumiu após a minha vigésima limpeza. Depois disso, nenhuma das minhas limpezas anuais produziu nenhum cálculo, mesmo fazendo exatamente o mesmo processo. Minha vesícula está completamente limpa e eficiente agora.

Há milhares de pessoas no mundo inteiro que salvaram suas vesículas com a limpeza hepática. Outras tantas readquiriram boa saúde e inclusive salvaram suas vidas com essas limpezas. Aqueles que intencionalmente promovem ou espalham estranhas e infundadas afirmações, dizendo que a limpeza hepática produz "pedras de sabão" de azeite, tiram das pessoas, e deles próprios, a oportunidade de cuidar de sua saúde. É algo com que elas terão de conviver.

P. – Estou tomando suplementos alimentares. Posso continuar a tomá-los enquanto realizo a limpeza hepática?

R. – Se não forem absolutamente necessários, o melhor é evitar suplementos e medicamentos durante a limpeza, até porque você iria desperdiçá-los, pois seriam expelidos com a bile e os sais de Epsom. Há também o fato de que os medicamentos e substâncias como as dos soníferos têm efeito supressor, tornando a limpeza ineficaz.

P. – Já realizei oito limpezas hepáticas até o momento e me sinto muito bem. A maioria dos meus sintomas, incluindo úlceras estomacais, sinusite e dores de cabeça, desapareceu. No total, devo ter expelido aproximadamente 2.500 pedras. O que não entendo é por que minha primeira limpeza não produziu nenhuma pedra e a segunda, somente seis ou sete pedras pequenas. Durante a limpeza seguinte e, para minha surpresa, expeli aproximadamente mil. Pode explicar por que não tive êxito com as duas primeiras limpezas?

R. – Você é uma das raras pessoas cujos ductos biliares hepáticos estavam gravemente congestionados por pedras e, por isso, precisou de três limpezas para suavizar as estruturas endurecidas e liberar os cálculos biliares. Não é verdade que as duas primeiras limpezas não foram eficazes. Foram, sim, e fizeram o trabalho pesado de "escavação", enquanto as limpezas seguintes simplesmente expeliram o que foi extraído por elas. Obrigado por sua paciência e perseverança!

P. – Durante cinco limpezas hepáticas, expeli mais de 1.200 pedras. Porém, na quinta limpeza, não expeli mais que 20. Isso quer dizer que meu fígado está limpo?

R. – Não necessariamente. Pode ser que cinco limpezas tenham conseguido que você expelisse todas as pedras acumuladas em uma das duas redes principais de ductos biliares, mas a segunda ainda pode estar bloqueada. Talvez limpezas futuras abram esses ductos e, inclusive, façam você expelir ainda mais pedras, uma vez que os ductos biliares mais bloqueados e resistentes tendem a se abrir apenas quando os ductos biliares menos congestionados tenham sido abertos.

P. – É necessário repor os eletrólitos e a flora intestinal depois de uma limpeza hepática?

R. – Embora seja razoável a ideia de restituir ao corpo o que ele perdeu na limpeza hepática, acredito que é muito melhor deixar que ele faça o seu trabalho. Dessa maneira, é estimulado a se encarregar das suas necessidades, em vez de ser forçado a usar "muletas". Além disso, é mais fácil restaurar os eletrólitos e as bactérias benéficas quando o trato intestinal está limpo. Na verdade, o equilíbrio é restabelecido em 48 horas.

P. – Qual é o papel dos cálculos biliares nas doenças infantis? Você menciona a diabete, mas, e quanto à leucemia, à artrite reumatoide juvenil, etc.? Uma criança pode produzir cálculos

biliares suficientes para contribuírem seriamente para haver uma doença?

R. – Cada vez é mais evidente que os cálculos biliares se formam tão facilmente nas crianças quanto nos adultos. Na verdade, idade não é fator de risco para a produção de cálculos. Independentemente dela, se tanto uma criança como um adulto consumir regularmente refrigerantes *diet*, hambúrgueres ou alimentos com baixo índice de gordura, ambos produzirão cálculos biliares como resultado dessas escolhas alimentares. Muitas crianças são literalmente envenenadas pelo que comem ou bebem, incluindo os populares cereais "saudáveis" no café da manhã. Não é de surpreender que muitas tenham acumulado centenas e, às vezes, milhares de cálculos biliares no fígado. Quanto maior o acúmulo, maior a possibilidade de sofrerem doenças graves, como as mencionadas. Eu mesmo desenvolvi cálculos biliares antes dos 6 anos e comecei a ter doenças a partir dos 8, em decorrência de uma alimentação baseada em proteína de origem animal. Crianças com 10 anos de idade ou mais podem fazer as limpezas hepáticas com a metade da dosagem de todos os ingredientes, ou seja, suco de maçã, azeite, sais de Epsom e sucos. A menos que tenham uma estrutura pequena, jovens com 16 anos ou mais podem seguir as dosagens para adultos.

P. – Quanto tempo um cálculo biliar do tamanho de uma ervilha demora para se formar no fígado? Há a possibilidade de se formarem durante uma limpeza hepática?

R. – Isso dependerá da quantidade de cálculos acumulada, do tipo de comida e bebida ingerida, seu estado emocional e seu estilo de vida. O álcool, o café, outros estimulantes e diuréticos, como o açúcar e as carnes vermelhas, levam imediatamente ao engrossamento da bile e, portanto, à formação de pedras. Algumas delas podem alcançar o tamanho de uma ervilha em semanas. Sendo assim, para ter e manter um fígado limpo, recomendo alterações de dieta e estilo de vida que mencionei neste livro, além de realizar as limpezas hepáticas.

P. – Tenho muitas verrugas nos braços e antebraços, e algumas apareceram no último ano. Isso é sinal de cálculos biliares, tal como as manchas hepáticas na parte anterior das mãos ou as manchas cor de café na área dos seios? Quando eu limpar o fígado e eliminar as pedras, as verrugas desaparecerão da minha pele?

R. – Muitas dessas manchas de pele aparecem na proporção direta com os cálculos biliares existentes ou os de aparição recente, ao longo dos ductos biliares do fígado e da vesícula. Muitas delas tendem a desaparecer assim que o fígado e a vesícula estiverem limpos ou, em alguns casos, depois de expelir a maioria dos cálculos. Outra causa de verrugas, sardas e manchas hepáticas é a deficiência de selênio iônico (ver *Tome minerais essenciais ionizados*, Capítulo 5). Para remover verrugas com aplicações externas, consulte meu livro *Timeless Secrets of Health and Rejuvenation*.

P. – Quantos tratamentos do cólon uma pessoa precisa para estar completamente livre de pedras?

R. – O número requerido de tratamentos de cólon varia com as condições da alimentação e do estilo de vida da pessoa. Em alguns casos, os resíduos alojados na parede do cólon estão tão duros que são necessários até sete irrigações, aproximadamente, para suavizar e soltar as fezes acumuladas. Algumas pessoas podem não ter grandes resultados depois dos primeiros tratamentos. Por isso, são recomendados pelo menos três tratamentos, um por semana, para todas as pessoas que nunca fizeram essa limpeza. É muito importante monitorar a saúde do cólon, ficando atento a qualquer sinal de dor ou rigidez no pescoço, nos ombros, na parte inferior das costas, na pélvis ou nos braços. Essas dores avisarão que é o momento de fazer outra limpeza. Para detectar áreas escondidas de dor ou tensão no cólon, pressione levemente a área abdominal cerca de 5 a 10 centímetros a partir do umbigo – à esquerda, acima e à direita dele. Você também pode procurar alguma congestão no cólon com as mãos, buscando os pontos sensíveis ou rígidos nessa área.

P. – Há algum efeito colateral provocado pelas irrigações do cólon?

R. – Não existem efeitos colaterais, mas é possível que algumas pessoas apresentem sintomas parecidos com gripe ou dores de cabeça depois da irrigação. As toxinas que estavam inativas no cólon são descartadas e uma pequena porção pode ser reabsorvida pelo corpo. Esse tipo de crise passa rápido e a pessoa se sentirá melhor com outras irrigações. Tendo lidado com hidrocolonterapia por cerca de duas décadas e ainda não notei nenhum efeito colateral.

P. – As irrigações do cólon podem danificar a normalidade da flora intestinal?

R. – A flora intestinal normal, que consiste em bactérias benéficas, não se alterará. A primeira parte do cólon é responsável por gerar e coletar a *flora intestinal* necessária para que as suas funções sejam equilibradas. O apêndice serve como o lugar principal de criação das bactérias benéficas. Quando o alimento não é digerido corretamente, as fezes tendem a se alojar no interior do intestino. Camadas e camadas de matéria fecal incrustada impedem que o recobrimento do intestino produza a *flora intestinal* necessária. A resultante falta de lubrificação intensifica a congestão e gera *toxemia*, que, por sua vez, altera o equilíbrio ácido-alcalino (pH) e inibe o crescimento de bactérias benéficas. Consequentemente, esse desequilíbrio abre caminho às bactérias nocivas para superpovoarem os intestinos (as bactérias destrutivas ajudam a processar os resíduos, mas, em compensação, produzem fortes toxinas). A limpeza do cólon ajuda a restaurar o pH normal dos intestinos. É nesse ambiente que a *bactéria benéfica* crescerá, enquanto as bactérias causadoras de doenças não se desenvolverão facilmente.

Comentários Finais

A limpeza do fígado não é uma invenção recente. Todas as antigas culturas e civilizações sabiam da necessidade de manter o fígado limpo e existem muitas fórmulas úteis para fazê-lo, que têm sido transmitidas através de gerações, seja pela educação ancestral, seja pelos curandeiros tradicionais. Apesar de os mecanismos exatos desses procedimentos provados pelo tempo não terem sido tão conhecidos quanto atualmente (por meio de métodos de pesquisa e compreensão científica), não são menos científicos nem eficazes que qualquer outra nova terapia. A medicina precisa entender o fato de haver numerosos métodos úteis de cura que têm funcionado para milhões de pessoas ao longo dos tempos, e que podem fazer a diferença no tratamento da maioria das doenças que assolam as sociedades modernas.

Toda casa e seus utensílios requerem algum tipo de manutenção e reparo, com o tempo; de outra forma, perde-se o verdadeiro propósito para o qual foram planejados. O mesmo princípio é aplicado ao fígado. Não há outro órgão do corpo, depois do cérebro, que tenha tantas funções vitais como ele. Escovamos nossos dentes e lavamos nossa pele todos os dias porque sabemos que a exposição a alimentos, ao ar, a substâncias químicas, e o próprio processo normal do metabolismo, tendem a deixar resíduos que podem fazer que nos sintamos sujos e desconfortáveis. Entretanto, muitas pessoas não pensam que os mesmos princípios de higiene podem ser aplicados aos órgãos internos do corpo. Os pulmões, a pele, os intestinos, os rins e o fígado processam grande quantidade de dejetos "fabricados" internamente, que são os produtos secundários resultantes da respiração, da digestão e do metabolismo.

Sob circunstâncias normais, o corpo pode processar dejetos metabólicos que se acumulam diariamente, eliminando-os do sistema de maneira segura. Essas circunstâncias incluem ingerir alimentos nutritivos e orgânicos, viver em ambiente livre de poluentes, ter atividade física e exercícios adequados, assim como um estilo de vida equilibrado e feliz. Mas quem de nós pode dizer que vive assim? O que acontece quando sua dieta, seu estilo de vida e seu ambiente não estão mais equilibrados o suficiente para suprir as necessidades de energia, nutrição e circulação perfeita do corpo? Um dos órgãos que mais sofre com a sobrecarga de compostos tóxicos, baixa qualidade de alimentação e falta de exercícios é o fígado. Daí a importância, para todas as pessoas preocupadas com a saúde, de manter o fígado limpo e livre de qualquer obstrução.

Limpar o fígado não é algo que alguém possa fazer por nós. Esse é um método de autoajuda que requer profundo senso de responsabilidade e confiança na sabedoria natural e inata do corpo. Você só decidirá limpar seu fígado quando estiver absolutamente convencido de que tem de fazê-lo. Se não se sentir assim, é melhor deixar este livro de lado, por um tempo, e esperar. Você sentirá o impulso e o desejo de melhorar o funcionamento do seu fígado no momento certo.

Embora a limpeza hepática não seja a cura de todas as doenças, ela estabelece condições para que o corpo fique aliviado. Na verdade, são poucas as doenças que não podem ser efetivamente aliviadas com a melhora do rendimento hepático. Para entender o grande significado da limpeza hepática, é necessário comprovar pessoalmente a experiência de ter um fígado aliviado, ao expelir dois punhados de cálculos biliares. Para muitas pessoas, a limpeza hepática foi uma experiência surpreendente – razão suficiente para compartilhá-la com outras pessoas que desejam ajudar a si mesmas.

Informações sobre Produtos

Para encomendar livros, fotos da *Arte Ener-chi* e Pedras Ionizadas, **por favor, entre em contato com**:

Ener-chi Wellness Center, LLC

Site: www.ener-chi.com
Ligação gratuita: 1-866-258-4006 (Estados Unidos)
Local: (709) 570-7401 (Canadá)

Veja, a seguir, a Lista de Fornecedores para produtos mencionados neste livro.
Para obter uma lista completa de fornecedores e solicitar outros produtos que promovem a saúde recomendados pelo autor, por favor, visite o site:
www.ener-chi.com

Nota do Editor

A Madras Editora não participa, endossa ou tem qualquer autoridade ou responsabilidade no que diz respeito a transações particulares de negócio entre o autor e o público.

Quaisquer referências de internet contidas neste trabalho são as atuais, no momento de sua publicação, mas o editor não pode garantir que a localização específica será mantida.

Lista de fornecedores

Todos os endereços são nos Estados Unidos, exceto quando especificados.

Minerais ionizados solúveis em água	
Eniva Corporation PO Box 49755 Minneapolis, MN 55449	**Kornax Enterprise, LLS** (para produtos WaterOZ) P.O. Box 783 Lyons, CO 80540
Ligação gratuita: 1-800-999-9191 Tel.: 763-795-8890 www.eniva.com	**Ligação gratuita:** 1-877-328-1744 (Estados Unidos e Canadá) Tel.: 303-823-5813 Fax: 303-823-6780 Site: www.kornax.com
Nota: Para encomendar algum produto da Eniva, é necessário o nome e a identificação de um patrocinador. Pode usar o nome e a identificação do autor: Andreas Moritz, nº. 13462.	
Fontes de sal marinho sem refino	
Redmond Minerals, Inc. PO Box 219 Redmond UT 84652 Ligação gratuita: 1-800-367-7258 Tel.: 435-529-7402 Fax: 435-529-7486 e-mail: mail@redmondminerals.com www.realsalt.com	**Grain and Salt Society** 273 Fairway Dr. Asheville, NC 28805 Ligação gratuita: 1-800-TOP-SALT (1-800-867-7258) Fax: 1-828-299-1640 e-mail: topsalt@aol.com www.celtic-seasalt.com
Equipamentos para limpeza do cólon Colema Board	
Colema Boards of California, Inc. 3660 Main St., Suite C Cottonwood, CA 96022 Tel.: 1-800-745-2446 http://www.colema.com/	**Equipamentos de Hidroterapia do Cólon Domésticos e Profissionais** www.homecolonics.com/ thecolonet.com
Ervas para limpeza do rim e chá para o fígado	
The Present Moment Books & Herbs 3546 Grand Avenue Minneapolis MN 55409 Observação: As ervas são frescas e potentes e já vêm misturadas. Pedidos via correio: 1-800-378-3245 612-824-3157 Fax: 612-824-2031	herbshop@presentmoment.com www.presentmoment.com

Kits para banho de argila

(para remover metais pesados)

www.magneticclay.com
www.magneticclaybaths.com, 800-257-3315

Produtos para versões alternativas da limpeza hepática

- **Lisimáquia**
- **Genciana chinesa e Bupleuro**

Prime Health Products
15 Belfield Road
Toronto, Ontário, Canadá M9W
Tel.: 416-248-2930 e 416-248-0415
e-mail: jchang@sensiblehealth.com
Fax: 416-248-0415 e 416-233-5347
Site: sensiblehealth.com

- **Extrato de quebra-pedra**

Ashaninka
www.ashaninka.com

- **Pó de Ácido Málico para consumo**

Presque Isle Wine Cellars
94440 W Main Rd.
North East, PA 16428
Tel.: 1-814-725-1314
www.piwine.com

- **Colosan**

The Family Health News
9845 N.E. 2nd. Avenue
Miami Shores, FL 33138
Tel.: 1-800-284-6263 e 305-759-9500
Site: www.familyhealthnews.com

Tratamento de água

- **Ionizadores de Água**

Fern's Nutrition
16932 Gothard, Suíte H
Huntington Beach, CA 92647
Tel.: 714-841-5349
fernshealth@fernsnutrition.com
www.fernsnutrition.com

* **Puritec (Filtros de água)**
Ligação gratuita: 1-888-491-4100
Local: 702-562-8802
Site: www.puritec.com

- **H2O Concepts International**

600 S. Eastern, Suite #4D
Las Vegas, NV 89119
Ligação gratuita: 1-888-275-4261
Tel.: 702-270-9697
www.h2oconcepts.com

Nomes botânicos para ervas de limpeza

Manjerona	Origanum majorana
Unha-de-gato	Uncaria tomentosa
Raiz de confrei	Symphytum officinale
Sementes de erva-doce	Foeniculum vulgare
Chicória	Chichorium intybus
Uva-ursina	Arctostaphylos
Raiz de hortênsia	Hydrangea arborescens
Rainha-dos-prados	Eupatorium purpureum
Alteia	Althaea officinalis
Erva-de-ouro	Solidago virgaurea

Nomes botânicos de ervas para o fígado	
Raiz de dente-de-leão	*Taraxacum officinale*
Raiz de confrei	*Symphytum officinale*
Raiz de alcaçuz	*Glycyrrhiza glabra*
Agrimônia	*Agrimonia eupatoria*
Raiz de inhame silvestre	*Dioscorea villosa*
Casca de uva-espim	*Berberis vulgaris*
Polymnia uvedalia	*Polymnia uvedalia*
Casca de carvalho	*Quercus robur*
Cardo mariano	*Silybum marianum*

Para encomendar livros, fotos de Arte Ener-Chi e pedras ionizadas, favor entrar em contato com:

Ener-Chi Wellness Center, LLC
Site: http://www.ener-chi.com
Ligação grátis: 1(866)258-4006 (Estados Unidos)
Local (709) 570-7401 (Canadá)

Para realizar uma limpeza de fígado e de vesícula sob supervisão em um centro de cura holístico, favor entrar em contato com:

The Annapurna Center for Self Healing
538 Adams St., Port Towsend, WA 98368, Estados Unidos
www.theannapurna.com
info@theannapurna.com
Telefone: (360) 385-2909
Ligação grátis: (1-800) 868-2662

Sobre o Autor

Andreas Moritz é um médico intuitivo, praticante de ayurveda, iridologia, shiatsu e medicina vibracional, além de escritor e artista. Nascido no sudoeste da Alemanha em 1954, Moritz teve de lidar com várias doenças graves desde tenra idade, o que fez com que estudasse dieta, nutrição e vários métodos de cura natural ainda na infância.

Com 20 anos de idade, concluiu seu treinamento em iridologia – a ciência diagnóstica da interpretação pelos olhos – e dietética. Em 1981, começou a estudar medicina ayurvédica na Índia e concluiu seu treinamento como praticante qualificado de ayurveda na Nova Zelândia em 1991. Não satisfeito em apenas tratar os sintomas da doença, Moritz se dedicou a entender e a tratar as causas da doença. Devido à sua abordagem holística, tem tido um incrível sucesso com casos de doenças terminais, em que métodos convencionais de cura se provaram infrutíferos.

Desde 1988, pratica a arte de cura japonesa do shiatsu, que tem lhe dado percepções profundas sobre o sistema energético do corpo. Além disso, devotou oito anos de pesquisa sobre a consciência e seu importante papel no campo da medicina do corpo/da mente.

Andreas Moritz também é autor dos livros: *Timeless Secrets of Health and Rejuvenation* [Segredos Eternos de Saúde e Rejuvenescimento], *Lifting the Veil of Duality* [Levantando o Véu da Dualidade], *Cancer Is Not a Disease* [Câncer não é uma Doença], *It's Time to Come Alive* [É Hora de Despertar para a Vida], *Heart Disease No More* [Livre-se das Doenças Cardíacas], *Simple Steps to Total Health* [Simples Passos para a Saúde Total], *Diabete – No More* [Livre-se do Diabete] e *Ending the AIDS Myth* [Acabando com o Mito da Aids].

Durante suas extensivas viagens pelo mundo, prestou consultoria para chefes de estado e membros do governo na Europa, Ásia e África, além de ter realizado palestras sobre saúde, medicina do corpo/da mente e espiritualidade. Seus populares workshops *Timeless Secrets of Health and Rejuvenation* auxiliam pessoas a ter responsabilidade sobre sua própria saúde e seu bem-estar. Moritz possui um fórum gratuito, em inglês, *Ask Andreas Moritz* [Pergunte a Andreas Moritz], no amplo site sobre saúde *curezone.com* (com 5 milhões de leitores e este número está aumentando). Embora tenha parado recentemente de escrever no fórum, o site contém um extenso arquivo ou respostas dele a milhares de questões sobre quase todos os tópicos de saúde.

Desde que passou a morar nos Estados Unidos em 1998, Moritz tem se envolvido no desenvolvimento de um novo e inovador sistema de cura, chamado *Arte Ener-chi*, cuja meta é a descoberta das causas-raiz de muitas doenças crônicas. *A Arte Ener-chi* consiste em uma série de pinturas a óleo codificadas em raios claros que podem restaurar instantaneamente o fluxo de energia vital (Chi) nos órgãos e sistemas do corpo. Moritz também é o fundador do *Sacred Santémony – Divine Chanting for Every Occasion* [Santémony Sagrada – Canto Divino para Todas as Ocasiões], um poderoso sistema de frequências de som especialmente geradas, que podem transformar medos enraizados, alergias, traumas e bloqueios mentais ou emocionais em oportunidades úteis para crescimento e inspiração em questão de momentos.

Índice Remissivo

A

B

C

D

E

F

G

H

I

L

M

N

O

P

Q

R

S

T

U

V

W